王陽明平濠記

謀略、膽識、心學，王陽明平叛寧王的真實紀實

徐泉華 著

在風雲詭譎的明朝正德年間，
寧王朱宸濠舉兵叛亂，劍指南京，天下動盪。

然而，王陽明憑藉非凡智慧，僅率四萬兵力，
便在三十五天平定亂事，創造軍事史奇蹟……

目錄

序

內容提要

引子

第一部　豐城聞變

　　第一章　　孫德成整軍固城，朱宸濠大肆歌功 …………………… 017

　　第二章　　創辦社學移風易俗，刊刻古籍以正本清源 ……………… 022

　　第三章　　王陽明潛心聖學，楊廷和立志功名 …………………… 027

　　第四章　　請辭歸田倡導聖學，留旗牌防範亂事 ………………… 031

　　第五章　　劉養正試探陽明，冀元亨勸諫宸濠 …………………… 034

　　第六章　　奉旨履新赴任，葉芳預作安排 ………………………… 040

　　第七章　　蕭御史上疏揭變，伶官通敵遭抄家 …………………… 045

　　第八章　　楊廷和效法先朝，奏請革除寧王衛兵 ………………… 049

　　第九章　　朱宸濠提前起兵，孫德成嚴詞斥責 …………………… 053

　　第十章　　忠臣捨命報國，三司高官遭囚禁 ……………………… 057

　　第十一章　　知府懼事避廬山，叛軍橫行占南康 ………………… 061

　　第十二章　　塗承奉再奪九江，伍知府吉安起兵 ………………… 065

003

目錄

第十三章　湛若水憂心陽明，王陽明痛悼徐愛 …………… 070

第十四章　假傳火牌應變，乘北風急返吉安 ……………… 076

第十五章　臨危不亂，夜行漁船不忘羅蓋 ………………… 080

第二部　反間疑計

第一章　拖延寧王，夜設疑計共謀起兵 …………………… 087

第二章　連夜撫民入吉安，急調贛兵嚴布防 ……………… 093

第三章　連環反間疑雲生，密信傳遞擾人心 ……………… 099

第四章　奏報叛亂，王陽明上疏請討 ……………………… 104

第五章　籌措軍餉，調兵鄰省作後援 ……………………… 108

第六章　王懋中率官盟誓，陽明再呈奏疏 ………………… 112

第七章　安撫人心，告示張貼添新疑 ……………………… 117

第八章　乘機講學論道，布防全省安定民心 ……………… 121

第九章　偽檄四散，胡通判擒獲儀賓 ……………………… 126

第十章　察災情謹慎應變，接奏疏兵部命將 ……………… 130

第十一章　季敎被捕，陽明因偽檄遭怨恨 ………………… 135

第十二章　武宗決意親征，大臣冒死力勸 ………………… 140

第十三章　命御史適時進剿，籌備糧草備省城 …………… 144

第十四章　信峒酋計策未疑，葉芳奉命執行 ……………… 148

第三部　寧王就擒

第一章　分兵舊墳廠，義軍會師樟樹鎮 ……………………… 153
第二章　解安慶圍困，以圍魏救趙攻南昌 …………………… 156
第三章　頒布告示動搖軍心，義軍誓師出征 ………………… 160
第四章　嚴明軍紀，入省城先撫百姓 ………………………… 165
第五章　木牌藏機巧，仁義安葬宮眷 ………………………… 169
第六章　四路圍剿叛軍，捷報傳遍江西 ……………………… 174
第七章　楊都督停調狼兵，伍知府失去先機 ………………… 179
第八章　文定擊潰先遣軍，宸濠潰逃黃家渡 ………………… 184
第九章　王陽明分兵攻城，伍文定火燒鬍鬚 ………………… 187
第十章　失城再奪，各官爭功，陽明上疏陳奏 ……………… 191
第十一章　官軍頒免死牌，叛軍退守樵舍鎮 ………………… 195
第十二章　朱宸濠三日內就擒，周期雍抵贛 ………………… 200

第四部　謹候回宮

第一章　哀婁妃投江，葉芳歸峒享樂 ………………………… 207
第二章　分兵剿滅殘敵，上疏請寬免賦稅 …………………… 212
第三章　捷報上呈，陽明為將士請功賞 ……………………… 215
第四章　武宗誤期小劉會，陽明怒拒獻宸濠 ………………… 224

目錄

第五章　　阻六師入江西，令衙門安撫軍民 ……………………… 229

第六章　　星夜經玉山縣城，連夜晉見太監張永 ………………… 234

第七章　　楊一清阻宮門，王陽明託病居寺 ……………………… 238

第八章　　武宗大怒抄錢寧，陽明坦蕩感北軍 …………………… 243

第九章　　返贛州睹民疾苦，上疏請罪自劾 ……………………… 248

第十章　　想歸隱而心難安，深思時局危機 ……………………… 251

第十一章　探求道德本心，不拘泥於孔孟之言 …………………… 256

第十二章　江彬暗察動靜，陽明坦然持本性 ……………………… 261

第十三章　再上疏請昭雪，江西捷報傳京城 ……………………… 264

第十四章　王銀奇拜師，舒芬律呂稱弟子 ………………………… 269

第十五章　武宗移駕回宮，陽明倡導「致良知」 ………………… 274

第十六章　聖學傳承，紀念象山，論道辨證 ……………………… 279

第十七章　嘉靖繼位，王守仁受封新建伯 ………………………… 284

第十八章　星落青龍鋪，英魂歸越中洪溪 ………………………… 288

尾聲

後記

序

王陽明，名守仁，字伯安，號陽明，浙江餘姚人，明代著名思想家、軍事家、教育家。王陽明二十一歲時在杭州參加浙江鄉試中舉，學業大進，又自幼喜歡軍事，並且善於射箭。登弘治十二年（西元1499年）進士，觀政工部。不久，授予刑部主事，又調任兵部主事。正德元年（西元1506年）冬，因上疏救援被太監劉瑾陷害的戴銑等官員，被杖打四十，貶職貴州龍場驛。

劉瑾敗後，王陽明又重新被起用。先後任廬陵縣知縣、南京刑部主事、吏部驗封官、考功郎中，後又升為南京太僕少卿、鴻臚卿等職。

正德十一年（西元1516年）提拔為右僉都御史，巡撫南贛，平定盜賊，升為右副都御史。十四年（西元1519年）六月，王陽明奉命調查福建叛軍的事情。行至江西豐城，聞知南昌寧王朱宸濠謀反，急返吉安，聚集義兵，自覺擔當平叛大任。朱宸濠素來殘害百姓，江西民眾深受其害。這次又興兵叛亂，置老百姓於戰亂兵火之中。朱宸濠起兵時，手握兵權的重臣大將，徘徊觀望，沒有一人挺身而出。王陽明已奉聖旨，離開贛州，前往福建，此事本來與他無關，聞知朱宸濠叛亂後毅然返回，憤然而起。設奇謀，出奇兵，只用了三十五天就平定寧王朱宸濠，使國家免遭動亂，百姓得以安居樂業。王陽明也因此而被封為新建伯，就這一點來說，平寧王一事值得單獨書寫。王陽明貶官到貴州龍場驛，因荒涼偏僻之地沒有書籍，每天就從學習過的儒家經典著作中尋求事理，忽然頓悟到朱熹的「格物致知」的問題，應當自己求之於心，而不應當求之於物，而後深信不

疑，並由此建立完整的心學體系：性即理、知行合一、致良知、萬物一體。用「心」一以貫之整個學說，用良知判別是非，知行合一，與萬物為一體，視人猶己，視國猶家。平定寧王朱宸濠，就是王陽明視人猶己、視國猶家思想的生動表現，是心學的具體實踐。對王陽明來說，老百姓遭受苦難就是自己遭受苦難；國家有難，有志之士自然要憤然而起。平定寧王後，王陽明更遭到各種勢力的攻擊，幾次瀕臨死亡的邊緣。在這些驚心動魄的鬥爭中，王陽明始終堅守自己的天道，憑著無私的胸懷，一次又一次轉危為安。

徐泉華先生早在十多年前，就開始用心研究王陽明，曾與人合著《認識王陽明》，點校《王陽明文獻》、《餘姚三哲紀念集》，譯註《餘姚舊志人物》（共四冊）等。近年，又撰寫本書及《王陽明與弟子》等書。

閱讀本書，能感悟到王陽明百姓利益至上、國家利益至上的寬廣胸懷，也能感悟到心學在實踐中的生動表現。社會上撰寫王陽明平寧王的書籍很多，然而，徐泉華先生所寫的，與他人的不同之處在於，材料大多來自餘姚地方歷史文獻，還原了一個真實的王陽明。

一個真實的王陽明，告訴我們，正義的事情，就要毅然決然地去做。為民族、為國家，哪怕面臨滅族的危險，也要奮不顧身。一個真正的王陽明知行合一，品行高尚；憑良知做事，視人猶己，視國猶家，與萬物為一體；勇於懷疑，勇於創新，對真理執著追求。

餘姚有七千年的河姆渡文化，有源遠流長的姚江文化，有兩千多年的建城史，素稱文獻名邦。今後，我們將進一步挖掘餘姚優秀的地方歷史文化。是為序。

陳長鋒

內容提要

明朝正德十四年（西元1519年）六月十三日，江西寧王朱宸濠興兵謀反，號稱擁兵十八萬，沿江順流而下，連克南康、九江兩府，兵圍安慶，劍指南京。

六月初九日，王陽明從贛州出發，由水路去福州，處理軍人進貴叛變事件。十五日，船到豐城，接到報告，說寧王謀反，於是急返吉安，聚集義兵。七月十三日，兵發吉安，十五日會師樟樹鎮，二十日攻破省城南昌。二十四日開始，雙方決戰於鄱陽湖中。大戰三天，王陽明以一萬多兵力，對朱宸濠十多萬，最後，妙計活捉朱宸濠。

本書專門記述這一歷史事件，主要有王陽明起兵、擒獲寧王、艱難獻俘、謹候回宮、獲封新建伯等情節。同時，穿插記述王陽明的心學思想。書中還有王陽明許多奏疏及其他公文的譯文。書中還引用了不少原詩。

行文還較多地採用了倒敘、插敘等敘述方法，對相關人物及歷史背景做了簡要介紹。

全書前有引子，後有尾聲，正文共設59章。

引子，講述餘姚地名的來歷及王陽明平叛前的簡要情況。

尾聲，簡要介紹王陽明逝世後的一些情況。

本書看似演義形式，實為歷史紀實，無虛構的人物和事蹟。史料多取材於餘姚地方歷史文獻，主要有光緒《餘姚縣誌》和《王陽明年譜》，以及王陽明的奏疏、文移、詩歌、散文等，還有蔡文《平寧藩事略》。

王陽明僅用四萬多兵士的部隊，一舉而攻克固若金湯的南昌城；僅用

內容提要

　　一萬多兵士的部隊，在贛江和鄱陽湖上打敗擁有十多萬兵士的朱宸濠，既沒有誇張的故事，又沒有虛構的情節，實在是軍事史上的奇蹟。

　　閱讀本書，可粗略知道王陽明如何運籌帷幄，用謀略決勝千里之外。要麼不出手，一出手就要一戰定乾坤，也是王陽明的一貫思路。

　　本書還極其粗淺地記述了王陽明的心學思想體系，主要有：性即理說、知行合一說、致良知說，還提及了萬物一體說。王陽明的軍事活動，本來就滲透了他的心學思想。他的講學也是在戎馬中進行，他的致良知，也是從千死萬難中得來。

　　因為是歷史的真實記錄，情節自然沒有小說家所寫的那樣緊湊；儘管力求避免文字上的重複，但由於奏疏及文移本身的原因，有時可能免不了。然而，我們就此可真實地了解當年王陽明的所思所想，以及所作所為。當然，奏疏及文移均翻譯成白話文。所謂文移，就是平行機構或上級對下級機關的公文。奏疏，是向朝廷或皇上的報告。

　　書中人物的思想感情，都源於主人的詩歌或散文，都是真實的思想或情感。

徐泉華

引子

相傳，舜帝的一個後代，分封於這塊寶地。南面是句餘山，東面是碧波浩渺的大海，往北瀕臨海灣，西面則是會稽山。

從句餘山下來，有一條往北通向海灣的大河，又有一條流向東海的大溪。舜姓姚，於是就把這條大河叫做姚江，合山水之名，取這塊寶地為餘姚。

句餘山二百八十峰，西連紹興上虞，東合明州慈溪，南接天臺。中峰最高，上有四穴，像開窗戶，以通日月之光。後來，句餘山就習慣稱為四明山。

方圓八百里的四明山，到了詩仙李白的筆下，景象變得更加雄偉壯觀：「四明三千里，朝起赤城霞。日出紅光散，分輝照雪崖。」

北面的海灣，餘姚人稱為後海、下海，後來就叫做杭州灣。灣口一直往西推進，濁浪排空，波濤洶湧，猶如萬馬奔騰咆哮。杭州灣的潮水，夾帶著百分之七十的泥沙滾滾而來。一個猛烈的回頭潮，洶湧的海水就惡狠狠地把這泥沙扔入了海底。日復一日，月復一月，年復一年，北面的地勢微微抬高。

有一年春夏之交，連日暴雨，句餘山上的洪洞一個接著一個隆隆作響。此時，正值汛期，又是大潮。餘姚地形雖然南高北低，但北面略微抬高以後，造成中間稍陷，海水倒灌，北排不暢。姚江洪流，奔騰呼嘯，只好流入大溪，往東奔向大海。

這一年，大禹治水來到紹興，也來到了餘姚。大禹拓浚河道，分洪疏

引子

流。姚江由北入海，改道由東入海。

治河結束，大禹把治理河道的設計圖藏到姚江北岸的一座小山裡。此山後來就叫祕圖山，山旁小湖叫做祕圖湖。祕圖山稍西，就是龍泉山。

秦嬴政三十七年（前 210 年）十月，始皇出遊。上會稽，祭大禹，立石，刻頌秦德，始建餘姚縣。此後，餘姚縣名從未改變，且兩度升格為州。

三國時，十九歲的東吳將領朱然擔任餘姚長，就在祕圖山前建設縣治，並修葺祕圖湖，修築城牆。

東晉隆安二年（西元 398 年），海盜孫恩造反，進攻餘姚。劉牢之率官軍在縣城的北面戰勝孫恩。元至正十七年（西元 1357 年），占據浙東的方國珍拓寬城池。在劉牢之戰勝孫恩的地方建造城門，故稱此城門為武勝門。

明朝成化年間，餘姚城裡有一位年輕人叫王華，租住龍山朱氏的宅院。朱氏庭中有一株白桂花忽然開出紅花。占卦者說：「此是狀元之兆啊！」

王華沒有繼續在朱宅裡居住下去，而是另租了莫氏的一幢樓。一起定居的還有王華的父親竹軒公與母親岑太夫人。莫氏樓位於武勝門內，龍泉山北麓。姚江由西向東流經龍泉山南面的山腳下。

王華夫人鄭氏，已經懷孕十四個月。母親岑氏夢見五色雲彩中，有儀仗樂隊在前面引導，有神人穿著紅色官服，佩戴玉帶，抱著一個孩兒送給岑氏，說：「給妳當兒子。」

岑氏推辭說：「我已經有兒子了。我媳婦待我非常孝順，希望得一個好兒子作為我孫子。」神人同意了岑氏的請求。

忽然，岑氏聽到孩兒啼哭聲，就從睡夢中驚醒，起床看看堂前的院子，耳中金鼓聲隱隱回歸天空。時間是成化八年（西元1472年）九月三十日中午。竹軒公驚異夫人岑氏的夢兆，就為剛出生的小孩取名「雲」。

王雲長到五歲，還不會說話。有一位道士到竹軒公家裡，告誡竹軒公說：「天機不可洩。」

竹軒公覺察到其中的奧妙，於是改孫名為守仁。從此，忌諱講說夢中的事。等到王守仁地位高貴的時候，鄉里的人指著這幢樓說「瑞雲樓」。

成化十七年（西元1481年）王華中狀元，此時王守仁十歲。第二年，王華把十一歲的王守仁帶到京師。王守仁十五歲時，出遊居庸三關（即居庸關、紫荊關、倒馬關）。王守仁沒有出關憑證，就擅自走出邊關，全面觀看山川地勢。

當時，王守仁聞北京附近強盜石英、王勇造反，又聽到陝西石和尚、劉千斤作亂，多次想寫成文字，獻給朝廷。父親王華斥責：「狂！」於是作罷。

二十一歲，在杭州參加浙江鄉試中舉，學業大進。但更加喜歡談論軍事，並且善於射箭。弘治十二年（西元1499年）考中進士，分配在工部實習，被派遣負責建造前威寧伯王越的墓葬。

工程完工後回到朝廷。朝廷議政，正為西北邊境著急。王守仁列條陳述關於邊務八事，上疏朝廷。不久，授予刑部主事。到江北審查考察囚犯，事畢，因病辭官回家。重新起用時，補任兵部主事。

正德元年（西元1506年）冬，擅權的太監劉瑾逮捕南京御史戴銑等二十多人。王守仁上疏救援戴銑等人。劉瑾憤怒，王守仁被處以鞭刑，廷杖四十，貶謫貴州修文縣龍場驛丞。

引子

　　龍場位於萬山叢中，林木茂盛；苗、獠等少數民族雜居。王守仁尊重當地風俗，教化引導民眾。當地人都喜愛他，一個接一個砍伐樹木，建造房屋，以便讓王守仁居住。

　　劉瑾被誅殺後，王守仁就近調任吉安府廬陵縣知縣。後進入皇宮拜見皇帝，升任南京刑部主事，吏部尚書楊一清又把他改任為驗封官。多次升遷，擔任考功郎中，提拔為南京太僕少卿，主要掌管車馬。又升南京鴻臚卿，主要負責國家大典禮，如祭祀、朝會、接待外國使者等。

　　正德十一年（西元 1516 年）八月，提拔為右金都御史，巡撫南贛，征討盜賊。平叛結束，晉升為右副都御史，給予世襲錦衣衛百戶，再晉升為世襲副千戶。

　　正德十四年（西元 1519 年）六月，受命調查福建叛軍的事件。行至江西豐城，接到江西寧王朱宸濠謀反的報告。本書，就專門記述王陽明平定寧王朱宸濠一事。

　　王守仁，世稱陽明先生，故在文中一般均以王陽明作稱呼。

第一部
豐城聞變

第一部　豐城聞變

第一章
孫德成整軍固城，朱宸濠大肆歌功

　　江西的寧王朱宸濠，雙眼緊盯著北京。朝廷的一舉一動，朱宸濠瞭如指掌。朱宸濠派遣的大量情報人員，也長期潛伏在北京。

　　在江西做官，要麼投靠朱宸濠，要麼被逐出江西，要麼性命不保。除此，沒有其他道路可走。

　　幾年前，江西巡撫王哲因為不依附朱宸濠，就被朱宸濠暗中下毒。王哲中毒得病，過了一年就去世了。董傑代理巡撫之職，只擔任了八個月，也不明不白地死掉。從此，江西的官員都非常恐懼。如能設法調離江西，那簡直是人生的大幸了。巡撫董傑死掉後，先後代理巡撫的任漢和俞諫，也都只當了一年多，就被罷官免職。

　　擔任江西按察使的陸完投靠寧王，則官運亨通。陸完是成化二十三年（西元1487年）進士，正德初年（約西元1506年）到江西，後來一路青雲直上，正德八年（西元1513年）做到兵部尚書，位列九卿，手握兵權。陸完知恩圖報，第一件事就是幫助朱宸濠恢復王府護衛。寧王府護衛，原來早被成祖皇帝朱棣裁撤。

　　正德十年（西元1515年），朝廷人事又進行大變動。戶部尚書王瓊接替陸完擔任兵部尚書，而陸完改任吏部尚書。

　　吏部，是六部中最吃重的部門，手握選拔文職官員的大權。

第一部　豐城聞變

陸完一上任，朱宸濠就囑託他：「江西是東南要地，一定要用大家熟悉的人來接替巡撫的位置。」

當時，內閣首輔是楊一清，是明朝著名的大臣，獨霸朝政的太監劉瑾就栽在楊一清手裡。儘管陸完執掌吏部，身居要職，掌握著選人大權，但朝中重臣的任命，畢竟都要通過內閣這一關。陸完舉薦了數人，都被楊一清一一阻攔，等推舉到孫燧，楊一清說：「人選找到了。此人不欺侮軟弱，也不畏懼強權暴力，是合適的人選，而且是一位善於處理事務的人。」陸完沒有辦法，只好把孫燧舉薦上去。

孫燧，字德成，餘姚孫家境人，就這樣走馬上任巡撫江西。

進入南昌境內，孫燧換成老百姓的服裝，在道路上行走，人們當然不知道這位普通的百姓竟是封疆大吏。

孫燧在江西，一眼就看出朱宸濠的叛逆態勢，且已十分明顯。南昌人騷亂不寧地說：「朱宸濠早晚要成為天子。」

孫燧左右都是朱宸濠的耳目。為防備事情洩密，他設法不讓周圍的人接近自己，時刻注意不要被這些人偷聽偷看到自己的舉動。

與此同時，孫燧常常對朱宸濠陳說大義，以便把禍害消滅在萌芽狀態，但朱宸濠根本不可能醒悟。

孫燧暗中觀察副使許逵忠勇，可以囑託大事，就與他商議。

許逵的前任是胡世寧，胡世寧向武宗上疏，揭露朱宸濠叛逆的陰謀；還揭露太監以及得寵的朝臣為寧王提供幫助。胡世寧得罪寧王，反被誣陷，關進了錦衣衛的大牢，雖免去死刑，但充軍遼東。

胡世寧，杭州仁和人，弘治五年（西元1492年），與孫燧、王陽明一起在杭州參加浙江鄉試。第一場考試結束後的晚上，王陽明夢見兩位巨

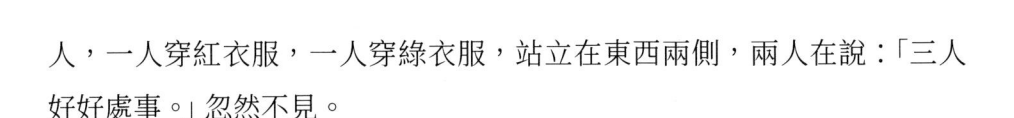

第一章　孫德成整軍固城，朱宸濠大肆歌功

人，一人穿紅衣服，一人穿綠衣服，站立在東西兩側，兩人在說：「三人好好處事。」忽然不見。

第二天，王陽明把夢中之事告訴了兩位。

此時，孫燧遇見許逵，就想到了許逵的前任胡世寧。想到胡世寧，就想到當年考舉人時王陽明所說的夢中之事。

孫燧想：「王陽明所夢，難道指此？而現在胡世寧因揭發寧王，已得罪離去，不過，王陽明倒還在，幸虧來了個許逵。」

兵部尚書王瓊，素來知道寧王有反心。王瓊為官，查考事情，毫釐不差，以勤勉幹練而著稱。正德十年（西元 1515 年）閏四月，王瓊走馬上任，執掌兵部。他看到各地盜賊蜂起，官兵亂殺平民，官府縱容盜賊，推測朱宸濠一定謀反，於是採取一系列舉措，設法扭轉治安混亂的局面。其中，就有兩項重要的舉措：一是向朝廷建議，提拔王陽明擔任都察院左金都御史，四品文官，巡撫南安、贛州、汀州、漳州等處。王瓊向來賞識王陽明的才幹，把王陽明放到江西，以防不測。明朝的慣例，欽差一般都是由都察院派出，且兼任都察院的高官，以此加重欽差的權威。所以，王陽明以左金都御史的身分巡撫各地。二是重新申明軍隊紀律，督促並責任巡撫，加強軍隊建設，提升部隊戰鬥力，以防止各種意想不到的事情發生。而各路重要關口又進行戒嚴，緝捕盜賊，行動甚是緊急。

江西凌十一，是從牢獄中逃跑的大盜，王瓊下令：「一定要如期緝拿歸案。」

兵部的命令一下達，也正中孫燧的意圖。為了不讓朱宸濠有所察覺，孫燧以防禦盜賊為藉口，預先做好各種充分的準備。

首先，修築進賢縣城牆。當時進賢縣知縣劉源清正要調離。孫燧見他

第一部　豐城聞變

聰慧而又能幹，便把他留下，委任他負責修築城牆。

接著，再築南康、瑞州的城牆。

而後，又對南昌的運輸船隻進行編號，以便管理和緝拿盜賊。調整各路水陸機動兵的駐紮地點，以便應付突發事變。

九江位於鄱陽湖要衝，屬於要害，孫燧請求朝廷加大兵備道的權力，兼任代理南康、寧州、武寧、瑞昌及湖廣興國、通城的軍事領導者，以便控制這些地區。

廣信、橫峰、青山燒製陶器、瓷器的各個窯頭，地勢險要，民風剽悍，孫燧請求朝廷設立通判，另駐弋陽，兼任並統領附近五縣的兵馬。

又唯恐朱宸濠搶劫兵器，孫燧藉口征討盜賊，把所有的武器都從城中的武器庫中搬出，祕密藏到城外無人知曉的地方。

朱宸濠發現，孫燧在暗中防備自己，就派人到京城，賄賂皇帝身邊的人，讓朝廷下令，把孫燧調走。

一天，孫燧因公到寧王府，朱宸濠就贈送他「棗、梨、薑、芥」四種果品，示意孫燧早點向朝廷打報告，早離疆界。孫燧笑笑，拒絕接受這四樣果品。於是朱宸濠舊戲重演，幾次下毒，想毒死孫燧。但孫燧命大，沒有被毒死。孫燧也多次向朝廷報告朱宸濠謀反的事實，然而，不到半路都被朱宸濠截獲。孫燧想退休回家，朝廷又不允許。這樣，孫燧既憂慮國家的安危，又擔心自己被害，感到非常恐懼。

這時，副使許逵向孫燧建議：「先發制人，擒獲寧王朱宸濠，然後上報皇上。」

孫燧說：「現在就拿他，怎麼證明他是叛賊呢？暫時再等等。」

兵部命令，要求緝拿凌十一。孫燧知道凌十一就在寧王府，但一時也

第一章　孫德成整軍固城，朱宸濠大肆歌功

沒有辦法。

正德十三年（西元 1518 年），江西發生水災。朱宸濠平時所養的盜賊凌十一、吳十三、閔廿四等，認為乘機作亂的機會又來了，趁著官府忙於救災，常常出沒鄱陽湖，搶劫掠奪，謀財害命。

孫燧與許逵商議，準備祕密逮捕他們。三賊見到官兵追捕，就逃到沙井。沙井位於吉水縣烏江鎮，與永豐縣毗鄰。恩江河經永豐從東至西流經全境，恩江河是贛江在吉安的第二大支流。

孫燧想趁其不備，從江外捉拿他們，恰遇夜裡風大雨急，船不能渡。三賊跑掉，藏匿在朱宸濠的祖墓之間。朱宸濠的祖墓在新建縣的夢山東邊緱嶺腳下，那是第一代寧王朱權的墓地，孫燧沒有辦法。

見到這一切，孫燧祕密向朝廷上疏，說明所有情況，並且斷定朱宸濠一定謀反。奏疏七次上達，但都被朱宸濠所截獲，無法送到皇帝手上。

儘管凌十一沒有被孫燧抓獲，但朱宸濠明白，孫燧不會善罷甘休。再說兵部有命令，必須限期把凌十一捉拿歸案。想到這裡，朱宸濠有點害怕。於是，又老調重彈，變消極為積極，變被動為主動，再次誘導學宮讀書的秀才稱頌自己賢能，而且又有孝行，並威逼鎮守、巡撫以官府的名義，正式向皇上上奏。早在正德初年，寧王也有這樣的一次舉動。

孫燧這邊也十分緊張。因為逮捕凌十一行動失敗，等於打草驚蛇。正要尋找對策，想不到朱宸濠正忙於做歌功頌德的事情。於是大大地鬆了口氣，一時緊張的情緒被緩解下來。孫燧趕緊與巡按御史林潮冀商量，充分利用這一個空檔，兩人再共同上疏，反映朱宸濠的叛逆行為。

朝廷接到孫燧和林潮冀奏疏後，卻準備降旨處罰孫燧、林潮冀兩人。

欲知後事如何，請看下章。

第二章
創辦社學移風易俗，
刊刻古籍以正本清源

朝廷準備降旨處罰孫燧、林潮冀兩人，後文慢慢會講到，這裡暫且按下不表。現在轉而來說王陽明。

正德十三年（西元1518年），王陽明四十七歲，這一年的三月，王陽明採用三省夾攻的策略，徹底平定南贛蜂擁而起的盜賊。哪三省？湖廣，廣東，江西。福建的盜賊，在稍早些的時候已經被平定。當時，設有湖廣布政司，布政司就是省級行政單位。湖南、湖北分設，則是後來的事。

王陽明統領的是地方民兵，面對的是殘暴強盜。定謀略，出奇兵，破橫水、左溪，襲桶岡、浰頭。盜賊一聽到王陽明的名字，就聞風喪膽。

這些盜賊，過去一直憑藉險峻的山勢、易守難攻的地形，四處搶劫，擾亂地方，殘害百姓。官府拿他們沒辦法，如今卻被王陽明全部掃清！

先後擔任南京禮、吏、兵三部尚書的湛若水說：「雖然兵部尚書王瓊賞識王陽明的才能，請求皇上授予王陽明旗牌，便宜行事，使得王陽明可以根據實際情況，不必請示而自行決斷。但也需要王陽明訓練士兵，以便隨時出擊；而且在關鍵時刻，又身先士卒，鼓舞士氣。」

雖然盜賊平定了，但王陽明認為它猶如野草春風，不從根本上治理，

第二章　創辦社學移風易俗，刊刻古籍以正本清源

日後仍會復生。王陽明認為，滋生盜賊的原因很多，但根源在於：一是老百姓吃不飽，穿不暖；二是老百姓少知識，缺文化。

於是，王陽明奏請朝廷，在官府管理薄弱的偏遠山區，先後設立福建平和縣、江西崇義縣、廣東和平縣。勸導民眾發展農業，興辦學校。

王陽明在給各府縣的公文中說：「民風不好，是因為沒有教育好。今天幸運的是盜賊已經平定，民眾的困苦也漸漸減少。所有一切移風易俗的事，雖然不能一下子全部開展起來，暫就容易理解、容易做到、容易開始的事做起，進行教誨訓導。」

王陽明隨即張貼布告，通告南安、贛州所屬各縣的父老鄉親，互相誡勉，每個鄉、社，都要興辦學校，聘請老師，教育子弟，學習詩歌，學習禮儀，讀書識字。

王陽明對民眾說：「學習詩歌，能陶冶人的情操，激發人的意志。學習禮儀，能使人知道怎樣歡度節慶，怎樣進行祭祀，如何待人接物。讀書識字，能使人打開知識的大門，明白許多道理。」

經過一段時間，老百姓懂得，在正規的場合，要端正衣服，戴正帽子，以表示尊重；待人要謙虛有禮，講究文明；家庭要和睦和諧，尊老愛幼。一時，早晚讀書聲響徹大街小巷、田野村落。

到了七月分，一切都稍稍有些眉目，王陽明又想起他的聖學來了。所謂聖學，就是儒學，創始人為孔子，後來孟子又發揚光大。

十一歲那年，王陽明在北京，曾經問塾師：「何為第一等事？」

塾師說：「那當然是讀書考取進士了。」

王陽明說：「考取進士恐怕不是第一等事，或許讀書成為聖賢是第一等事。」

第一部　豐城聞變

　　隨著年齡的增長，王陽明的書也越讀越多。先讀《論語》、《孟子》，又讀《大學》、《中庸》。接著讀《詩經》、《尚書》，再讀《春秋》、《禮記》，還讀《周易》。前四本稱「四書」，後五本稱「五經」，是儒教的經典，是科舉的必考內容。以後又讀周敦頤的書，讀程顥、程頤的書，更是讀遍了朱熹的書。還研究佛教、道教。

　　有一天，王陽明突然想起朱熹的話來：「所有事物，一定分表面和內在，一定有精良和粗劣，一草一木，都涵養蘊藏著至深的道理。」朱熹的意思，就是要從萬事萬物上去探求道理，這就是「格物」。透過「格物」，達到對天理的完善理解，這就是「致知」。

　　王陽明父親的官署中有很多竹子，王陽明就取竹子格之，想從竹子中探求出至深的道理來，求之不得，還生了一場病。

　　那時年少，王陽明沒有領會儒學研究的是社會的倫理道德，大至治國，小至治家。也沒有弄清楚，研究的對象則是人與人、人與社會、人與自然的關係。如果王陽明知道「格竹」就是要研究人與竹子的關係，他就一定能「格」出某種道理來。從此王陽明對朱熹的說法產生了懷疑。

　　正德三年（西元1508年），王陽明被貶謫龍場驛，龍場在貴州萬山叢中。王陽明想：「聖人處在這裡，不知會有何種考慮。」

　　一天晚上，正當半夜，王陽明忽然大悟「格物致知」的要旨，於是高興得跳了起來，與他一起的人都嚇了一跳。

　　王陽明忽然醒悟：「聖人之道，應該求之於自己的本性。過去說，要從萬事萬物上去尋求，這是誤導啊。」再背誦「五經」所說的話，一驗證，沒有不符合的。

　　後來，王陽明告訴弟子：「格，即正。格物，就是把自己思想中不好

第二章　創辦社學移風易俗，刊刻古籍以正本清源

的東西格去，是糾正自己的行為過失。致知，就是達到最崇高的道德境界。」

事實上，「格」這個字，還活在餘姚稻區農民的口語中，農民常說「格米」。夏收後，父親吩咐兒子：「把這籮米格一格。」意思就是用篩子把米裡的雜質篩去。品德也常常說成「品格」。

一次，弟子徐愛問王陽明：「親民，朱熹解釋成『新民』，好像有根據。先生認為舊的《大學》版本就是『親民』，有根據嗎？」

明明德、親民、止於至善，是儒家的三大綱領。

《大學》開篇就說：「大學之道，在明明德，在親民，在止於至善。」這句話，南宋的理學家朱熹解釋說：「大學的宗旨，在於弘揚光明正大的品德，在於使人棄舊圖新、去惡從善，在於讓人們達到最完善的境界。」

朱熹的意思，「親民」是「新民」之誤。新民，就是使人棄舊圖新、去惡從善。朱熹把「親」直接改成了「新」字。

王陽明不贊成朱熹的觀點，也不贊成朱熹改字的做法，認為「親民」就是親民。在貴州龍場時，王陽明就懷疑朱熹所寫的《大學章句》一書，不是孔子儒家學說的主旨。於是親手抄寫《大學》古本，認真閱讀，精心思考，才相信聖人之學，本來就簡易明白。《大學》只有一篇，原本就沒有經、傳的區分。朱熹說，《大學》缺少「格物傳」，還認為缺少一個「敬」字。但王陽明認為，誠意就是格物。《大學》一書，本來就沒有缺少「格物傳」，也沒有必要增加一個「敬」字。

王陽明越來越覺得「儒學的經典著作，必須正本清源」。於是，就在這一年，也就是正德十三年（西元 1518 年）的七月，王陽明刻古本《大學》。

同年七月，王陽明又刻《朱子晚年定論》，王陽明在《序》中說：

第一部　豐城聞變

　　過去貶官到貴州龍場，居住在少數民族地區，生活在困苦之中，不顧外界的艱難，在始終堅持下去的空隙進行思考，忽然有所覺悟。驗證於「六經」、「四書」，清楚明瞭，再沒有什麼可疑。唯獨和朱熹的學說有相互牴觸的地方，這一問題一直存在於我的心中。我實在懷疑，像朱熹這種德才兼備的人，怎麼可能對這一問題沒有察覺？

　　等到我在南京做官，再取出朱熹的書，檢查研究這些問題，於是才知道朱熹晚年本來就已經非常清楚過去的學說不對，痛悔到了極點，甚至以此認為，犯了既欺騙自己又欺騙別人的罪，已經沒有辦法彌補自己的罪過。

　　世上所流行的朱熹寫的《集註》、《或問》之類的著作，就是他在中年時期還沒有成熟的思想學說。朱熹自己責備自己，認為自己過去所寫的書有錯誤，想改正錯誤但來不及改正。而其他像《語類》一類的書，又是他的學生、弟子們，懷著好勝的心情附著個人的見解，本來就與朱熹平日所講的學說，有大相違背的地方。

　　世上的學者局限於所見所聞的知識，遵循著朱熹中年時的學說進行研討學習，他們對於朱熹覺醒後的議論，我感慨他們沒有聽到，那麼也就無怪乎我所說的話，他們不信了。但是對朱熹來說，他並沒有自己殘害自己的意思啊！

　　我既為自己的學說並沒有違背朱熹感到幸運，又高興朱熹在我之前已經贊同了我現在的學說。我又感慨現在世上的這些學者，只堅持朱熹中年時期還沒有成熟的學說，而不再去熟知朱熹晚年已經醒悟的論述，互相爭著沒完沒了地講解，以致搞亂正宗的學說，自己還不知道已經步入異端，還總是採集並記錄，而且還要編輯成集，私下再讓志同道合的人看，等於告訴別人：「這是我的學說，如果按照我的學說，聖學再次發揚光大是有希望的。」

　　欲知後事如何，請看下章。

第三章
王陽明潛心聖學，楊廷和立志功名

早在正德三年（西元1508年），也就是「龍場悟道」的這一年，王陽明就開始論述「知行合一」，論述實踐的功夫。

弟子徐愛還是不領會知行合一的思想，問王陽明：「如今的人，已經一看到父母就知道要孝順，一看到兄弟就知道要友愛，但往往不能孝順父母、友愛兄弟，這說明知與行分明是兩回事啊。」

王陽明說：「這是被私慾矇蔽，而把兩者隔離斷開了，不是知行的本體啊。聖賢教人知行，正是要人恢復知行的本體。所以《大學》指出真正的知行是什麼樣子，把這個樣子揭示給人看，說：『如喜歡美麗的顏色一樣，如厭惡難聞的氣味一樣。』看見美麗的顏色屬於知，喜歡美麗的顏色屬於行。只見顏色時已經喜歡了，不是見到後你才馬上去喜歡啊。聞到難聞的氣味屬於知，厭惡難聞的氣味屬於行。只聞氣味時已經厭惡了，不是聞到後你才馬上去厭惡啊。又如稱讚某人懂得對父母孝順，稱讚某人懂得對兄弟友愛，一定是這個人已經有過孝順父母、友愛兄弟的具體行為，才可稱他懂得孝順父母、友愛兄弟，這便是知行的本體。」

徐愛問：「古人分知行為二，恐怕是要人明白怎樣去做吧？」

王陽明說：「這正是失去古人的宗旨。我曾經說知是行的主意，行實際上是知的功夫，也就是花費時間和精力後所獲得的結果。知是行的開

第一部　豐城聞變

始,行是知的結果,這樣可以領會了吧。古人立言,分知行為二的原因,只因為世界上有一種人,糊裡糊塗地任意去做,完全不進行思考判斷、反省檢查,這就叫做盲目行事、胡亂工作,所以一定要說個知,然後去行,這樣就不會出錯。又有一種人,迷迷茫茫地憑空去思索,完全不肯腳踏實地親自去做,這就叫做揣度空想,所以一定要說個行,然後告訴他這才是真正的知。這是古人不得已的教育方法,如果真正能明白,一句話就足夠了。如今的人卻認為一定要先知,然後才能行,而且講習討論,以求知,等到真正知了,才去行,所以竟然終身不行,也竟然終身不知。我現在說知行合一,使學者自求本體,就不會犯支離破碎、相互割裂的病害了。王陽明所說的知,是社會的倫理道德;所說的行,是按照社會倫理道德去做的具體行為。王陽明說知行是一回事,不是有一個知,又有一個行。如果說一套做一套,那麼,實際上還是不知。你沒有孝順父母的具體行為,怎能說你已經知道了孝順呢?

王陽明認為,產生知行分離的原因,根源在於朱熹把「性」、「理」分開,認為客觀上存在一個「理」,人們必須遵循這個「理」。事實上,性即心,性即理。性外無理,心外無物。

王陽明經常向弟子們舉例:「比如,有一個小孩,掉到了井裡,看到的人就會產生惻隱之心,立即會奔過去救援,這就是人的本性使然。」這種天理怎麼可能求之於外呢?只是隨著與外界的接觸,人性就會受到灰塵的矇蔽,人性就要向壞的方向發展。

心外無物。如我的心裡發一個念頭:「要孝順雙親。」孝親,便是一物。孝順父母的這種倫理道德,怎麼可能存在於心外呢!即使作為自然現象的具體事物,也是存在於心中的啊。

一次,王陽明與朋友一起遊覽會稽山。兩人走著走著,見到前面山巖

中有一株花,朋友指著巖中的花樹說:「天下無心外之物,如此花樹,在深山中自開自落,與我的心又有什麼關係呢?」

王陽明說:「你未看此花時,此花與你的心同歸於寂;你來看此花時,則此花顏色一時明白起來,便知此花不在你的心外。」

王陽明記得,在刑部工作時,有一位部下因經常聽自己講學,便說:「先生的學說確實好。只是文書、訴訟這種事,煩瑣又難處理,我沒有時間學。」

王陽明說:「我並未要你離開工作去學習!你有官司的事情,就把官司的事情做好,這才是真學。當你判案時,不能因為對方的無禮而惱怒,不能因為對方言語婉轉而高興,不能因為對方的請託而存心整治他,不能因為對方的哀求而曲意寬容他,不能因為自己的事務煩冗而隨意草率結案,不能因為別人的詆毀和陷害而隨別人的意願去處理。」

王陽明想倡明聖學,但更多的人卻不這樣。世界上有多少人熱衷於功名利祿!當時的內閣首輔大臣楊廷和,你說他是奸相吧,倒不是;你說他是賢相吧,似乎也還不到那個程度。

明朝不設丞相,設內閣制。內閣大臣,最多時有七人,三人時居多,有首輔、次輔。內閣首輔大臣實際上就是宰相。

不過,這位楊宰相的兒子對世上的一切倒看得蠻透。楊宰相祖上的風水還特別好,兒子不但是狀元,而且才華橫溢,文筆優美,著作等身,多達四百餘種。他名叫楊慎,嘉靖初年,因大禮儀之爭,被貶戍雲南,寫下千古不朽的《廿一史彈詞》,其中第三段,說秦漢開場白:

滾滾長江東逝水,浪花淘盡英雄。是非成敗轉頭空。青山依舊在,幾度夕陽紅。

第一部　豐城聞變

　　白髮漁樵江渚上，慣看秋月春風。一壺濁酒喜相逢。古今多少事，都付笑談中。

　　兒子楊慎，寫出如此美妙而又意味深長的詩句，田野村夫、樵夫漁民聽到後，感到說得太好了。

　　楊廷和身居相位，早被功名利祿矇蔽了心坎。用王陽明的話來說，楊廷和必須把蒙在心坎上的這些灰塵，用掃帚揮揮掉，把心裡的這些雜質，用篩子格格掉，重新顯現與生俱來的良知，才有可能達到崇高的道德境界，這就是「致良知」。

　　當然楊廷和絕對不會這麼做。

　　楊廷和是四川成都人，是一位少年才子。十二歲就考中舉人。成化十四年（西元1478年），年僅十九歲，就登進士。正德二年（西元1507年）進入內閣，正德七年（西元1512年）出任首輔。楊廷和與兵部尚書王瓊有些疙瘩。大家一起共事，有不同政見，也是正常的，算不了什麼。王瓊於成化二十年（西元1484年）登進士，由工部主事升至戶部、兵部尚書，以勤勉、幹練出名。因為王陽明是王瓊舉薦的人，楊廷和自然對王陽明有些反感。楊廷和想到前幾年，王陽明在每次平亂捷報中，只提王瓊，從來不說自己，功勞全歸王瓊，對此，心裡當然忌恨王陽明。

　　欲知後事如何，請看下章。

第四章
請辭歸田倡導聖學，留旗牌防範亂事

　　楊廷和忌恨王陽明，那是楊廷和的事。王陽明無暇顧及這些，他一心想著倡明聖學。

　　正德十三年（西元 1518 年）九月，王陽明又修濂溪書院。北宋哲學家周敦頤擔任虔州通判時，洛陽的程顥、程頤兄弟跟隨學習。人們就在虔城之南、贛江之東，建祠紀念。虔州，就是現在的贛州。後來有學者在祠裡講學，稱濂溪書院。

　　王陽明開始住在射圃，所謂射圃，就是兵士練習射箭的地方。四方學者都來聽他講課，地方小，容不下，就修濂溪書院，作為講學場所，王陽明也就搬到了書院居住。

　　周敦頤，是理學鼻祖。他的學說，經弟子程顥、程頤兄弟發揚光大後，到南宋朱熹，成為集大成者，稱為程朱理學，上升為國家的正統思想，科舉的必考內容。周敦頤有一篇著名散文，叫〈愛蓮說〉，可謂人人皆知。

　　到了十月分，王陽明又制定鄉規民約。王陽明聯繫父老，要他們率領子弟，和睦鄰里，友愛宗族，德義相勸，過失相規，養成崇尚禮儀的風氣，形成質樸淳厚的品德。

　　王陽明又考慮到連年戰爭，老百姓生活艱難，十一月，又上疏朝廷，請求停止徵收鹽稅，更改食鹽流通政策，使之有利於百姓生活。

第一部　豐城聞變

　　第二年，即正德十四年（西元 1519 年）正月，因為徵三、九連的功勞，朝廷再次下令：「蔭子錦衣衛，世襲副千戶。」

　　在此之前，也就是 1518 年的六月，王陽明升都察院右副都御史，蔭子錦衣衛，世襲百戶。王陽明上疏辭免，但皇上沒有同意。

　　這次，王陽明又上疏辭免，說：「因我的功勞，兒子享受特權，世襲官職，國家其實沒有嚴格的制度規定，自己心裡終有不安。疾病纏身，報效朝廷恐怕沒有機會了。」但皇上還是沒有同意。

　　快到月底，突然接到紹興餘姚的家信，說祖母病情嚴重。

　　一聽祖母病危，王陽明就有不待朝廷批覆，即刻動身回家的念頭。十三歲那年，母親鄭氏去世。王陽明就在祖母的悉心照料下長大成人。王陽明與祖母的感情，不是用言語可以來表達的。今年，祖母正是百歲高壽，聽到祖母有病，王陽明心急如焚。

　　王陽明立即上疏朝廷，要求退休。

　　王陽明給兵部尚書王瓊的信說：「湖廣的郴州、衡州，各處眾多凶頑逃脫而沒有消滅的尚多。大概因為進兵圍剿的時候，這個省的士兵不是很拚命。也因為廣東、廣西的部隊夾擊防守的時候，行動稍稍遲緩了一點，因此才造成這種情況。福建一些軍隊出現突發事件，也是由於過去的問題逐漸累積所導致的。事件發生開始在延平，接著是邵武，又發展到建寧、汀州、漳州，以及沿海的各個衛、所。將來禍害會蔓延到什麼程度，一時也說不清楚。這些事情，原本就不是像我這種迂腐愚蠢的人所能處理的。又何況近日祖母病危，日夜痛苦，心神不定，內心慌亂。希望另派別人接替我的職務，讓我辭職回家，服侍祖母。」

　　王陽明要求退休的奏疏，送達內閣，首輔大臣楊廷和一見，正中下

第四章　請辭歸田倡導聖學，留旗牌防範亂事

懷。他巴不得王陽明早點離開，於是在王陽明的奏疏上批示：「同意請求，上報皇上。」

這下，兵部尚書王瓊急了，他有自己的打算。王瓊知道，江西寧王朱宸濠早晚必反。一天，他把兵部主事應典招來。各部的主事，一般都是六品官，其中一項職責，就是處理公文。

王瓊對應典說：「我把王陽明放在江西，請求皇上授予他旗牌，可以不經請示，自行決斷。這不僅僅是為了解決幾股叛亂的盜賊，更是考慮到可能要發生重大的事變。如果不給予王陽明旗牌，只給他調動軍隊的權力有什麼用呢？重大事項仍需要事前報告啊。現在叛亂已經平定，皇上授予他的旗牌就要收回，如何想辦法把旗牌留在王陽明手上呢？」

當時，福建有一位軍人叫進貴，有叛亂的行為。王瓊說：「這是小事，不值得麻煩王陽明。但藉這件事，可以使得旗牌繼續留在王陽明的手上，以便防止其他大事發生時可以發揮作用。你立刻起草一篇公文來，讓我看看。」

應典草擬好公文後，交給王瓊，王瓊給公文加上題目，呈給皇上。公文的主要意思，就是要王陽明到福建處理軍人叛變事件。

應典，浙江永康人，在考取舉人後，總是奮然希望自己能達到聖賢的境地，於是就在家鄉壽山建麗澤祠，彙集在官學讀書的秀才們進行講學。壽山位於方巖山的北邊，麗澤祠就在永康方巖壽山的五峰書院內。

正德九年（西元1514年），應典考取進士，就在兵部任職，為兵部尚書王瓊所器重。所以，應典雖任兵部職方司主事，但總攬兵部四司政務。應典還拜王陽明為老師。

欲知後事如何，請看下章。

第一部　豐城聞變

第五章
劉養正試探陽明，冀元亨勸諫宸濠

　　親王，也稱藩王。寧王，寧藩王，是同一個意思。寧王，本來封地在寧國（內蒙古寧城），「寧」字即得名於此。第一代寧王，是朱元璋的第七子朱權，號臞仙，又號涵虛子、丹丘先生。因為他去世後諡號「獻」，所以也叫寧獻王。

　　朱元璋由於太子去世早，就直接傳位給嫡長孫，即建文帝。這樣一來，朱元璋的第四子、封地在北京的燕王朱棣就不服氣了。這個朱棣，常隨朱元璋南征北戰，有膽量，又頗具策略眼光。他瞅準姪子建文帝削藩引起各個藩王不滿的機會，興兵發難，劍鋒直指首都南京，提出的政治口號是「清君側」，意思是要清除皇帝身邊的奸人。這一政治事件，世稱「靖難之役」。

　　擁護朱棣興兵的藩王，其中就有寧王朱權。朱棣答應他，得到天下，兩人平分。朱棣從姪兒手中奪到皇帝寶座後，當然把當初的諾言拋到了腦後。寧王朱權乘機提出改封蘇州的要求。朱棣說：「這是京畿啊！」於是改封南昌。後來，朱棣把首都從南京遷到了北平，改北平為北京，南京照例留下一套團隊，稱留都，也稱南都。並改直隸為南直隸，另設北直隸，都由中央直管。南直隸主要有應天、鳳陽、淮安、揚州，還有蘇州、松江、常州，以及廬州、安慶、太平、池州，還包括寧國、徽州等府。安慶府

第五章　劉養正試探陽明，冀元亨勸諫宸濠

城，為南直隸重鎮。

寧王朱權從內蒙古寧城，改封到了江西南昌，地方確實是好了，但朱棣隨即不斷加強對寧王的防備，其中一項就是削去寧王府的護衛。朱權當然知道老四的用意，於是不問政治，將心思託於道教、戲劇、文學等。其中，對茶道頗有研究，朱權精心撰寫《茶譜》。全書約兩千字，除緒論外，下分十六章，先有品茶、收茶、點茶、薰香茶法，然後敘述茶爐、茶灶、茶磨、茶碾，接著講茶羅、茶架、茶匙、茶憲（刷茶葉的帚），最後還有茶甌（小茶杯）、茶瓶、煎湯法、品水。書中所述，多有獨創。

寧獻王朱權，傳惠、靖、康三王。惠、靖、康，都是死後的謚號。寧康王的原配夫人，一直沒有兒子。寧王府宮女、南昌人馮氏，在成化十三年（西元 1477 年）時，為寧康王生下第一個兒子，取名宸濠。

朱宸濠出生的時候，寧康王夢見大蛇遊入宮中，把宮人全部吃掉。所以朱宸濠一生下來，寧康王就對他百般厭惡。寧康王不想讓朱宸濠繼承王位，但一則沒有原配所生的嫡子，二來朱宸濠是長子。沒有嫡子，長子是當然的繼承人選，再加上朱宸濠生母的竭力相爭，於是寧康王打消了撤換繼承人的想法。

由於寧康王不喜歡，於是把幼小的朱宸濠藏匿在歌舞藝人家裡撫養。與藝人秦滯睡在一起。朱宸濠稍稍長大，就調戲、姦淫宮女。寧康王憂悶憤慨，彌留之際，不讓朱宸濠進入臥室與他訣別。不過，朱宸濠也是有才氣的人，精通《書》、史以及歌詞。《書》又稱《尚書》，是上古時代的一本歷史書，以記言為主，也是儒家的經典著作之一。

弘治九年（西元 1496 年），朱宸濠繼承王位。

其實，歷代寧王都懷有叛逆之心，只不過到朱宸濠時，奸詐邪惡，發

第一部　豐城聞變

展到了極端。正德初年，朱宸濠就與把持朝政的太監劉瑾結交。曾經含蓄勸導南昌學宮讀書的秀才，向朝廷稱頌自己的孝順行為，也讓巡撫、按察使等各司上表奏告皇上，以便擴大自己的聲望和名譽。

江西安福縣的舉人劉養正，字子吉，素來有寫文章和說唱的才能，朱宸濠就把劉養正招來，利用他的才華，鼓惑民眾。

有人犯罪，朱宸濠就設法牽連富戶人家，盤剝他們的財產。縱容大賊閔廿四、凌十一等，四處出擊，搶劫掠奪，以資助胡亂作為的費用。

當時，擔任江西按察使的陸完，因為受到朱宸濠的器重，就投靠、依附朱宸濠。等到陸完擔任兵部尚書，第一件事，就是恢復寧王府護衛，好讓朱宸濠培養羽翼。

朱宸濠看到武宗到了三十多歲還沒有兒子，就私下做工作，想把自己第二個兒子過繼給武宗。為此，朱宸濠派王府裡的太監閻順等，祕密到京師活動。

內閣大學士梁儲知道後，嚴肅地對通關節的人說：「當今皇上正是壯年鼎盛時期，皇子隨時可生，設立皇儲之事，怎能隨便說！」

朝廷對朱宸濠的行為置之不問，而且只是把閻順等貶謫到南京朱元璋的孝陵，充當做清潔工作的士兵而已。於是，朱宸濠就更加無所顧忌，隨時想舉兵發難。

劉養正說：「欲想成事，最好能得到王陽明。」

朱宸濠說：「我也有如此想法。」

正德十四年（西元1519年）二月的一天，劉養正與門人王儲一起，從南昌出發，坐船由贛江溯流而上到達贛州。

劉養正敬佩王陽明的學問，兩人交情素來不錯，前些日子劉養正老母

第五章　劉養正試探陽明，冀元亨勸諫宸濠

去世，所以正好有藉口請王陽明寫墓誌，料想王陽明自然不會拒絕。

談話間，劉養正又乘機對王陽明說：「寧王尊師重道，有商湯、周武王的雄才大略。如今，寧王想跟隨先生一同倡明聖學。」意思是武宗是桀、紂，希望王陽明出來協助寧王推翻暴君。

王陽明笑笑回答：「現在不是桀、紂統治的時候；當世也沒有商湯、周武王這樣傑出的人才。但有的是為正義而死的大臣。寧王想和我一起倡導聖學，他能捨去藩王的爵位嗎？」

劉養正此來，事實上是為寧王的事，暗中相邀王陽明結盟，但見語言不合，過了兩夜，第三天一早就乘船返回。此時，周汝方在贛州老家養病，時已康復，搭乘劉養正的船回南昌。周汝方，號龍岡，是羅洪先的姐夫。羅洪先，後來高中狀元。劉養正坐在船裡，回頭見龍岡昏沉呻吟，料想他已熟睡。就和門人王儲閒談起來，嘆息說：「我原來有意，很想倚賴陽明，兩天來，數次用語言試探他，他似乎不明白，更說不上與我們密切配合了，不上我們這艘船是很明白了。此事就這樣放棄，我怎能一人擔此重任呢？」

王儲拱手說：「先生謙虛，如今天下託付先生，先生怎能有所推託？陽明有與沒有不值得如此看重啊。」

劉養正說：「關鍵在我，但人數多幾個當然更好。陽明曾經領過兵啊。」

王儲說：「先生認為陽明是個人才嗎？我見他是個膽怯的人啊。」

劉養正說：「的確如此。贛州峒賊，只是些披髮的武士而已，竟然使他們終日練兵，如臨大敵，顯得多麼緊張啊。」一起大笑而罷。

寧王久積思慮，不是一天兩天的事了，當時所畏懼的，也只有王陽明

第一部　豐城聞變

在江西的事。既然不能殺掉他，也就一定要招羅他，這樣，事情成功容易得多，所以念念不忘王陽明。

王陽明也在想：「不可與寧王絕交。目前，他畢竟是親王。所謂力有所為，機有所待，自己也只能見機行事。」

王陽明又想到「武經七書」，其中的每部軍事著作，自己都作過評註。《孫子・軍形》篇中說：「善守者藏於九地之下，善攻者動於九天之上，故能自保而全勝也。」

王陽明清楚孫子所說的意思：「善守者，把自己的軍事力量藏於民間；而善攻者，把軍事才智應用在上層軍政外交上。」

王陽明想到自己的弟子冀元亨本質忠厚，又有孝行，可託以重任。劉養正離開後，王陽明就派冀元亨前去寧王府。一方面看看朱宸濠是否真有誠意學習儒學；另一方面讓冀元亨曉以大義，使朱宸濠回心轉意。如果不動干戈，無聲無息地消除禍害，這是最好的辦法。假如，不能使朱宸濠回心轉意，也可讓冀元亨探測朱宸濠的深意。

冀元亨是湖廣常德府武陵縣人，正德十一年（西元 1516 年），考中舉人，一直跟隨王陽明學習。王陽明聘請他擔任公子王正憲的老師。

冀元亨遵照王陽明的囑咐，來到了寧王府。兩人談話之間，朱宸濠拿敏感話題試探冀元亨，冀元亨假裝不明白，只與他討論學術問題。朱宸濠認為他政治上是個傻子，大笑著說：「人痴乃至此耶！」

冀元亨卻不顧寧王朱宸濠的大笑，每天為他講解北宋張載的《西銘》，反覆說明君臣大義，而且講得非常詳盡。

《西銘》是哲學著作，主要闡述儒家的政治道德思想，表達的主題是博愛。從宇宙、天地、人性、人生境界，最終落實到倫理道德境界，透過

第五章　劉養正試探陽明，冀元亨勸諫宸濠

人與人之間的關係論述，把社會描繪成一個大家庭，把社會地位的不同說成是家庭人員內部的分工。

朱宸濠也佩服冀元亨的講解，回去時贈送冀元亨非常厚重的禮物。但等冀元亨一走出王府，朱宸濠突然想到什麼似的，忽然反悔，立即祕密派人前去追殺。

王陽明料到一旦話不投機，朱宸濠會有這一手，就派兵士暗中保護冀元亨。朱宸濠想刺殺冀元亨，最終沒有成功。

冀元亨從南昌回到贛州，立即把禮品上交官府。並向王陽明講述了講學的情況，以及寧王所說的話。

王陽明說：「你的大禍就在這裡了。」

朱宸濠結交名士，想讓他們幫助自己。凡在江西做官的，按禮節交往，而且非常隆重。但如果不為他所用，輕的趕走，重的陷害。

現在事情非常明瞭，冀元亨不為朱宸濠所用。不為所用，就會有禍害。於是王陽明派衛兵從小路送冀元亨去武陵。因為武陵屬於湖廣布政司，不屬於江西布政司，朱宸濠也就鞭長莫及了。

欲知後事如何，請看下章。

第一部　豐城聞變

第六章
奉旨履新赴任，葉芳預作安排

　　明朝的省級行政單位，稱為承宣布政使司，簡稱布政司，長官叫布政使。「司」和「使」僅一字之差，而前者指官府，後者指職務。分設的都指揮司、按察司，分管全省的軍隊和司法、監察。長官分別叫都指揮使和按察使。機構和職務，同樣也是一字之差。巡撫則具有欽差性質，一般都由都察院的官員擔任。

　　正德十一年（西元1516年），南安、贛州、汀州、漳州等盜寇蜂起。兵部尚書王瓊素來驚奇王陽明的才氣，舉薦王陽明以都察院左僉都御史的身分擔任欽差，巡撫南、贛、汀、漳等處，簡稱南贛巡撫，駐地贛州。

　　都察院是專門行使監督職能的部門，長官為左、右都御史，與六部尚書同級，為正二品。下設相對應的左右副都御史、左右僉都御史，前者正三品，後者正四品。

　　到正德十三年（西元1518年）四月，王陽明班師，平亂結束。

　　正德十四年（西元1519年）六月初五這一天，王陽明在濂溪書院照例準備講課，門人和弟子們還沒有來。王陽明回想自己這幾年，也感受皇恩浩蕩。

　　正德元年（西元1506年）二月，王陽明被把持朝政的太監劉瑾陷害，貶謫龍場驛。正德五年（西元1510年）劉瑾被武宗誅殺，王陽明一路升

第六章　奉旨履新赴任，葉芳預作安排

遷，西元 1518 年升為都察院右副都御史，官列三品。其間提出的許多建議意見，朝廷也都基本支持。正德十二年（西元 1517 年）九月，向朝廷上疏，提出要平亂可以，但必須答應自己四項要求：一、不能規定期限；二、要有賞罰權；三、要給予旗牌，能號召遠近之兵；四、要把巡撫的職務改為提督，這樣就能管轄、約束南贛八府一州的官吏。

王陽明奏疏說：「改巡撫為提督，給予我令旗令牌，根據情況，自行做出決斷。如果這樣，我還不能打造出一支精銳的部隊，盜賊還無法剿滅，我就死罪難逃！」

奏疏送達朝廷，許多大臣發出冷笑：「王守仁何許人也？竟敢提出這樣的要求！」

而兵部尚書王瓊慷慨地說：「朝廷這種權力，不給這樣的人用，還想給誰用？我一定給他。」

於是，王瓊把自己的答覆意見上疏武宗，武宗同意兵部的意見，下令，把王陽明的職務由巡撫改為提督，授予旗牌八面，所有事情根據情況自行決斷。武宗詔令說：

江西南安、贛州地方，與福建汀州、漳州兩府，廣東南雄、韶州、潮州、惠州四府，以及湖廣郴州桂陽縣，壤地相接，山嶺相連，其間盜賊常常出沒。東追則西竄，南捕則北奔。就是因為各省沒有統轄和隸屬關係，處理事情，相互推脫，難以統一籌劃。

前幾年，曾經設有都御史一員，巡撫前面所說的地方。即使令他督促圍剿盜賊，但責任不專，大多數事情，都是沿襲老一套的做法，敷衍塞責，應付了事；不能嚴正宣布賞罰分明的事情，以激勵人心，致使盜賊滋生，越來越多，地方百姓遭受禍害。

第一部　豐城聞變

　　今天，據王守仁所奏的事情，以及兵部的意見，特改命你為提督軍務，安定軍隊，撫慰百姓；修理城牆，疏濬護城河；禁止、革除奸詐舞弊行為。一切軍隊、戰馬、兵器、錢糧等事務，只需按照實際情況，認為適宜，就自行處置，還要充足軍餉。如果有盜賊出沒，立即設法調兵剿殺，不許沿襲過去不好的做法。招安歸撫，欺騙隱瞞，為民眾帶來的是嚴重的禍害。

　　統領兵士的官員，不論文職武職，如果在軍前違反期限，並停留觀望、退縮不前的，都按照軍法處理；生擒盜賊，審問明白，也立即斬首示眾。

　　詔令剛下達，鎮守太監畢真就託武宗身邊得寵的人，謀求擔任監軍一職。

　　王瓊立即向武宗上奏：「斷然不可，兵法最忌諱遙控指揮。如果南安、贛州調兵遣將，而一定要等待省城的鎮守出主意，是萬萬不可以的！只有省城有警報，才可以讓南安、贛州策應。」就這樣，事情總算被擱置起來。

　　南贛，過去只有掌管政事的巡撫。一般來說，巡撫是文職官員，而提督兼管軍事。王陽明之前，曾有欽差周南，以都御史身分巡撫南贛，向朝廷請求旗牌，朝廷給予了他。周南，字文化，縉雲縣人，明成化十四年（西元1478年）進士。正德六年（西元1511年）擔任南贛巡撫。周南平亂結束後，旗牌立即繳還。而後，南贛巡撫要有旗牌權，也沒有形成這種明文規定的制度。

　　令旗令牌，是朝廷頒給封疆大吏或欽差大臣作為允許他便宜行事的憑據。也就是事先可以不向朝廷報告，根據情況，自己可以做出決斷，即老百姓所謂的「先斬後奏」。不過完事後，旗牌都要立即上繳。

第六章　奉旨履新赴任，葉芳預作安排

　　王陽明想到八面旗牌，回憶這一樁樁、一件件的往事，忽然聽到「聖旨到」。

　　王陽明立即出去，跪拜接聽。內官宣讀：

　　福州三衛軍人進貴等脅眾謀反，特命你暫去彼處，會同地方官員，查議處置，把處理意見上報朝廷，再作決定。欽此。

　　王陽明領旨，按禮接待完畢，安排朝廷使者休息。第二天一早，王陽明吩咐：「去看望峒酋葉芳。」

　　隨後，騎馬與龍光等一起前去。峒酋葉芳見王陽明到來，自然高興，也沒有什麼客套。王陽明對他說，只是來看看，並關切地詢問他：「伐木造屋進展怎麼樣？生活可好？」

　　葉芳回答：「已建造了萬餘間。大家一切都很好。」

　　王陽明吩咐葉芳：「要團結部下，安定峒民。還要抓緊開展軍事訓練，以防盜賊。以後可能還要用著你。」

　　葉芳說：「只要先生令牌到，我葉芳即刻起兵。」

　　從葉芳處回來，王陽明心裡感覺踏實了許多。此時，去福建，他又想起了福建汀漳兵備金事周期雍，去年冬天因公來贛州的事情。

　　兵備道是各省按察司的分支機構，主要負責監督轄區軍務，監督地方軍隊，管理地方兵馬、錢糧和屯田，維持地方治安。不過，還是屬於文官系統。

　　周期雍，字汝和，江西寧州人。正德三年（西元 1508 年）進士。在廣東清查衛所軍籍時，勇於彈劾位高權重的武定侯郭勛。

　　王陽明覺得他是一位可以信賴的人，且在別省做官，不易引起別人警

惕。於是王陽明與周期雍相會，屏退左右，託以祕事。王陽明暗示他陰募驍勇，具械束裝，部署兵力，以防不測。周期雍在贛州辦完公事，也就立即回福建，以等待王陽明的需求。

　　欲知後事如何，請看下章。

第七章
蕭御史上疏揭變，伶官通敵遭抄家

　　武宗接到江西官府的奏本，稱頌寧王賢能又有孝行。隨後又接到了孫燧和林潮冀兩人彈劾寧王的疏章，一時大怒，正要下旨處罰孫燧、林潮冀，忽轉念一想，隱約感到其中有些蹊蹺，不覺大驚，對身邊的人說：「保舉官員賢能、有孝行，是為了得到升遷，但保舉寧王，則想要幹什麼啊？」

　　這個時候，江彬正受到武宗的寵愛。江彬是河北宣化人，是一位邊防將領，曾經跟隨武宗與蒙古軍作戰，驍勇善戰，又善於察言觀色。武宗欣賞他，提升其為左都督，賜姓朱，並收為義子，留在身邊。

　　太監張忠想依附江彬，以此來傾軋錢寧。錢寧是陝西鎮安縣人，是錦衣衛的掌門人。錢寧本不姓錢，幼時被賣予太監錢能而改姓錢。錢能死後，錢寧繼承錦衣百戶的職位。錢寧本性狡黠奸猾，且有左右開弓的本領。

　　武宗十五歲登基，喜歡玩樂，尤其喜歡搏擊虎豹，在皇宮外面建造豹房。發現豹子最為凶猛，因此多養豹子，豹房的名稱也由此而來。錢寧為武宗建造豹房出力最多，深受武宗喜愛，賜姓朱，也收為義子。

　　正德八年（西元1513年），朝廷下詔，錢寧掌管錦衣衛，正式官名為都指揮使。一次，武宗在豹房內戲耍老虎，老虎突然獸性大發，直撲武

第一部　豐城聞變

宗。武宗忙呼身旁的錢寧，錢寧畏懼不前，江彬見狀，及時上前，制服老虎。武宗雖然嘴上逞能說「我自己足以制服老虎，哪裡需要你幫忙」，心裡卻十分感激。此後，江彬逐漸取代錢寧而得寵。

江彬和太監張忠就在武宗身邊，聽到武宗的話，就小心翼翼地對武宗說：「錢寧、臧賢與寧王勾結、互相串通，他們到底有什麼意圖很難預測啊！」

臧賢，字良之，山西夏縣人，原是宮中的樂工，是一位歌舞演奏藝人。因受到武宗的賞識，而成為掌管宮廷音樂的官吏，即教坊司的掌門人。別看這位武宗喜歡打虎鬥豹，他對音樂擁有特別的天賦，還自己作曲，曾經親自寫過一首曲子，叫〈殺邊樂〉。武宗還讓臧賢召集幾百個精通音樂藝術的人，組成龐大的樂隊，時常排演戲曲。

太監張銳剛剛結交寧王朱宸濠，但又採納南昌人張儀的話，投靠江彬和太監張忠，以便確保自身的安全。而御史熊蘭在南昌素來與朱宸濠有仇恨。

楊廷和又想革除寧王府的護衛，避免將來發生禍害。楊廷和身為首輔，又有外部的呼應，於是武宗聽從他們的意見，讓太監韋霜傳旨：

過去的制度，各個王府來京報告事情的人，拜見皇上，向朝廷辭別，都是有規定的。如今滯留在京城，違反制度。

這道聖旨，實際上是針對寧王府說的。這時，剛升任都察院御史的蕭淮，看到武宗斥責寧王府，感到時機成熟了，連忙向皇上上疏說：

近來，皇上命令：「按照過去的制度，各個藩王府的人，無事不得停留在京師。」

我意識到陛下所說的話，其中非常有深意，我也不忍心沉默不說。我

第七章　蕭御史上疏揭變，伶官通敵遭抄家

發現寧王不遵守祖宗的教訓，心裡懷著害人的惡意，濫殺清白無辜的人，無理奪取百姓財產，殘酷迫害忠良，招引接納亡命之徒，私造兵器，暗中謀劃發動叛亂。勾結串通朝廷官員已有多年，如退休的侍郎、南昌人李士實，前江西鎮守、現鎮守浙江的太監畢真，以及前後依附、投靠寧王的人，都是如今的亂臣賊子，這關係到國家的安危，不是小事情。或者把寧王朱宸濠逮捕押送到京城，或者直接指名罷免，削去藩王的爵位。

江西布政使鄭岳、江西按察司副使胡世寧，都是堅守正道的官員，遭受朱宸濠的無辜陷害，應該盡快重新起用他們，以便讓大家知道順正與邪逆。這樣，災禍變亂就可以消除了。

李士實，也作李仕實，字若虛，成化二年（西元1466年）進士，任刑部主事，曾出任按察司副使、提學浙江，也就是浙江的最高教育行政長官，升任山東左布政使，正德年間升為右副都御史，改任刑部侍郎。弘治年間以右都御史的身分巡撫鄖陽。正德八年（西元1513年）退休。李士實頗有權術，以姜子牙、孔明自許。朱宸濠用為主謀，李士實與朱宸濠還是兒女親家。

畢真，曾經結婚生子，後私自淨身，充當太監。因投靠劉瑾，得以鎮守山東，後又鎮守江西，投靠朱宸濠。為幫助朱宸濠起兵，兩人共同謀劃，設法調離江西，鎮守浙江，以便起兵時遙相呼應。

御史蕭淮的奏章送達武宗，張忠、江彬等都稱讚蕭淮說得對，武宗想讓內閣下達命令，責令鎮守、巡撫處置。而給事中徐之鸞、御史沈約等又上疏彈劾寧王朱宸濠的不法行為。楊廷和身為首輔，擔心禍亂爆發，想讓朱宸濠自動解散寧王府護衛，讓寧王自己彌補罪過。

這一連串的事情發生，突然讓武宗想起幾天前的一樁事。

這天，武宗到臧賢家裡喝酒，臧賢手裡拿著酒壺，往武宗的酒杯裡倒

第一部　豐城聞變

酒。武宗一見這酒壺小巧精緻，色澤純黃，玲瓏華麗，就感到非常驚訝，說：「你從哪裡得到如此寶貝？」

當初，朱宸濠聽說武宗寵愛歌舞藝人臧賢，就派與自己小時同床而睡的秦滯到京師臧賢家裡學音樂，贈送給臧賢一萬兩銀子，以及金絲寶壺。

臧賢一聽武宗發問，知道自己瞞不住，就吐露實情。

武宗說：「寧叔為什麼不獻給我啊？」

宮女小劉，是武宗最近寵愛的人。朱宸濠不恰當地賄賂臧賢，武宗深深地記在了心裡。等到從臧賢那裡出來，回到小劉處，小劉笑笑說：「爺爺現在還思念寧王的寶物，寧王不思念爺爺的寶座就夠了。不記得舉薦寧王賢能與孝行的奏章了？不記得蕭淮等人彈劾寧王的奏章了？」

經小劉這麼一提醒，武宗頓時警覺起來。更加懷疑前些日子張忠、江彬對他說的有關寧王的事，因此也就更加讚賞蕭淮的奏章來得及時，旋即又進一步聯想到了臧賢。但臧賢對武宗的想法還完全不知情。

武宗下令錦衣衛：「即刻搜抄臧賢家！」

朱宸濠派遣到京城的各色各樣的人，都落腳在臧賢家裡，其中就有專門偵察朝廷動靜的林華。臧賢家裡的牆壁，都是複壁，也就是採用雙層夾板，中間可藏人。外面用木櫥遮蔽，平常人們根本不能察覺。

錦衣衛領旨，迅速奔赴臧賢家搜抄。這天，林華正在臧賢家裡，沒有出門。聽到外面大聲喧譁，正要到前廳看個究竟，抬眼一望，前院已進入了許多錦衣衛，趕緊往回走，躲進複壁。

欲知後事如何，請看下章。

第八章
楊廷和效法先朝，奏請革除寧王衛兵

　　錦衣衛進入臧賢家裡搜抄，抄走了許多金銀財寶，但沒有抓到林華等人。原來木櫥裝有暗門，暗門往外一推就是長巷，長巷直通大街。木櫥後面通屋，極其隱蔽。林華打開櫥門，進入複壁，又從複壁進入長巷，跑到大街，隨後又跑到會同館。會同館，是朝廷接待賓客的機構。林華弄來一匹快馬，騎上快馬，飛奔出城，星夜趕赴南昌。

　　錦衣衛帶走臧賢，武宗下令，廷杖八十，充軍廣西。在審訊臧賢的過程中，有些所說的事情牽涉到錢寧。錢寧擔心，日後臧賢還有可能進一步說出自己的劣跡，於是採取果斷措施，在臧賢發配去廣西，走到通州張家灣時，祕密派人把臧賢暗殺。

　　楊廷和想讓寧王朱宸濠主動解散寧王府護衛，他的同僚以及內閣都不知道這事。一天，駙馬都尉崔元就到兵部問王瓊：「剛才接到皇上召見的命令，要我明天早上赴宮殿，不知道什麼事。」

　　崔元，山西代州人，大長公主的丈夫。大長公主，意思是姑母一輩的公主。說得簡潔一點，就是永康公主，她是武宗的姑母，是武宗父親孝宗皇帝的姐妹，也是武宗祖父憲宗皇帝的次女。

　　王瓊聽說明天要宣崔元上朝，也不知道何事。於是，王瓊就去問首輔楊廷和。楊廷和假裝驚訝地說：「什麼事？」

第一部 豐城聞變

王瓊微微一笑：「你這位首輔大臣，可不能欺騙我啊！」

楊廷和有些猶豫，然後慢慢地說：「宣德皇帝的時候，對趙王的叛逆行為有些懷疑，曾經命令駙馬袁泰前往趙王那裡曉以大義，事情竟然得到了解決，或者就是這個意思吧！」

所謂趙王的事情是這樣的。一直不肯到雲南就藩的漢王朱高煦，是朱棣的次子，勇武不減朱棣。當年，朱棣從姪兒朱允炆那裡搶奪皇帝寶座，朱高煦跟隨父親屢立戰功。朱棣當上皇帝後，把兒子朱高煦封為漢王，封地在雲南。朱高煦說：「我犯了什麼罪啊，發配得這麼遠！」一直不肯到封地去，朱棣幾次幫他調整封地，他都不滿意，後來被強制改封到山東，但他還是十分不情願地去封地──山東樂安。朱棣在世的時候，就發現他有野心，不僅嚴厲警告，還把他囚禁起來，幸虧太子，也就是長兄朱高熾出面，為他講好話，朱棣才放了他。

趙王朱高燧，是朱棣的第三個兒子，和兩位兄長是同胞手足，都是皇后徐氏所生，封地在河南彰德。朱棣在世的時候，據說朱高燧想毒死親爹，朱棣問他：「這事是你做的？」嚇得朱高燧說不出話來。同樣是長兄朱高熾在旁為他辯解說：「肯定是他手下人做的。」朱棣相信了太子的話，趙王才得以大難不死。

太子朱高熾登位，也就是仁宗皇帝，可惜只做了一年，就去世了。仁宗的兒子登基，即宣德皇帝。登基當年，漢王朱高煦就起兵造反。宣德皇帝御駕親征，很快平定叛亂，把這位不安分守己的叔叔抓了起來。宣德皇帝班師回朝，走到河北獻縣單橋的地方，留守京都的戶部侍郎陳山迎駕，說：「趙王與高煦共同策劃叛亂，時間已經很久了，應該把部隊調到趙王封地彰德去，擒拿趙王。如果不這樣，趙王不安分守己，以後有一天，又要勞累聖上謀劃處理。」

第八章　楊廷和效法先朝，奏請革除寧王衛兵

宣德皇帝不能決定，大學士楊士奇認為不可。回到京城後，又有大臣向宣德皇帝說，趙王曾派人與朱高煦合謀。又後來，說與趙王一同參與謀反的大臣更多。於是，宣德皇帝就派駙馬都尉袁泰前去曉以大義。

見駙馬到來，趙王朱高燧非常害怕，也沒有反抗，乖乖地交出趙王府的護衛。

楊廷和也想仿效這一做法。如果此法奏效，不動干戈，就能消除兵革之災，當然，對國家、對老百姓來說，沒有比這更好的了。楊廷和沒有想到，趙王朱高燧的情況，與現在朱宸濠的情況完全不一樣。況且，世界上的許多事情是根本無法複製的，楊廷和不懂得這個道理。難怪清朝的乾隆皇帝，看不起楊廷和。乾隆皇帝評論楊廷和說：

朱宸濠心裡懷著害人的惡意，日夜有非分之想。當孫燧向皇帝上疏，朱宸濠公開阻擋攔截，而且派遣奸黨，分布很多收集情報的管道，暗中觀望朝廷，其叛亂的跡象已經顯明。

楊廷和看趙王朱高燧當初不與漢王朱高煦共同策劃謀反這件事，事實上與現在的情況差別很大。現在，朱宸濠所做的事，本來就不是暗中做了可以消除的。

在此以前，事情雖然被許多權貴寵臣所隱瞞，楊廷和怎能推卸當作不知道，為何未聽說楊廷和都把這些消息報告入宮？

等到御史蕭淮揭發朱宸濠的罪狀，楊廷和尤其應當向皇帝祕密陳說，做出遠大的謀劃，然後決策前往征討，以乘其不備。

但楊廷和卻引用宣德皇帝舊例，即採用處理趙王朱高燧的辦法，僅僅派遣身居要職的大臣前去封地曉以大義，並且以收回護衛隊作為說辭，激起朱宸濠迅速謀反。

第一部　豐城聞變

　　假若不是王陽明在江西集合正義之師，立即呈現掃蕩平定的局面，其勢幾乎蔓延，難以控制。

　　楊廷和為國家謀劃，處理問題這樣迂腐荒謬，而當時還稱他為名臣，明朝不滅亡還想幹什麼啊？

　　第二天，王瓊到左順門，看見崔元已經領取了命令，王瓊說：「這是大事，為什麼不當廷公開宣讀？」

　　於是崔元留下，當廷公開接受命令。命令說：

　　蕭淮所說的事情，關係到國家大計，朕想念親情，不忍心採用武力，特派遣太監賴義、駙馬都尉崔元、都御史顏頤壽，前往告知，革除寧王府護衛。

　　崔元接受命令出發後，楊廷和又命令兵部調派軍隊，做好出征作戰的準備，嚴密注視事態的發展變化。

　　王瓊說：「這事不能洩漏。最近，給事中孫懋、易贊建議挑選精兵，在長江上進行操練，為殲滅江西四處流竄的盜賊布設軍隊做好防備。奏疏進入宮中，到現在既不處理也沒有交辦，時間已經很久了。但請同意並按照奏疏所說的進行準備，駐守軍隊的方略，沒有比這更好的了。」楊廷和聽了後默然不語。

　　再說朱宸濠派出的偵察兵林華，聽到朝廷議政的兩三件事，還沒有得到證實，就遇上錦衣衛到臧賢家中搜捕。林華從臧賢家裡複壁中的密道逃出，星夜兼程，策馬飛奔南昌。趕到南昌，這一天正值朱宸濠生日，大宴賓客。朱宸濠一聽林華的密報，大驚失色。

　　欲知後事如何，請看下章。

第九章
朱宸濠提前起兵，孫德成嚴詞斥責

　　話說寧王朱宸濠安插在京城的偵察兵林華，探知朝廷商議寧王府的幾件事，正要核准得實，恰遭遇錦衣衛的搜捕，連夜逃出京城，趕赴南昌。

　　林華趕到寧王府，是六月十二日，這一天正是朱宸濠的生日，寧王府張燈結綵，笙簫歌舞，高朋滿座，觥籌交錯，一派喜氣騰騰的景象。賓客中，當然少不了江西的鎮守、巡撫、布政使、提刑按察使、都指揮使等一班文武高官。

　　朱宸濠一聽林華的密報，頓時大驚，立即聯想起了二十年前駙馬蔡震擒捉荊王朱見浦的事情。

　　荊王府原在江西建昌，後遷至湖廣蘄州。孝宗皇帝收到宗親的密報，訴說荊王朱見浦的種種罪行，宗親要求自己遷回江西建昌府舊府邸，或者遷到常德、衡州等地，以保全身家性命。

　　孝宗馬上派太監蕭敬、刑部右侍郎戴珊、錦衣衛同知孫瓚前去調查。六月到達蘄州，會同湖廣的地方官員，以處理公務為由，祕密調查取證一個月，基本掌握荊王朱見浦傷天害理、違法犯罪的一些事實。於是，孝宗派遣太監白俊、駙馬都尉蔡震前去荊王府。蔡震就把朱見浦抓到京城，孝宗讓大臣和皇親們一同會審。

　　會審官員經過調查後，向孝宗彙報：「朱見浦，製造大量的弓箭，修

第一部　豐城聞變

築土山，操演戰船軍馬，廣泛累積製造武器的生鐵，收集各種兵器裝備，還做了其他許多不法事情。」

孝宗當場命令：「朱見肅殺害諸弟，逼姦弟婦，用棍棒打死弟弟的生母，滅絕人性，敗壞人倫道德。又暗中積聚力量，懷有叛亂之心。他所做的許多違法犯罪的事情，難以一一述說，實在是窮凶極惡，天地所不容，國法所不能寬恕，就讓他自盡吧。」

朱宸濠想到了二十年前的這樁往事，也想到了舊的制度，就是檢查、抄搜、押解王宮眷屬，一般都派駙馬以及太監等親信的臣子。此時，朱宸濠根本不記得更早的時候，宣德皇帝處理趙王的事，同樣也是派駙馬、太監到趙王府，趙王交出護衛，沒有受到其他處罰。如今朝廷的用意，也正是這樣。

然而朱宸濠根本不會往這方面考慮，這正是楊廷和失算的地方。

宴會結束，朱宸濠祕密召見軍師李士實、劉養正等商量這件事。劉養正說：「事情已迫在眉睫了。明天，江西的布政司、按察司等各司大官，都要到王府來答謝，趁此機會，可提前興兵行事。」

本來，朱宸濠定在八月十五日舉事。這一年，正好是三年一次的全國鄉試，也就是考舉人。八月十五日，是鄉試的最後一天。考試結束後，為了避免作弊，考生的答卷要重新抄錄、密封、存檔。抄好後的試卷，分發到各房，官員進行分房批卷。這一天開始，全國有更多的官員要參與到鄉試工作中去。因此，安排在這一天舉事，可以令各地官府措手不及。

現在還只是六月十二日，距離舉兵發難的預定時間還差兩個月零三天。但京城的偵察員林華一到，事發突然，只好提前舉事了。

這天夜裡，朱宸濠集合部隊，嚴陣以待。

第九章　朱宸濠提前起兵，孫德成嚴詞斥責

第二天天一亮，孫燧及各位高官按照禮節，到朱宸濠府上進行答謝，朱宸濠伏兵左右，自己從王府出來，立在露臺上，對大家宣布說：「你們這些官員，知道什麼叫做大義嗎？」

都御史、江西巡撫孫燧回答說：「不知道！」

朱宸濠說：「孝宗皇帝被太監李廣所迷惑，抱養了一個民間孩子，我祖宗不享祭祀的時間已經十四年。現在太后有密旨，令我監國，起兵討賊。」監國，意思就是由朱宸濠代理君主之位，管理國家大事。說得明白點，就是要廢除現在的皇帝。

眾人你看我，我看你，錯愕驚訝。孫燧直接走上前去，說：「你從哪裡聽到這話？請拿出詔書給我們看。」

朱宸濠說：「不要多說，我前往南京，你應當隨侍保駕。」

孫燧說：「你快去死吧！天無二日，民無二王，這就是大義，其他的我一概不知道。我怎麼會跟從你成為亂臣賊子啊！」

孫燧面對殘暴的寧王朱宸濠，毫無懼色。然而，讀者至此必然會問：「同在江西的高官王陽明在哪裡呢？」

王陽明昨天沒有來恭賀寧王朱宸濠的生日，今天也沒有同其他高官一起按禮制進行答謝，那麼王陽明在幹什麼？

王陽明在贛江的船上。王陽明接受新的命令，在六月初九日這一天，從贛州出發，坐船由贛江順流而下，經南昌，再到福州，去處理軍人叛變的事件。到六月十二日朱宸濠生日的這一天，已經走了三天。今天是十三日，算算時間，應該快到南昌了。王陽明如果早動身幾天，在朱宸濠生日那天前來慶賀，或者今天一同參加答謝宴會，那之後明朝的歷史可能就要改寫了。

然而王陽明畢竟沒有進入寧王府，歷史當然也不可能有假設。

　　王陽明的計議謀慮之深奧，才具氣概之遠大，不是通常的情理所能測識到的。司馬遷曾經說過：世必有非常之人，然後有非常之事，有非常之事，然後有非常之功。非常者，固常人之所異也。

　　所以，當寧王朱宸濠聘請王陽明去講學，王陽明假裝不拒絕，派了自己的弟子冀元亨去。不拒絕他，就是為了等待機會有所作為。讓寧王當時積儲糧食，訓練士兵，寧可不讓寧王產生懷疑，而使他增加罪孽。

　　當然，王陽明也防備朱宸濠，設法對付朱宸濠。但如果做事不密，保守不嚴，事情洩漏，那麼也就只能以死報國了。如果與寧王絕交，也必定招致禍害，以前的副使胡世寧等就是例子。連冀元亨假裝糊塗，都有生命危險，更不用談其他了！

　　朱宸濠一聽孫燧的話，頓時大怒，大罵孫燧。孫燧更加憤怒，立即起身，但走不出去，因為外面有軍士把守。朱宸濠進入內殿，換上軍裝出來，指揮士兵把孫燧捆綁起來。

　　欲知孫燧性命如何，請看下章。

第十章
忠臣捨命報國，三司高官遭囚禁

兵士聽從朱宸濠命令，立即動手捆綁孫燧。

按察司副使許逵見狀，就在下面大聲呼喊：「你們怎敢侮辱天子大臣！」立即上前用身子遮護孫燧。

於是叛賊把孫燧、許逵兩人同時捆綁起來。叛賊捆綁時，孫燧、許逵罵不絕口。叛賊擊打孫燧，打斷其左臂。有一個校尉，姓火名信，把孫燧、許逵一同拉出。

此時，許逵深恨自己雖能堅守忠義，卻看不到寧王會今天發難，但願自己的死，能換來國家的安定。自己是朝廷高官，出行時也有雙節儀杖，為國家而死，人們定會稱讚自己的光明，祝願自己的靈魂能隨著明月而回到家鄉。想到這裡，許逵賦詩一首：

孤忠不能見難關，但願一死社稷安。

許氏人稱雙節炯，也隨明月轉家還。

隨後，許逵對孫燧說：「我當初勸公先發制人的原因，就想到會有今天啊。」

孫燧、許逵雙雙在惠民門外遇害。孫燧時年六十歲，許逵年僅三十六歲。

第一部　豐城聞變

　　許逵，字汝登，河南固始人。身材魁梧，有勇有謀。正德三年（西元1508年）進士。孫燧，字德成。出生於餘姚孫家境。弘治六年（西元1493年）進士，歷任刑部主事、河南右布政使。正德十年（西元1515年）十月升任右副都御史，巡撫江西。天生具有特別的資質，兩眼炯炯有神，讓人感到夜裡也能爍爍生光。

　　孫燧、許逵遇害的當天中午，天空忽變，雲氣掩映，日光黯淡，陰晦悽慘，烈風驟起，連續颶風數天，城中百姓非常恐懼，紛紛跑出城外。大家跑的時候，把兩人的屍體收殮好。由於黑雲遮蔽屍體，連蒼蠅、昆蟲都沒有接近，使得屍體未變。

　　消息傳到河南，都說寧王朱宸濠叛亂，巡撫、副使殉難，許逵父親一聽：「副使必定是我兒啊！」老淚縱橫。

　　消息傳到浙江，孫燧的兒子孫堪淚如雨下，挺戈奔赴戰場。孫堪是長子，無所不學，特別善於騎射，後來武舉會試第一。

　　原任參議、剛升陝西參政的楊學禮，因不肯依附，也遭捆綁殺害。

　　巡按監察御史王金、布政使梁宸以下，凡屈服於朱宸濠的官員，都跪拜叩頭，高呼萬歲。朱宸濠把另外的鎮巡衙門的官員投進監獄，其中有：太監王宏，戶部公差主事馬思聰，戶部公差主事金山，布政使胡濂，參政程杲、劉斐，按察使楊璋，按察司副使賀銳、唐錦，僉事王疇、潘鵬、顧鳳、賴鳳，都指揮馬驥、許清、王玩，都指揮僉事白昂，守備南贛都指揮僉事郟文，參議許效廉、黃宏。

　　這些官員，有的是王陽明弟子，如胡濂；有的跟隨王陽明征討盜賊，如楊璋、黃宏、季教、許清等，征討橫水、桶岡諸寇，都因功而獲得升遷。其中楊璋由副使升為按察使，季教由知府升為參政等。今天都被戴上

第十章　忠臣捨命報國，三司高官遭囚禁

腳鐐手銬，關進了牢監。南昌知府鄭琳先被寧王誣奏，早期被監；瑞州府知府宋以方，因事在省城南昌，也被監禁。

馬思聰，莆田人，弘治十八年（西元 1505 年）進士，曾任象山縣知縣，興修水利，頗有政績，升南京戶部主事，前往江西督糧，就這樣被扣押下獄。

黃宏，鄞縣人，弘治十五年（西元 1502 年）進士，時為江西左參議，四品官。曾跟隨王陽明征討橫水、桶岡，負責軍餉。今天，也被扣押下獄。

右布政使胡濂，真是運氣差到頭了。他是廣東定安人，弘治六年（西元 1493 年）進士，王陽明的門生，為官頗有政績。這年的春天，他到江西新建縣的吳城鎮，從水路去運軍糧，本來因公出差，可以逃過劫難，說不定在王陽明平叛時還能立功。但由於胡濂太能幹，運糧任務很快就完成，回來那天恰好遇上朱宸濠生日，你說巧不巧？於是按照禮儀也就一同去祝壽了，就這樣稀裡糊塗地被寧王扣留。

運氣比胡濂還要差的則是季斆，他是南安府知府，因跟隨王陽明平叛亂有功，最近升任廣西參政。帶著家小，由水路赴任。行至省城南昌，適遇寧王生日，傳令慶賀，就這樣進入了寧王府。季斆的事，後文還會說到，這裡暫且不表。

除這些被拘押的官員外，在寧王府的朝廷官員，還有先前已經被迫相從的參政王綸、金事師夔。且師夔已奉朱宸濠命令前去九江。

朱宸濠派出婁伯、王春等寧王府官員，分別到各處招募兵丁，並巡行各府各縣，追奪朝廷的公章。放出囚徒，搶劫官府的倉庫。攔截押往京師的稅糧及船隻，用作軍糧，改作戰船。分別派遣平日收羅的流寇，四處搶劫擄掠，以資軍費。共收取大小衙門印信九十六顆。只有孫燧預先設防的

第一部　豐城聞變

進賢縣和各窯頭,稍稍遭受阻害。

婁伯接受朱宸濠命令,首先到進賢縣索取官印,招收士兵。這一天,進賢縣城牆正好修築竣工。知縣劉源清當即抓捕婁伯,斬首示眾,據城抵抗。進賢縣,是第一個起兵抵抗的縣城,首推平叛之功,全憑這堅固的城牆可以防守啊!足見孫燧的先見之明。

婁伯的家人婁福童帶著資金前往橫峰縣招募兵士,橫峰縣位於閩、浙、贛要衝,最為緊要。孫燧早在那裡設防,由通判俞良貴管轄,沒有一人應徵,而婁福童也被俘。

王春等到廣信、橫峰、青山等窯頭,招募各窯的盜賊。盜賊害怕管理的官員,不敢跟隨朱宸濠作亂,因此也招收不到兵士。

朱宸濠又命令在城中大肆蒐羅兵器,到處尋找,就是找不到,原來都被孫燧從城中武器庫中搬出,藏到城外去了。

不過,對朱宸濠來說,也沒有太大影響。因為省城南昌是他的天下,況且三司高官全部被拘,所藏武器,自己得不到,官軍照樣也得不到。只是新招募的兵士,暫時缺少武器。

欲知後事如何,請看下章。

第十一章
知府懼事避廬山，叛軍橫行占南康

　　朱宸濠突然想起一個人來，這個人就是王陽明。朱宸濠知道，雖然殺了孫燧、許逵，但王陽明還在外面。朱宸濠接到報告，說王陽明初九日動身，由贛江正往南昌方向過來，應該快到了。

　　朱宸濠如夢初醒，立即調集一支一千人的隊伍，由寧王府內官——太監喻才率領，沿著贛江迅速迎頭前去堵擊王陽明，並命令：「一定要生擒活捉！」於是，朱宸濠自己坐鎮省城南昌，等待捉拿王陽明。派遣王府承奉官屠欽先行出發，率兵即刻沿江順流而下，對外號稱十八萬兵士，浩浩蕩蕩，殺奔南京而去。承奉司，是王府的宦官機構，承奉，設承奉正、承奉副，正職官品為從六品。

　　一些剛剛招收來的盜賊多手拿白木棍，編入到屠欽的先遣部隊，準備攻下縣城、府城後再配備武器。

　　沿贛江，出南昌，最先到達建昌縣。建昌縣，後改名永修縣，位於南康與南昌的中點。但屠欽留下小股部隊，自己快速越過建昌，直接攻打南康府。此時，南康府城牆修築尚未完工。

　　南康府原轄三縣，即星子、都昌、建昌，後新設安義縣。府治設在星子縣，府治和縣治同城而治。府城位於鄱陽湖西岸，廬山南麓。南康府雖然土地貧瘠，人口稀少，但也背山阻水。如果賊兵來臨，修築工事，布關

第一部　豐城聞變

設卡，也有一定優勢。

南康府原無城牆，孫燧擔任江西巡撫後，立即募資修築城牆。

知府陳霖、同知陳祿、通判蔡讓等，得知叛賊來臨，一時手足無措。又想到民眾和兵士稀少，之前又沒有做任何防備，十分害怕。竟然不組織民眾和兵士抵抗，丟下一城百姓，帶著印信，獨自棄城逃跑，祕密躲避到廬山。

同城而治的星子縣知縣王淵之，一見賊兵，也迅速出逃。賊兵緊追不捨，王淵之慌不擇路，跌下山崖而死。

暫掌縣印的縣丞曹時中，當時把印章、憑證等交付給一位官吏，此官吏姓熊名正。曹時中自己同主簿楊本祿一起，都逃入廬山，不知去向。

知府、知縣一逃，副職官員以及府縣的儒學、倉場、局務等官，各自攜帶好印章和憑證也都紛紛逃到廬山躲藏。

於是，六月十五日這一天，屠欽率領一千餘艘戰船，毫不費力，浩浩蕩蕩，開進南康府。沒有逃走而又無力反抗的府衙官員、文職人員、打雜的差役，以及捕快劉大等十二名，全部被叛賊殺死。叛賊搶走府庫金一兩五錢，搶走官倉糧食一千七百多石，搶劫釋放府獄裡的重輕囚犯一百十一名，燒毀六房卷宗以及戶口冊。

賊兵掃蕩府衙的同時，縣衙及老百姓也遭受惡難。縣府胡碧玉等五名捕快，全部被殺死。賊兵搶劫縣獄，釋放弓正道等四十四名罪犯，搶走官庫銀兩九十七兩還零，以及所有官府收繳的贓物、紙鈔。

幸好，官銀尚有二百十三兩四錢八分沒有被搶走，因為正好出納人員還未結帳，將官銀收藏在家，此人名叫戴汶泗。

第十一章　知府懼事避廬山，叛軍橫行占南康

　　叛賊還抓走老百姓，有男女人員徐仲德等五十八名，焚燒房屋、搶劫掠奪居民共五百三十六戶。

　　屠欽率主力越過建昌時，留下叛黨儀賓李世英（皇帝的女婿稱駙馬，親王或郡王的女婿稱儀賓）。李世英帶領賊兵三百多名，攻打建昌縣。建昌縣原無城牆和護城河，知縣方鐸、縣丞錢惠、主簿王鈇，與儒學教諭唐汶等，見勢不敵，各帶印信，潛逃躲避。賊將李世英立即把監獄囚犯熊澄等八十四名全部釋放。

　　叛賊又迅速攻取位於府城南部、鄱陽湖東岸的都昌縣。都昌縣原無城牆和護城河，聽到叛賊入境，暫掌縣印的主簿王鼎與典史王仲祥一起，率兵迎敵，保護守衛倉庫。

　　雖然官庫物資不曾被搶去，但最後縣城失陷。叛賊殺死、淹死兵士、居民段容等三十一名，焚燒房屋、搶劫掠奪居民共一千二百十六戶。

　　安義縣位於贛江西面。安義、建昌、南昌，正好形成一個正三角形。安義縣是孫燧向朝廷建議後設置的。去年，也就是正德十三年（西元1518年），劃出建昌縣的安義、南昌、卜鄰、控鶴、依仁五鄉置縣，以境內安義鄉而得名安義縣。

　　朱宸濠的旗校官火信，率領陸上部隊攻打安義縣。安義縣的城牆和護城河，也尚未修築竣工。知縣王軾因為見到叛賊眾多，退避逃走。

　　火信領兵到縣，將官廳燒毀三間，丟棄、燒毀六房文卷。主簿董國宣的兒子董茂隆，投靠寧府。董國宣懼罪逃走。儒學訓導陳仕端等，也跟隨縣令躲避逃出。

　　後來，王陽明起義兵會師樟樹鎮，之前逃走的部分主要官員，又都陸

續聚兵來會。王陽明用於陣前,也有立功表現。安義縣知縣王軾,前後領兵擒斬叛賊共一千多名。建昌知縣方鐸陸續擒獲叛賊李世英等一百七十五名。這是後話。

欲知後事如何,請看下章。

第十二章
塗承奉再奪九江，伍知府吉安起兵

　　九江正當水陸交通要道，雖處贛江岸邊、鄱陽湖畔，卻是扼守湖南的大門。朝廷因為九江城牆高築，護城河四面環抱，地勢險要，是南京西面的重要門戶，又遮擋護衛著江西，實在是軍事要地，所以既設置九江府，又設置九江衛，還設置兵備道。

　　兵備道是省級按察司的分支機構，一般由按察司副使或僉事擔任，為四品或從四品的文官，主要訓練和負責地方部隊。

　　九江城三面臨水，地勢險固，平時守備如果嚴密，即使發生突發事件，要破城也很艱難。

　　明朝的軍事衛所是獨立的武裝部隊。一個衛，編制五千六百人，下轄五個千戶，一個千戶轄十個百戶，每個百戶轄兩個總旗，每個總旗轄五個小旗，每個小旗轄十個士兵。衛的最高長官，稱衛指揮使，是正三品的武官。

　　然而，無論是九江府，還是九江兵備道，或者是九江衛，守備官員安於太平，寬縱軍士，雖然預先接到叛賊攻城的警報，卻倉促慌亂，毫無防備。六月十七日，一聽到叛賊到來，便望風而逃。

　　因為攻城的前幾天，僉事師夔奉朱宸濠命令，手捧非法的聲討公文，來到九江，要他們跟隨朱宸濠叛亂，雖然各官不肯聽從，但也沒有準備

第一部　豐城聞變

防守。

六月十七日黎明前，人們還在睡夢裡。大約兩三點鐘的光景，與九江府同城而治的德化縣（後改九江縣），有一位老人羅倫趕到府衙，口頭報告：「寧王謀反，殺害巡撫等官，已占據南康，如今殺向九江而來。」

九江最高行政長官、知府汪穎，六月十五日說自己患瘧疾，加上母親生病，不能到職處理政務，就把官印和職權暫時委託推官陳深。

陳深一聽老人的報告，火速通知休假的汪穎。汪穎趕緊和陳深及九江衛掌印指揮劉勳等，點集城內官軍、機動兵快以及差役，迅速奔上城牆。仍按原來的分工：南門往東，經盤石門、福星門，城牆上的堆子，由軍衛把守，堆子可以藏兵士，用來掩護自己，攻擊敵人；南門往西，經濫浦門至望京門，城牆上的堆子由有司把守。有司，指地方官府及其部門，這裡指兵備道和九江府。軍衛，指九江衛。

各門把守如下：東門把守官，指揮丁睿，官兵三十四員；南門把守官，指揮蕭綱，官兵二十一員；西門把守官，指揮孫璋，官兵二十員；九江門把守官，指揮董方，官兵十二員；福星北門把守官，指揮李泮，官兵十八員。合起來，共一百零五名。指揮，是軍隊武官的官名。

九江衛由於放鬆操練，回到軍隊屯田的兵員較多，一時不能齊集。

明朝軍隊實行衛所制，實際上就是寓兵於農。平時開荒種田，戰時出征打仗。衛所裡的士兵，由國家配備一定數量的土地自耕自種，以免去百姓的負擔與轉運糧餉的困難，實現軍隊的自我供給。

六月十八日，天剛破曉，逆黨塗承奉率領戰船二百餘艘，到福星北門外紮營，就到城下喊叫開門。

第十二章　塗承奉再奪九江，伍知府吉安起兵

　　指揮李泮等不聽，叛賊憤怒，分兵燒毀西門外軍隊和老百姓的房屋，以及潯陽驛官廳；殺死抓來的四人，臨門祭旗。然後用火銃、火炮、火槍、火箭等武器，併力攻打。到八點鐘，叛賊就登梯上城。李泮等都逃散，叛賊打脫開閉城門的機關，放下吊橋，一擁而入。大聲呼喊：「省城、南康等府俱已收服，巡撫等官俱各被害，官民不必逃散，只將印信拿來投降。」當時，知府汪穎、推官陳深、都指揮使劉勳等都在各門把守，看看力不能支，同德化縣知縣徐志道及前門把守的指揮、千戶、鎮撫，還有府縣儒學訓導、倉場、局務等大小官員，各帶著印信，從南門逃走躲避。

　　都指揮使劉勳竟然監守自盜，把兵備衙門用於獎賞的銀兩三十六兩，及贓罰銀兩三十二兩，還有行軍口糧折算銀子的錢二十九兩六錢，全部私自帶走，並捏造說：「這些錢被叛賊搶走。」

　　指揮李泮也一同棄城逃跑。千戶所、百戶所白升、馬貴等，更是一印不保，落荒而逃。

　　九江府製鈔廠，管理官庫的官員皮廷貴等，逃走時還侵吞私分庫銀一千一百零六兩四錢。

　　叛賊進城，大肆進行燒殺搶掠。搶走九江府大庫裡的官銀九千一百七十兩，鈔廠的庫銀三千餘兩。搶走官倉糧米二千四百四十石。搶走武器庫盔甲刀槍二千六百三十九件；演武廳軍器一萬零六百三十件，響器八十件。釋放重囚犯十二名，輕犯二十九名，鎮撫大臣監押的大盜蔡日奇等七名。燒毀巡邏警戒的大船五艘、部隊營房七十六間。駕去巡邏警戒的大船兩艘、小船十一艘。

　　同一天，即六月十七日，逆黨將領、護衛指揮丁綱，統領叛賊占領德化縣，趕到衛所屯田的地方，把軍士全部點名帶走。先後搶走縣庫銀三百

第一部　豐城聞變

零二兩和二百六十三兩，官倉稻穀一萬七千二百石。輕重囚犯全部釋放。燒毀官房、民房七百五十九間，殺死老百姓十五名。

據九江府專門負責漕運的一位老兵說，六月初二日，九江兵備道的最高長官、副使曹雷，和通判張雲鵬一起，前往彭澤縣的糧食碼頭兌換軍糧。

所謂漕運，就是由水路轉運稅糧、軍糧，專門由部隊運輸。曹雷臨走時，對軍事安排未作任何交代。攻城之日，兵備道官員全部逃走。

六月十七日下午五點鐘，逆黨熊內官率兵攻打湖口縣。湖口縣沒有城牆和護城河，知縣章玄梅帶上官印，躲到縣後嶺背，第二天才集兵對敵，殺死逆黨魏清。

然而，縣城被叛賊占領，殺死兵士、捕快一百二十名；殺死居民十一名；放出重囚三名，輕犯十一名；燒毀官房二十間，民房一千八百三十五間；搶去官庫銀兩四百五十九兩，官倉糧米一百五十九石；搶去武器庫皮盔、鐵銃、弓弩三百件，鐵彈子三十二斤，及衣服、靴、鈔等物；把遠近年分的文書卷冊，俱各毀壞。

六月十八日凌晨五點鐘，叛賊占領彭澤縣，蜂擁上街，燒毀官房、民宅一百餘間。

吉安府知府伍文定聽到朱宸濠叛亂，第一個起義兵。在文天祥祠堂裡，設置孫燧、許逵兩人的木主牌位，率領全府官吏百姓，哭拜祭奠。

當時，吉安城中一片混亂。吉安的百姓、士紳們知道寧王朱宸濠叛亂，爭先恐後地逃跑或躲藏，局面一時無法控制。於是伍文定把逃亡的先斬殺了幾個，混亂的局面才安定下來。

伍文定，字時泰，號松月，湖廣松滋縣人，與王陽明同一年登進士，

第十二章　塗承奉再奪九江，伍知府吉安起兵

即弘治十二年（西元 1499 年）。曾任常州推官。

伍文定常以忠臣義士自許，遇事敢想敢做，敢做敢為，絕不隨波逐流，也不見風使舵。起初，擔任吉安府知府時，不做只注意小節而不識大體的事。孫燧特別看重他的才能。伍文定曾經觸犯自己的上司，上司借了個理由，要罷免伍文定的職務，孫燧專門向朝廷報告，請求將伍文定留任。

有人問孫燧：「你為什麼要將他留任？」

孫燧說：「伍文定是人中豪傑，不是你所能知道的啊。」

欲知後事如何，請看下章。

第十三章
湛若水憂心陽明，王陽明痛悼徐愛

太監賴義、駙馬都尉崔元、都御史顏頤壽三人領旨，前往南昌寧王府。行至南直隸地界，前面消息紛紛傳來，說寧王朱宸濠已起兵造反。於是，一面令人返京報告消息，一面繼續在南直隸一帶查勘此事。

王陽明六月初五日接到聖旨，收到前去福建處理軍人叛變事件的命令。六月初九日動身，沿贛江往北航行，直奔南昌而來。

出發前，王陽明收到湛若水從老家廣州寄來的書信。湛若水與王陽明切磋學問的同時，隱約透露出對王陽明的擔憂。湛若水看到，王陽明前有宰相的嫉妒，後有寧王朱宸濠未萌的陰謀。如果不離開江西，一定被朱宸濠所擒。而王陽明兩次要求退休，兩次都沒有得到答覆。現在，朝廷命令前去福建公幹，這是最好的結局，可以暫時避禍。

湛若水是廣東增城人，比王陽明大六歲。弘治十八年（西元 1505 年）中進士，反比王陽明遲六年。雖與王陽明同時講學，但屬於不同流派，各立門戶。

對於湛若水的擔憂，王陽明心存感激。不過，他也沒有多作考慮，他只是順應天理，自然而為。王陽明隱約感覺有一種良知存在，這良知人人所共有，不管是愚夫愚婦，還是聖人賢人；是顯貴達官，還是樵夫漁民。

良知與生俱來，是那樣廓然大公，是那樣寂然不動。佛教也說無善無

第十三章　湛若水憂心陽明，王陽明痛悼徐愛

惡，但這種無善無惡是動過念頭的，是一種利己的思想，所以不能治天下。聖人的無善無惡是沒有動過念頭的，只是遵循事物的發展規律，無所謂利人，也無所謂利己。聖人儘管有德於天下，但聖人自己不這麼認為。

不過，王陽明覺得自己的學說還不夠成熟，還需要進一步探求。

王陽明在龍場頓悟探求事物的道理，需要求之於心，性即理，心外無物，性外無理。後來，王陽明又論述了知行合一的學說。而現在，又有了新的收穫。待這些政務處理完畢後，準備再作深入的研究，把失落的儒學真諦發掘出來。

一想到聖學，王陽明就想到自己心愛的弟子徐愛。去年八月，王陽明的門人薛侃刻《傳習錄》，這《傳習錄》原稿的一部分就是徐愛留下來的。

王陽明平時不主張寫書，是徐愛把王陽明的言行記錄下來。前年，即正德十二年（西元 1517 年）五月，徐愛來信說，已在湖州苕溪邊買地，準備建造書院。等到平亂結束，請王陽明到湖州苕溪邊講學。湖州的苕溪，又叫害溪，湖州的府城吳興，古代稱烏程，又別稱雪。

想到苕溪邊講學，王陽明立即浮現歸隱田野的樂趣：與徐愛一起在苕溪邊上耕種，帶著蓑衣走出烏程古城。開墾荒沙地，雖然功夫加倍，收穫也不多，但畢竟賦稅也輕啊。雨後，在湖裡划著小船，釣釣魚。吃過中飯，在湖堤大樹下悠閒地散散步。王陽明很早就有這種歸田的想法，但可惜連夜還要帶著兵馬在千山萬峰中衝殺。王陽明清楚地記得當時就寫下一首詩，抒發自己的情感：

見說相攜雪上耕，連蓑應已出烏程。

荒畬初墾功須倍，秋熟雖微稅亦輕。

第一部　豐城聞變

　　雨後湖舠兼學釣，餉餘堤樹合閒行。

　　山人久有歸農興，猶向千峰夜度兵。

　　王陽明記得，當時寫完詩，思緒又回到了現實中，又想起了三個月前的一場戰爭。正德十二年（西元1517年）二月，發文給三省，即江西、福建、廣東的兵備道，限期起兵，圍剿漳州盜賊。福建金事胡璉統兵五千，進駐長富村，見到賊眾地險，剿穴眾多，更兼數路偽裝埋伏，形勢非常危險。

　　王陽明擔心賊眾我寡，再加上胡璉要求添兵策應，就親自奔赴前線。路上得報，胡璉已約會連花石的官兵共同攻打象湖山，這時廣東指揮王春等也到了大傘地方。

　　福建指揮覃桓、縣丞紀鏞不聽指揮，違反命令，孤進輕進，想不到大傘的盜賊突然出擊，王陽明率領官兵奮勇迎戰。覃桓、紀鏞馬陷深泥，與易成等七名軍人、李崇靜等八名兵快，都被盜賊殺死，王陽明也被戳了兩槍。廣東兵坐視不救，於是王陽明感到勢難抵敵，只得收兵暫回。

　　那天夜裡，月光特別明媚柔和，四周是高大茂密的樹林，王陽明坐在這深山裡，夜深人靜，想到的就不只限於故鄉了。山寨中的盜賊，猶如背陽處藤蘿遮蓋著的古洞，既難尋又深藏危險。他彷彿獨自搖著船，在冬寒尚餘的春天，航行在大江深水裡，孤立無援。王陽明想，領兵打仗，本來就不是自己過去所學的知識。三省進兵圍剿，失去了擒敵的好機會，真是感到慚愧。

　　家鄉紹興的雲門寺，早就讓自己回去，約定的歸期已經耽誤了很久。現在看來，要回去只能等到今年冬天大雪過後了。想到這裡，又揮毫寫下了一首：

第十三章　湛若水憂心陽明，王陽明痛悼徐愛

月夜高林坐夜沉，此時何限故園心。

山中古洞陰蘿合，江上孤舟春水深。

百戰自知非舊學，三驅猶愧失前禽。

歸期久負雲門伴，獨向幽溪雪後尋。

且不料去年徐愛因病去世，年僅三十一歲。想到此，王陽明又悲痛萬分。

徐愛既是王陽明的弟子，又是妹夫，餘姚馬堰（今屬慈溪）人。正德三年（西元1508年）進士，出任河北祁州知州。後升南京兵部員外郎，轉南京工部郎中，廉潔勤勞。

當初，王陽明被擅權的太監劉瑾陷害，出獄後回家，徐愛即拜王陽明為師，成為王陽明最早的入室弟子。

後來兩人都在留都南京為官，同船回家鄉紹興餘姚，登四明山，上奉化雪竇寺，討論《大學》宗旨，闡發儒學精髓。

可惜徐愛年僅三十一歲，英年早逝。王陽明兩次哭祭徐愛，每次都親寫祭文。一天，王陽明講課結束，嘆著氣說：「如何能讓日仁起來，聽聽這些話啊？」日仁，是徐愛的字。

王陽明坐在船上，一想到徐愛，就悲痛起來，又想起了去年哀悼徐愛的祭文：

多麼令人哀傷啊！日仁，我又有什麼好說的呢！你的話語在我耳邊，你的容貌在我眼前，你的志向在我心裡，我到底能為你做什麼啊！

記得你從湖南中部回來，曾經告訴我你壽命不能長久，我追問其中的原因。

第一部　豐城聞變

你說：「曾經遊衡山，夢見一老和尚撫摸著我的背，說『你與顏回同德』，一會兒又說『也與顏回同壽』。夢醒後而疑慮此事。」

我說：「那是夢啊。你疑慮夢中所說的話，想多了。」

你說：「這可有什麼辦法呢？只有現在託病，提前退職，歸隱講學，希望從事於先生的學說。正如孔子所說的，朝聞道，夕死可矣。」

多麼傷心啊！我還以為這原本就是夢啊，想不到現在竟如所夢的一樣！

過去所說的，難道果真是夢嗎？現在所傳的，難道果然是真的嗎？

現在所傳的，也果真是夢嗎？過去所夢的，也果然是虛妄的嗎？多麼令人哀痛啊！

你曾經對我說：「儒學的宗旨沒有闡明，幾百年了。現在高興的是宗旨有所認識，但又終究沒有形成體系，不是也還感到痛惜嗎？希望先生早歸陽明之麓，與諸君講明儒學的宗旨，以道德修養的最高境界，立身行事，修治後進的學者。」

我說：「這是我的志向。自從轉任南贛巡撫，就想回鄉隱居不出。」你說：「不可以這樣。現在正紛紛議論南贛萬馬奔馳、盜賊蜂起的事情，先生還是到南贛走一趟。我徐愛與諸君暫且打算過粗茶淡飯的生活，先生把事情了結了再回來。」

多麼令人心酸啊！誰說你的生命只能到此為止啊！我現在即使回到陽明之麓，誰與我共同完成這一大業呢！諸君又離開我而單獨居住，我所說的東西有誰來聽呢？我倡導的東西又有誰知道呢？我知道的東西又有誰來問呢？我懷疑的東西又有誰去思考呢？

多麼令人悲痛啊！我餘下來的生命沒有樂趣了。

我已經沒法再進步了，而你的進步將不可限量啊。上天要讓我死，就讓我死吧，而又為什麼要讓我的曰仁死呢？上天為什麼這麼殘酷而且如此

第十三章　湛若水憂心陽明，王陽明痛悼徐愛

的猛烈！

多麼令人思念啊！朋友之中，再還有誰能像曰仁那樣，如此深切地了解我、如此忠實地信仰我的學說？儒學的宗旨沒有闡明，原因是大家不了解不信任。如果我的學說不對，也就算了；我的學說是對的，我能不祈求於人不了解我的信仰嗎？

自從獲得曰仁的訃告，我哽咽兩天而吃不下飯。人都勸我進食。

多麼令人痛惜啊！我有遠大的志向，但擔心一旦死了就不能完成大業，想把未竟的事業託給你，而你卻先離開了這個世界。你的志向，我是知道的，幸運的是我今天還活著，我又怎能忍心使你的志向不能繼續呢？於是再勉強進食。

多麼令人悲傷啊！我現在再沒有心思去想人間世事了。暫且等待冬夏之交，叛亂的事情稍稍有點安定，即拂袖而回到家鄉的陽明洞。諸君如果有隨從我的，我就與他們相互切磋勉勵，務求像平日與你所說的一樣。即使整個世界不以我的學說為對，也還要不顧生死地高興去做這件事情，哪怕需要百世，也要等待聖人出來，使學術明辨不疑。

曰仁地下如果有知，就開導我的昏蒙而告誡我的懶惰啊！

多麼讓我痛惜啊！我再沒有什麼要說的話了。

欲知後事如何，請看下章。

第一部　豐城聞變

第十四章
假傳火牌應變，乘北風急返吉安

　　王陽明的衙門開在贛州，原來是巡撫衙門，後來改為提督衙門。這次到福州去處理軍人叛亂事件，事情不算大，王陽明就帶了雷濟和蕭禹兩位參謀，以及百來名隨從。

　　從贛州到福州，應該往東走，由瑞金、會昌等地進入福建界，路程最近。兵士報告說，瑞金、會昌等縣，瘴氣大發，因此不敢往這個方向行進。

　　王陽明決定走水路，往北走，繞個大圈子。六月初九日從贛州坐船出發，準備沿贛江順流而下。經過吉安、豐城，到達南昌。然後再由南昌、撫州，進入福建界，通過閩江到達福州。

　　六月十四日半夜，王陽明一行到達豐城縣的黃土腦，離縣城大約五里路。豐城縣屬於南昌府縣城，離南昌不遠。王陽明一看時辰，說是半夜，其實已經是六月十五日的子時了，也就是一點多了，於是就在船上過夜。

　　第二天起來較晚，正要開船繼續行進，有兵士報告說豐城縣有一位典史求見。典史，是縣裡緝捕盜賊的官員。這位典史是鄞縣人，此時他正在江邊巡視，看到欽差的船隻，便進來報告，說朱宸濠已經起兵謀反。

　　王陽明一聽，將信將疑，為防不測，藉口與典史一同去縣衙，留住典史及與典史一起巡邏的幾名兵卒。然後收起欽差的旗號，祕密叫來身邊的一個士兵，附耳細語，授以密計，並叫他趕緊悄悄離開。一切安排妥當，

第十四章　假傳火牌應變，乘北風急返吉安

王陽明與典史及其他人員一起上岸，往縣衙方向走去。江岸離縣衙大約五里的路程。

典史迎著王陽明來到縣衙，知縣顧必接待，此時已經到了中午。顧必把朱宸濠謀反的情況詳細報告給王陽明。此時，王陽明才確信朱宸濠已經叛亂。

王陽明對知縣顧必說：「來時只帶了百來名侍衛，力量單薄，倉促行事，兵力尚未集合，難以抵抗寧王朱宸濠。豐城縣又離南昌太近，難以與他對抗。」於是，和顧必商量，決定快速離開豐城，沿著贛江往回走，返回吉安，再聚集義兵。

知縣顧必正要開口說話，外面有人報告說：「驛站派遣差役，舉著火牌，告知兩廣都御史楊旦率領大兵將到。」

火牌，是傳遞軍情的一種信符。凡兵丁至各地傳達命令，給火牌一面，沿途憑牌向各驛站支領口糧。

原來這個所謂驛站的兵丁，就是王陽明授以密計的兵士。王陽明是欽差，且擔任都督一職，負責處理軍情事務，況且還有「便宜行事的命令」，火牌等要物當然隨帶在身。

王陽明假裝大喜，對知縣顧必說：「現在大兵將到，破賊就容易了。」當即命令顧必傳牌入城，以使朱宸濠產生疑惑。朱宸濠命令顧必守城，並說：「我馬上派一支部隊支援你。」隨後帶著自己的兵士離開縣衙，火速趕往江邊。

這時，有人報告：「朱宸濠派遣一千人的隊伍捉拿王都堂。」王都堂，即王陽明，因為以副都御史的身分巡撫南贛等地，故稱王都堂。

王陽明離開豐城縣衙，帶著自己的兩位參謀蕭禹、雷濟和百數從卒，

077

第一部　豐城聞變

急速向江邊奔去。到江邊，王陽明命令船伕迅速開船。

從豐城到吉安，船由北往南，逆水而行。六月的天氣，正是盛颳南風。船伕已經知道朱宸濠派了一千人的一支隊伍，由太監喻才率領，沿江前來捉拿王陽明，所以不敢發船。

船伕藉口對王陽明說：「盛刮南風，又逆水而行，船不能起航。」

於是，王陽明就在船裡焚香跪拜，流著眼淚，祕密向天禱告：「上天如果哀憐、同情百姓，請允許我匡正扶持朝廷，維護國家安定，即請立即掉轉風向。如果不願顧及老百姓的性命，我王守仁也沒有活著的願望了。」

過了一會兒，南風稍停。船伕高聲地喧譁，原來風向迴轉。

蕭禹、雷濟兩人，急忙取來一支香點燃，看看煙飄向哪裡。船上一試，果然是北風，王陽明心中大喜。

頃刻，北風大作。但船伕還是不肯開船行駛，王陽明拔劍要割掉船伕的左耳，船伕害怕，才同意開船。般夫解開纜索，張起風帆，拔錨起航。

那邊，寧王府的太監喻才，也領兵火急火燎地朝豐城方向奔來。

快到傍晚，喻才領兵眼看就要追上。當時，王陽明的夫人、公子都在船上。王陽明與參謀蕭禹、雷濟商議，說：「從目前形勢看，繼續乘坐大船前行，肯定不行，必將被朱宸濠追趕的部隊圍困，大家必須尋找漁船，分開乘坐。」於是派兵士祕密尋找漁船，很快找來十幾艘。

王陽明命令雷濟、蕭禹拿來兩斗米、長約五寸的一小塊肉，交給夫人。

夫人手提劍，告別王陽明，並說：「你速去，不要為我們擔憂。如果有急，我以此劍自衛。」於是，王陽明讓自己的隨從帶領幾個兵士保護夫人、公子，一起乘坐漁船，先行離開。

第十四章　假傳火牌應變，乘北風急返吉安

　　王陽明與夫人告別後，脫下官服，穿上老百姓的服裝。只留下一位兵士，讓兵士穿上自己的官服，戴上自己的官帽，繼續乘坐大船行軍。王陽明自己則和參謀蕭禹、雷濟同乘一艘漁船。讓其他士兵也各分乘漁船離開，分別向吉安方向駛去。

　　王陽明安坐在小漁舟上，對於眼前這驚心動魄的一刻，驚嘆不已。隆冬時節，便是西北風呼呼作響的時候；而夏秋之交，則多的是東南風。六月十五，還正是夏季，卻偏颳起北風來！當然，王陽明不認為真的是天公有意，那只是偶然而已。凡事都有一個物極必反的道理，受到傷殘的農作物，遇到明媚溫暖的陽光，也能獲得收穫；破屋多寒風，但太陽卻能直接照到屋簷。王陽明想，如果困境真的稍稍能渡過的話，最好讓寧王朱宸濠留阻江潭一個月吧，那就能讓各地都有充足的時間做準備，寧王的陰謀就不可能得逞了。一時神思來襲，便口賦〈阻風〉一首：

冬江盡說風長北，偏我北來風便南。

未必天公真有意，卻逢人事偶相參。

殘農得暖堪登穫，破屋多寒且曝簷。

果使困窮能稍濟，不妨經月阻江潭。

　　欲知後事如何，請看下章。

第十五章
臨危不亂，夜行漁船不忘羅蓋

前一章說到的王陽明的夫人姓諸，是江西布政使參議諸養和的女兒。

諸養和，名讓，字養和，號介庵，餘姚人，成化十一年（西元1475年）進士，後來在山東布政使左參政任上去世。他有五個兒子和兩個女兒，其中一個女兒就嫁給了王陽明。

十七歲那年，王陽明在江西南昌與諸夫人完婚。結婚那天，王陽明偶然有空閒，走到外面散步，進入道觀——鐵柱宮，見到道士正盤腿端坐在床榻上，便拜訪他，與他談論養生之道。王陽明坐在道士的對面，兩人談著談著，王陽明竟然忘記歸家，也忘記了今天這個大喜的日子。岳父諸養和、新娘諸夫人等到處找，找不到真是急死。第二天一早，倒是王陽明自己回到了家裡。諸養和正想數落他幾句，聽了王陽明的解釋，想到王陽明探究學問如此專心，覺得將來前途無可限量，於是也就沒有責備王陽明。

王華，成化十七年（西元1481年）狀元，官做到禮部左侍郎。因為兒子王陽明觸犯把持朝政的太監劉瑾，離開北京，擔任南京吏部尚書。劉瑾還不肯罷休，以王華參與修編《大明會典》有小錯誤為由，把他降為右侍郎。劉瑾被處死後，王華才恢復原來的職務。王華一共生育四子一女，長子王守仁，其餘依次為守儉、守文、守章。一女，即為徐愛的夫人。

第十五章　臨危不亂，夜行漁船不忘羅蓋

　　諸夫人，可能不會生育。王陽明四十四歲，還沒有生子。王華欲挑選自己三弟王袞的孫子，也即姪兒王守信的第五個兒子王正憲，過繼給王陽明。

　　王陽明五十四歲時，諸夫人去世。繼室張氏生兒子正億，這是後話。而前一章所說的在船上與夫人一起的這位公子是繼子王正憲。

　　王陽明準備離開大船，坐到漁船上去，回頭問雷濟：「行李備齊了嗎？」雷濟、蕭禹回答說：「都已備齊。」

　　王陽明笑笑說：「還少一物。」

　　雷濟、蕭禹左思右想，一時竟想不出還需要什麼東西。王陽明命令雷濟取來羅蓋，說：「到地方，如果沒有這樣東西，拿什麼讓人相信我是王陽明？」

　　羅蓋，即黃羅傘蓋，欽差或高官出巡時，轎子或馬車上都張著羅蓋。需要進城時，只要一張羅蓋，守門人就知道是欽差、提督來了，即會打開城門。

　　這個時候，雷濟、蕭禹大為驚嘆：「形勢如此危急之際，先生竟然能如此從容不迫、鎮定沉著！」

　　後來，王陽明的弟子錢德洪說，過去在先生那裡，聽到有人問先生：「用兵有什麼方法和訣竅？」

　　先生說：「用兵哪有什麼方法和訣竅啊，只要學習儒家學說，專一純正，修身養性，一直養到此心不動，這就是方法和訣竅！凡人的智慧和能力，一般相差都不大，決定勝負的關鍵，不只取決於每次都預測臨陣的各種情形，而在於此心動與不動之間。」

　　「此心不動」，就是自己的思想，自己的情感，在任何情況下，做到不

第一部　豐城聞變

動搖，不改變，意志沉著而又堅定。正義必定戰勝邪惡，這就是天理，這就是真理。做到此心不動，就是守住天理，守住真理，就是按良知而行。

王陽明的另一弟子薛侃也說，過去曾經看到有一位陪同在先生旁邊的人，自稱可以領兵打仗了，先生問他原因，那個人回答說：「我能不動心。」

先生說：「要做到不動心，能有這麼容易嗎？」

那個人回答說：「我已經掌握了控制自己心情的方法了。」

先生笑笑說：「你的這顆心，正當對敵的時候，且想著要控制自己的心情，那又怎能出謀劃策呢？」

又有人問先生：「現在的人，有不懂得儒家學說的，但身處險境，卻能完全不感到懼怕，這樣的人是否可以領兵打仗？」

先生說：「性氣剛強的人，也能身處險境而不害怕，但他的心情是在強迫堅持下才這樣的。強迫堅持，就失去了本體，便不能處理各種事務。傳說中的勇士孟施捨，他只想著無所畏懼，而不考慮成敗得失。如果人真肯在良知上下功夫，每時每刻心地純潔光明，不被自己的欲望所矇蔽，自然遇到事情，心就不會有所動。不改變與生俱來的本性，自然就能應變無窮，這就是曾子所說的『自反而不縮，雖褐寬博，吾不惴焉；自反而縮，雖千萬人，吾往矣』。」

八年之後，王陽明奉命去征討廣西思恩、田州的叛亂。這年秋天，再次途經豐城，登上江邊的高坡黃土腦，遠遠望去，千山樹木，秋風落葉，一片蕭條。回想當年，正值日落西山的時候，追兵來襲，生死未卜，只好把前途交給老天爺，祭拜北風。血性的劍氣充塞秋天，雄壯的兵馬聲，混雜著滔滔波濤聲，暮色中的茫茫贛江，使人膽寒。這場戰爭，贛江南岸有

第十五章　臨危不亂，夜行漁船不忘羅蓋

多少人家破人亡，到處流浪。還要哭訴徵抽壯丁，徵收財物。杼軸，也就是用梭子在織機上織出的土布，都被徵收一空，弄得民力空乏。心情沉重之際，王陽明寫下了〈重登黃土腦〉一詩：

一上高原感慨重，千山落木正無窮。
前途且與停西日，此地曾經拜北風。
劍氣晚橫秋色淨，兵聲寒帶暮江雄。
水南多少流亡屋，尚訴徵求杼軸空。

欲知後事如何，請看下章。

第一部　豐城聞變

第二部
反間疑計

第二部　反間疑計

第一章
拖延寧王，夜設疑計共謀起兵

王陽明說，領兵打仗必須做到「此心不動」。

他的弟子劉邦采談起過去有人問先生：「如果能夠養得此心不動，這樣就可以領兵打仗了嗎？」

先生說：「也必須要學習過。這是槍對槍、刀對刀，殺人的事，豈能透過這種意想就可以獲得？必須親身實踐臨陣作戰，這樣就能漸漸明白如何指揮部隊，制定策略慢慢周到細緻，才可以滿懷信心地暢行於天下。沒有不親自參與某種事情，就能獲得其中規律的人。孔子自己說如何打仗作戰還沒有學過，也不是他謙虛的話。但聖人居於應有之位，隨自己的意志行事，自有消除尚未顯出跡象之前的災難的辦法，不需要採用武力或戰爭的形式。後世討論、研究治國之道，完全不從根源上去考慮，每件事情只在半途中截開，然後進行處理，所以花費心力、氣力。如果從根源上去重視、去研究，豈有心裡想殺人就可以使百姓安寧的道理？我自從征討贛州以來，朝廷讓我天天以殺人作為事務，心裡怎能割捨忍得？但事情的趨勢就是這樣。比如已經生病的人，必須天天治理風、寒、暑、溼等從外界侵入到人體的致病因素，方可扶回元氣。病後施用猛藥，比看著他死還厲害，就是這個道理吧。可嘆我平生的精力神氣，都用在這類不重要的事情上。」

第二部　反間疑計

現在再說贛江中的王陽明，雷濟拿好羅蓋，跟隨王陽明上漁船，快速消失在煙霧瀰漫的茫茫贛江之中。

寧王府的太監喻才，號稱隊伍千人，其實只有六百人。南昌離豐城一百五六十里，十四日行軍一天，十五日一早又動身。傍晚，王陽明潛入漁船，喻才已到豐城界，開始沿江搜查。當搜查到王陽明乘坐的大船時，看見裡面有穿戴三品冠服的官員，頓時大喜。兵士把官員捉到喻才面前，喻才一看原來是假的。喻才是寧王府的內官，拜見過王陽明。

喻才正要舉劍刺殺假王陽明，手下急忙阻止說：「寧王只是叫我們來擒拿王陽明，並沒有說要殺王陽明。況且他是假扮的，殺了也沒有益處，不如不殺，追趕要緊。」

喻才覺得此話有理，便放開了他，繼續領兵追趕。但一過豐城縣界，喻才便覺膽怯。心想只有六百人的隊伍，遠離南昌，一旦臨江府起兵攻擊，自己勢必有危險。於是就收兵回南昌，告知寧王朱宸濠。

這天夜裡，雖然王陽明與蕭禹、雷濟等祕密乘坐漁船，才得以逃脫喻才的追捕。然而，王陽明考慮到南京、北京倉促而沒有準備，擔心朱宸濠直接襲擊南京，然後進犯北京，這樣朝廷就危險了。他想立即設法阻撓，拖延朱宸濠的行動，使朱宸濠停留在南昌不動，有十天到半個月的時間就足夠了。這樣遠近聞知，自然有備無患。

王陽明決定，採取發送假情報的手段，迷惑朱宸濠。想到此，他連夜就在船中假寫兩廣重大火牌。火牌由巡撫兩廣的欽差大臣楊旦發出：

提督兩廣軍務、都御史楊旦命令：

接兵部及都察院都御史顏頤壽的命令，本院帶領廣東、廣西兩省官兵四十八萬，一同前往江西辦理公務。五月初三日，在廣州府動身起程。

第一章　拖延寧王，夜設疑計共謀起兵

切望沿途軍隊的衛、所，以及地方官府各職能部門，按照規定的數量，預備糧草，隨時守候，供應待用。

如果臨到需要交付的時候，軍用物資缺少或者誤期，定依軍法斬首。

命令清楚地顯示：朝廷早已獲悉寧王朱宸濠謀反，兩廣提督楊旦已經調集廣東、廣西的軍隊，暗中來襲擊擒拿朱宸濠。

王陽明命令雷濟等往各處飛報，以動搖朱宸濠親自出兵的決心。

將要出發的時候，雷濟對王陽明說：「寧王看到這個假情報，恐怕未必相信。」

王陽明說：「不相信，難道不會產生懷疑？」

雷濟回答說：「懷疑則不可避免。」

王陽明笑笑說：「經他這麼一懷疑，危險的事情不就解決了嗎？」

不是隨便寫一個假情報就能讓對方引起懷疑的！要讓對方懷疑，也必須有事實和依據。那麼這個事實和依據在哪裡呢？就在顏頤壽。

朝廷確實派遣太監賴義、駙馬都尉崔元、都御史顏頤壽前去革除寧王府護衛，消息也早由寧王府的密探林華飛報給朱宸濠。

那麼，王陽明為什麼只說顏頤壽而不點其他兩位呢？道理很簡單，因為顏頤壽是朝廷大臣，賴義是太監，而崔元是駙馬，是已去世的憲宗皇帝的女婿。這裡顏頤壽才是真正的欽差。

顏頤壽確是來革除寧王府護衛的，這是事實，而且朱宸濠比王陽明更早獲悉，朱宸濠接此假情報能不懷疑嗎？真真假假，疑計的奧妙就在這裡。

不一會兒，王陽明又嘆息著說：「宸濠素來不行正道，盡做惡事，殘

第二部　反間疑計

害百姓。今日雖然跟隨他叛逆的人很多，但一定不是出於本心。因為受到威脅、劫持、利誘，只能苟且聚合一時而已！朱宸濠即使揮軍北上，我以問罪之師，緩慢地在他的後面追蹤，順正與邪惡立時可判，勝負預先就可以知道啊。但賊兵早搶劫一方，殘害一方百姓的性命。正如凶殘的老虎與犀牛，逃出關緊的籠子，要收服進來就很難了。為今之計，只能拖延、阻撓朱宸濠的行動。朱宸濠一日不出，則天下實實在在享受一日之福。」

於是，雷濟等祕密派遣機警靈敏的差役，手拿火牌，設法打入南昌省城。

王陽明覺得僅寫一道密令還不夠，就繼續撰寫假情報。又命令湖襄都御史秦金，及北京、南京兩京兵部，各命將出師，暗伏要害之地，以等待寧王府的府兵一到，就襲擊掩殺。同樣，分派兵士，手拿火牌，分發各地。

漁船一出豐城縣界，前面不遠就是臨江府樟樹鎮。王陽明知道喻才沒有膽量來追，就命令蕭禹率領兵士上岸，到樟樹鎮裡選擇數批歌舞藝人來到船中，告訴他們給予每人數百兩銀子，到時分送到各人的家中，以便保全他們家人的生活。命令這些歌舞藝人，到假情報所說的伏兵處，飛報暗中發動的日期，將公文分別縫置在袂衣的棉絮中。

王陽明又命令雷濟率領兵士連夜返回豐城。李士實是豐城人，此時，必然毫無防備，就把他的家屬抓到船上來。現在的豐城，畢竟由知縣顧必守城，還是朝廷的天下。

過了一些時間，家屬抓到，就同坐在船上。

藝人臨近出發的時候，王陽明故作神祕，不讓李士實家屬看到所做的一切，讓他們從船艙坐到船尾。王陽明故意露出破綻，然後又發怒，說家

第一章　拖延寧王，夜設疑計共謀起兵

屬在偷看，把他們牽到岸上要斬首，家屬急辯，說什麼都不知道，雷濟、蕭禹也在一旁勸解：「他們的確沒看到什麼。」

稍過片刻，王陽明緩緩地說：「這些人在船上總覺欠妥。」

於是，雷濟就把他們放了，讓他們趕緊離開漁船，實際上是叫他們去通風報信，告訴朱宸濠。

朱宸濠的巡邏兵半途中捕獲藝人，果然在袂衣的棉絮中搜得公文。

朱宸濠收到捕獲的公文，以及聽到李士實家屬的報告，頓時心生疑慮，當然也感覺到些許寒意。於是，朱宸濠決定繼續坐鎮南昌。

十六日，王陽明與雷濟、蕭禹奔至蛇河，遇到臨江知府戴德孺。戴德孺正在巡江，見到王陽明極為高興。王陽明心裡頓時也感覺踏實許多，於是集合原班人員，包括夫人和公子。隨即兩人商議如何起兵，戴德孺留王陽明入城排程。

王陽明說：「臨江居大江之濱，與省城相近，且正當道路要衝，相比吉安，還是吉安起兵更為適宜。」

王陽明又以上、中、下三策，進行謀劃分析。王陽明說：「朱宸濠如果採用上策，直接揮師北上，出其不意，攻取北京，那麼國家就危險了。如果採用中策，直接奔襲留都──南京，大江南北也就被他所害。朱宸濠如果採用下策，只據守江西省城，則保衛國家、保衛皇上的事情就容易辦了。」

臨江府府城設在蕭灘鎮，是贛江、袁江、蕭江交會的地方，是重要的水陸要衝，是駐兵屯糧要地，也是兵家必爭之地。

蕭灘原本是一個驛站。北宋淳化三年（西元992年），割清江、新淦、新喻三縣設置臨江軍。宋朝設置地方行政單位的軍，一般設在軍事要衝。

第二部　反間疑計

　　元至元十四年（西元 1277 年），臨江軍改臨江路。明洪武二年（西元 1369 年），改臨江路為臨江府，轄清江、新淦、新喻三縣。後來，清江縣改為樟樹市，新淦縣稱新幹縣，新喻縣稱新余縣。

　　王陽明考慮到府城蕭灘雖是軍事要衝，自然是兵家必爭之地，且離南昌過近，不足以抵抗。於是，就離開臨江，再繼續往南，奔入新淦城。到了新淦，王陽明與知縣李美一起，又想共同集積軍隊。

　　南昌、豐城、臨江、新淦，沿著贛江由北到南，基本成一直線，且鄰近兩城相距也基本等距離。不過，王陽明還是認為新淦不可久留，再次離開新淦，再繼續往南，奔赴吉安。

　　欲知後事如何，請看下章。

第二章
連夜撫民入吉安，急調贛兵嚴布防

十八日晚上，王陽明到達吉安城下。城門關閉，全城正戒嚴，船不得泊岸。雷濟、蕭禹張開羅蓋，表明身分，守城兵士於是歡欣鼓舞，說：「王爺爺回來了！」就打開城門，圍繞著王陽明下拜，然後迎接入城。

此時，雷濟、蕭禹內心感嘆：離開豐城，潛入漁船時，先生笑著說，一定要帶上羅蓋，到此果然發揮作用！

吉安，古稱廬陵、吉州。北宋歐陽脩〈醉翁亭記〉最後說：「醉能同其樂，醒能述以文者，太守也。太守謂誰？廬陵歐陽脩也。」歐陽脩就是廬陵人。

元朝時，取「吉泰民安」之意，改稱吉安。吉安府城，也位於贛江邊上。明太祖朱元璋尚未統一全國時，於壬寅年（西元1362年）廢吉安路，設置吉安府，下轄廬陵、太和、吉水、永豐、安福、龍泉、萬安、永新、永寧九縣。吉安，自古乃人文淵藪之地，江南望郡，民富物足。廬陵縣和吉安府同城而治，也就是縣治和府治都設在吉安城。

正德二年（西元1507年）二月，王陽明遭太監劉瑾陷害，廷杖四十，發配貴州修文縣龍場驛。第二年的春天，到達龍場。在龍場將近三年，到正德五年（西元1510年），王陽明三十九歲，這年的三月，就近升為廬陵縣知縣。

第二部　反間疑計

　　王陽明在廬陵縣為政，不施行嚴厲的刑法，只以開導人心為本。一到任，首先徵求鄉里關於差役的意見；實地調查各鄉貧富奸良的情況，倡導義行，救濟貧困，打擊奸惡，扶持善良。

　　民事案件擺滿庭堂，王陽明不急於立即斷案處理，而是考查建國初期的舊制，慎重地挑選村裡有聲望的老人，讓他們坐在申明堂，村裡老百姓凡遇婚姻、田產、宅基、鬥毆等糾紛，就在申明堂裡調解。由村裡這些德高望重的老人宣講道德法律，委婉勸勉，說服雙方讓步，妥善解決。於是，老百姓都悔恨那種一時氣頭上的爭吵，甚至有些人流著眼淚鼻涕而要求撤銷訴訟。因此，刑事案件也日益減少。

　　王陽明在廬陵縣七個月，留下告示十六件，內容大都是耐心引導、懇切勸慰父老，要求父老教育子弟，不讓他們的行為放辟邪侈。

　　城中失火，王陽明親自禱告，隨即風向就不利於火勢蔓延；用血祈禱消除火災，而火即滅。然後，就在城中為防止火災蔓延而預留小弄，確定水邊埠頭，以便取水救火搬運。

　　杜絕鎮守官員的橫徵暴斂，杜絕以舉辦神會為由而向老百姓徵收錢物。

　　設立保甲，消除盜賊。清查官府設立的驛站。

　　驛站原來是專供傳遞公文的人員休息、換馬的地方，王陽明把驛站建設為可以讓旅客休息的場所，這一做法，後來各地也都仿效而一直推行。

　　王陽明三月任廬陵知縣，到十一月，入京覲見武宗，隨即升為南京刑部四川清吏司主事，在廬陵總共只待了七個月，但與老百姓結下了深厚的感情。所以王陽明進城，儘管是晚上，軍民獲悉，遮道呼號。

　　知府伍文定接待，甚是歡喜。當晚，王陽明對全城百姓進行安撫慰問，穩定人心。然後。王陽明向伍文定詢問物資情況。知道倉庫充實，於

第二章　連夜撫民入吉安，急調贛兵嚴布防

是決定就在吉安駐紮下來。

伍文定和王陽明同年登進士，另外還有一層特別的關係，就是跟隨王陽明平定南贛盜賊，且行動果斷，屢立戰功。去年十月，平橫水、桶岡時，表現尤為出色。

南安、贛州西接湖廣桂陽，有桶岡、橫水諸賊巢，南接廣東樂昌，東接廣東龍川，有涮頭多名賊寇。大賊首謝志珊，號「征南王」，糾集率領大賊鍾明貴、蕭規模、陳日能等，與樂昌高快馬等相約，大修戰具，並造呂公車。

呂公車是一種大型攻城器械。起樓數層，內藏士兵，外蔽皮革，以牛拉或人推，推至城下，因與城同高，可直接攀越城牆。謝志珊想先攻南康，乘虛攻入廣東。

王陽明率領伍文定等展開兩次大戰役，擒斬大賊首謝志珊等五十六名，又擒斬大賊首藍天鳳等三十四名。先後攻破賊巢八十餘座，斬殺盜賊三千三百零八名，俘獲盜賊四千六百二十四名。所以，王陽明對伍文定也感到放心。

朱宸濠私下訓練培養敢死的勇士，以及江湖俠客，共有兩萬多人；招收、引誘四方盜賊的大領袖，還有越獄逃犯，總共也有一萬多人；又有恢復的寧王府護衛部隊與脅迫相從的六七萬人，全部合起來，號稱十八萬，氣焰十分囂張。

遠近軍民受到朱宸濠強大淫威的長期脅逼，在路上遇到都不敢交談，只以目示意，對朱宸濠既憎恨又恐懼，莫敢出聲。

王陽明只有隨身跟隨的百來名兵士，所以只好從豐城往南返回，退守吉安，從遠處進行牽制。朱宸濠知道王陽明在吉安，自然感到是心頭大

第二部　反間疑計

患。他知道如果自己揮師直趨中原而達北京，或者快速奔襲南京而居江南，王陽明就要從後面掩襲。王陽明領兵作戰的威勢，對朱宸濠來說，實在是非常大的憂患。僅僅一個王陽明的存在，就足以使得朱宸濠不敢放心大膽往前了。

吉安府沿贛江繼續往南就是贛州，那是王陽明的都督府所在。

王陽明雖在吉安，知府伍文定又是自己的同年進士，忠心可靠，但心裡還有點不踏實。於是在十八日當天晚上，他立即起草公文，命令贛州府火速集兵策應：

本院接受命令，前往福建處理公務。於六月初九日從贛州出發，由水路沿贛江順流而下。十五日至豐城縣地名叫黃土腦的地方，接到知縣顧佖及沿途地方基層官吏的報告，江西省城突遇變亂，巡撫、巡按御史及三司官員等，都遭受拘捕，有的被殺害，遠近軍民非常驚恐，再三勸阻本院不要再前。

本院原未帶官軍，勢難輕進，想立即趕回贛州起兵，但路程相距非常遙遠，已暫回吉安府就近駐紮。我一面調集兵馬，籌集軍糧，號召義勇；一面派人偵探，查摸情況。

為此，行文命令贛州府，並附近衛所，並各通知所屬，立即調集軍隊，組織民兵，日夜加緊固守城池，以防不測。

切望知府邢珣查清現有的庫藏物資、錢糧，全部登記入冊，親自寫好報告，提前送來，不得隱匿。同時，調取安遠縣等原操練官兵，不要再分上下班次，各備鋒利器械，全部到教場，每天操練，增加夥食費，犒勞士兵。挑選委任有勇有謀的官員管轄統領，聽候本院公文一到，立即開拔。

敢有違誤，定以軍法處置，絕不輕饒寬免。

第二章　連夜撫民入吉安，急調贛兵嚴布防

　　然後再發文給兩廣總督、都御史楊旦，共赴國難。因為是平行機構，公文的用詞相對來得婉轉：

　　我接到聖旨：「福州三衛軍人進貴等脅眾謀反，特命你暫去彼處，會同地方官員，查議處置，把處理意見上報朝廷，再做決定。欽此。」

　　按照皇上的這一命令，我於六月初九日從贛州起程，由水路去福州。

　　本月十五日，行至豐城縣叫黃土腦的地方，接到知縣顧佖等報告：「本月十四日，寧府把巡撫孫燧、副使許逵等官殺死，巡按御史及三司，還有府、縣大小官員，不願順從的，都被拘執捆綁，各衙門印信全部收去，庫藏搬搶一空，揚言直取南京，並分兵北上，攻取北京。」各官競相勸阻本職，不宜輕進。本職自料力量單薄，旅途危險，勢難再進，就立即回程。隨即有兵卒一千多人，沿著贛江兩岸，齊頭並進，來追趕我。偶然遇到北風大作，本職也布疑兵、設計策，整頓船隻，安然行進，追兵不敢逼近，幸而獲免。

　　本月十八日回至吉安府。知府伍文定等報告地方已無主要官員，請求我留下，暫時為他們籌劃安排。遠近居民，也都擁聚攔阻，大聲呼號，要我留下。

　　隨即臨江府並新淦、豐城、奉新等縣，派人前來報告：「寧府派兵四處出擊，攻城略地，拘捕官員，收繳印信等。」

　　本職因為有命令在身，就想直接前往福建。但天下之事，沒有比國家有難更緊急。如果叛賊順流東下，萬一南都失去防備，被賊兵所偷襲，賊兵將乘勝北趨，動搖京畿。這樣，勝負之算，就不好說了。

　　這實在是天下安危的關鍵時刻，想到這裡，痛心刺骨，大義就讓我不忍離開江西，所以就入城，撫慰軍士和民眾，督促並和知府伍文定等，調集兵馬，籌集糧草，號召義勇，定謀設策，把大家的渙散之心聚集攏來，

第二部　反間疑計

鼓作忠義的勇氣。牽制叛賊的舉動，使叛賊進不得前；搗毀叛賊的巢穴，使叛賊退無所據。這樣，叛逆就可以擒獲，大難就可以平定。

本職自以為軟弱無力，身體多病，多次上疏請求退休。況且，地方的責任，也不是本職原來的任務。今帶病到福州去，實際上也有意圖便道回家探親。正好遇上國家有大難，不忍心失去重要軍機，暫且再留下，期望能夠緩解國難。

我已把情況書面報告朝廷，前面所說的事情，是國家大難，關係到生死存亡，雖然已經調集了吉安等府的兵快，但這些兵快平時不經常訓練，而且我更擔心兵力不足，必須添調兵馬，才能成事。

南雄、韶州、惠州、潮州等府各有慣戰精兵，可以呼叫，我想理應移送公文督促發兵，為此切望貴院煩為選取驍勇精壯兵快、打手等四五千名，各備鋒利器械，挑選委任有謀略、有膽略的官員，或者就委任嶺南道兵備僉事王大用監督統領。各位官兵配足行軍的糧食，不分雨夜，兼程前來，共赴國難。

料想貴院素持有忠孝之節，一直負有剛大之氣，接到這一公文後，必將憤然而起，手拿武器，迅速挺進，勇於衝鋒在唐朝平息安史之亂的汾陽王郭子儀之前，怎肯落於豪氣沖天、率軍北伐、收復失地的東晉名將祖逖之後啊！

心情煩亂之際，沒有表達懇切的詞語。你是高明之人，請迅速行動。

王大用是王陽明的弟子，所以王陽明點名要他統領。

欲知後事如何，請看下章。

第三章
連環反間疑雲生，密信傳遞擾人心

第二天，即六月十九日，王陽明召集眾人說：「如果朱宸濠親自率兵，出長江順流東下，那麼南京就保不住。我想用計謀打亂他的部署，稍許拖延他十天到半個月，各地就有時間進行防備。這樣，我們就不用擔心了。」

王陽明首先在豐城布設疑兵，擺出要攻打南昌的態勢，然後命令雷濟等假冒南雄、南安、贛州等官府的名義，用大紅紙張書寫，印發報喜公文，每天飛報吉安府城，還派人把這些報喜公文打入省城。一方面以此動搖省城人心，一方面鼓勵吉安忠義之士。

接著與雷濟等又設謀，假寫迎接京師部隊的公文：

提督軍務都御史王守仁，接到兵部機密文件。兵部的文件，是直接轉發皇上的聖旨。

聖旨命令：「許泰、邵永，分別率領邊防部隊四萬，從鳳陽等處由陸路直撲南昌；劉暉、桂勇分別率領京師部隊四萬，從徐州、淮安等處水陸並進，也分頭襲擊南昌；王守仁領兵兩萬，楊旦等領兵八萬，秦金等領兵六萬，各從部隊駐紮地分道並進，在規定期限內夾攻南昌。務要遵照設置的方針策略，並心合力，共同謀劃，依照規定期限，迅速進軍。不要那邊開始進軍了，而這邊還沒有行動，以致延誤軍機。」本官在接到這道聖旨

第二部　反間疑計

之前，已經按照之前的命令前往福建，處理軍人叛變事件。走到豐城縣的地方，突然遇到寧王叛亂，現已返回吉安府，開始聚集義兵。目前，根據寧王叛亂的情況，按照聖旨，只等廣東、廣西兵到齊，就按規定期限，即刻進軍。

另外，聖旨所說「乘寧王毫無防備時進行突然襲擊」，都是先發制人的謀略。當然朝廷做出謀略時，寧王還沒有起兵。現在寧王的部隊已經出動，數量也有二三十萬。如果北來的官兵不知道確鑿消息，未免有誤軍機。

按照本官的設想，如果寧王堅守南昌，擁兵不出，京師以及邊防部隊遠來，於天時地利來講都不利，短時間內恐怕很難取得預期的效果。官軍必須按兵不動，然後伺機慢慢進軍；或者分兵先守南京，等到寧王離開江西，然後就在前面迎頭痛擊，或者在後面尾隨追擊，使寧王首尾不能相顧，這樣攻破寧王就勢所必然了！

現在寧王的主要謀士李士實、劉養正等，各有書信祕密寄給本官。其手下的賊將凌十一、閔廿四，也各祕密差遣心腹前來傳達他們的意圖，都要反戈立功，報效朝廷。可見寧王已是眾叛親離之人，寧王失敗是很快的事了。

現在聽說廣東、廣西共起兵四十八萬，其先鋒八萬，按照聖旨的要求，今天已到贛州地方。湖廣起兵二十萬，其先鋒六萬，也是按照聖旨的要求，已到黃州府地方。本官已起兵十萬，遵照聖旨的命令，先領兩萬屯紮在吉安府地方。各府的知府等官，各率領擔任緝捕等事的衙役，也不下一萬。現共計有十一二萬人馬，全部出動的話，兵力已經足夠。但最好要等到寧王早點離開江西，寧王一離開，其中必有內變，因而乘機夾攻，成功最容易。

為此，現在發文預先說明原因。煩請核查，裁決處置。一切軍事進退

第三章　連環反間疑雲生，密信傳遞擾人心

事情，都要計劃商議，妥善處理。選擇機警靈活、明曉事理的人員，與一同派往前去的差役，星夜把情況報告各地，並立即組織實施，迎接京師部隊的到來。

公文寫好後，王陽明命令雷濟等選派習慣於奔跑送信的僕人，給他們特別厚重的盤費，把前面所說的情況當作實情，詳盡仔細地說給他們聽，命令他們隱蔽蹤跡，星夜前往南京及淮河與揚子江下游地區，迎接官兵。

又命令雷濟等詢問調查素來與朱宸濠有往來的人，與他們相交，結下深厚的情誼，並洩漏上述假情報，讓他們祕密告訴寧府。

果然，朱宸濠聽到密報，還大加賞賜截獲情報的人員，然後差人四路跟捉送信人。雷濟等人祕密派出的送信人，全部被朱宸濠捕獲。朱宸濠看到公文後，愈加感到懷疑和恐懼。對送信人嚴加拷問，詳細審訊，當時就把這些人殺死。因此又懷疑李士實、劉養正，但又不相信兩人的陰謀。

王陽明又與龍光商量，龍光是一位退休的縣丞，因為忠誠可靠，辦事老練，王陽明征南贛時，就聘至身邊，多立功勞。兩人決定，再假寫一封回信給李士實，書中說：

收到手書密示，足見老先生精忠報國之本心。

現在才知道，最近所發生的一切事情，都是迫於寧王的威勢，是不得已才這樣做的。老先生雖然身陷羅網，但心無時無刻不想著朝廷！所說祕密謀劃的計策，不是老先生這樣的人，斷然做不到這一點。今又得到劉養正同心協力給予幫助，應當是萬無一失的事情了。

然而，如果做大事，洩漏機密，就會釀成大禍。所以，一定要尋找時機，等待適當的機會，然後舉事，這樣才可保證成功。不然，恐怕於國無益，而老先生與劉養正，也只會白白地受到牽累。對於我來說，是不忍心

第二部　反間疑計

看到這種情況的！況且如今的軍事形勢，四路部隊已經合圍，只待此公一離開江西，我們便可下手。

昨天，凌十一、閔廿四各位將領，派人祕密傳來消息，也都出於老先生與劉養正的開導激發才會這樣。但恐怕這三四人都是粗漢，機密容易有洩漏，一定要告誡他們，做事必須縝密。

另外，無論如何要切記，做事一定要有周密而詳細的防備，這樣才能成功。

信看畢後，立即燒毀。

知道我是誰，因此我就不具名了，以防萬一。

寫給劉養正的信，所說的意思與這一封基本相同。兩封信寫好後，派雷濟設法送給李士實，龍光設法送給劉養正。

結果，兩位送信人都被朱宸濠抓獲殺死。朱宸濠因此更加懷疑劉養正、李士實；劉、李也各互相懷疑恐懼，不肯出任要職。

王陽明又派素來與劉養正情誼深厚的指揮高睿寫信給劉養正；派雷濟、蕭禹引誘寧王府的太監萬銳；雷濟、蕭禹又私下寫信給寧王府的太監陳賢、劉吉、喻木等。一時，弄得寧王府內部的一些重要人員各懷猜疑，也不知道是真是假。

王陽明又吩咐手下多寫告示及招降旗號，啟發解說，勸告引導，告訴大家順正與邪逆、幸福與災禍的關係。又讓人製作木牌，動輒數以千計。然後，分別派遣雷濟、蕭禹、龍光、王佐等，分路進入叛賊的各個巢穴，暗中將告示黏貼，以及把旗號、木牌，四路標插。

又囑咐雷濟、龍光，派人照料、撫養在吉安的劉養正家屬，而且待遇非常優厚。暗中派遣劉養正的家人，祕密到劉養正的地方傳遞消息。當然

這些消息都是假情報。

　　起初，朱宸濠計劃，由王府承奉官屠欽率兵先行，自己定於六月十七日出發，率兵攻取南康、九江，準備於二十二日在江西起程動身，直接趕赴南京，拜謁朱元璋的陵墓後登位，然後出兵直接攻取北京。因聽到上述反間疑懼之謀，於是不敢輕易離開省城南昌。

　　十五日開始，朱宸濠先派兵出攻南康、九江，而自留省城按兵不動。屠欽等看到朱宸濠不出兵，也各懷疑、擔心，士氣也有些衰退沮喪。又見四路所貼告示，及所插旗號、木牌，自然影響鬥志。南直隸重鎮安慶又贏得時間進行準備，屠欽等一時急攻不下。

　　欲知後事如何，請看下章。

第二部　反間疑計

第四章
奏報叛亂，王陽明上疏請討

　　反間疑計一一實施後，王陽明稍稍鬆了口氣，又命令伍文定等張貼公告，招募忠義之士；發送公函給鄉官王懋中，讓他召集在吉安的退休和休假官員，共同盟誓，齊心合力，誓死共赴國難。

　　六月十九日上午，根據輕重緩急，各項事務安排停當。伍文定等也按照各自職責，分頭行動，實施落實。王陽明開始鋪紙研墨，親寫奏章，向朝廷報告朱宸濠謀反實情。題目為〈飛報寧王謀反疏〉，奏疏說：

　　正德十四年六月初五日，本院接到聖旨：「福州三衛軍人進貴等脅眾謀反，特命你暫去彼處，會同地方官員，查議處置，把處理意見上報朝廷，再做決定。欽此。」

　　遵照這一命令，我於本月初九日，從贛州由水路動身起程，到本月十五日，走到豐城縣一個叫黃土腦的地方。接到知縣顧似等報告說，六月十四日，寧王府興兵作亂，把都御史孫燧、按察司副使許逵，以及都司等官殺死。巡按御史、都指揮使司、布政司、按察司三司官員，以及府、縣大小官員，其中不願順從的，都被拘捕捆綁，不知生死。各衙門的所有印章，全部被收去。倉庫儲藏的物資，也被搬搶一空。被監禁的重罪囚犯，全部被他們釋放。戰船布滿江面，沿贛江順流而下，聲言直取南京，一面分兵北上。各官都來阻止我，叫我不宜輕進。那時，我還不相信寧王謀反的事實，然而逃難避亂的百姓果然已經四處奔散，人心動盪不安。我想到

第四章　奏報叛亂，王陽明上疏請討

自己力量單薄，旅途危險，形勢逼使我再難以往前行進。剛要回程，隨即就有兵卒一千餘人，沿著贛江兩岸齊頭並進，前來追捕捉拿我。突然遇到北風大作，我也布疑兵，設計策，整頓舟隻，安全行進，追兵不敢逼近，幸而獲免。

六月十八日，回到吉安府。吉安府知府伍文定等報告說，江西地方上已經沒有主官，請求我留下，暫回江西，籌劃安排。遠近軍民也都擁聚阻攔，高呼著要我留下，隨即我就居留在吉安府。隨後接到臨江府並新淦、豐城、奉新等縣的衙役飛報，寧王府派兵四處出擊，攻掠搶奪；收繳官印，以及捉拿掌印官員；調取縣衙的緝盜捕快；繳納稅糧的糧船全部被驅使脅迫，被他們搶走。

我接受前道的命令，心想直接趕往福建。但天下的事情，沒有比國家有難更緊急的了。如果寧王順流東下，萬一南京沒有防備，被寧王所襲，寧王將乘勝揮師北上，十天到一個月之間，京畿一定發生動搖。如果這樣，那麼誰勝誰敗就很難預料了，這實在是天下安危存亡的關鍵時刻。想到這裡，我就痛心到了極點。從大義上講，我也不忍心離開江西。所以，我就入城安撫慰問軍民，督促並與知府伍文定等一起，調集兵馬，籌措軍糧，號召義勇。又相約在鄉的朝廷官員，右副都御史王懋中、評事羅僑等，與他們定謀設策，凝聚渙散之心，鼓起忠義之氣。尋找機會，乘機而動。一定要從寧王後面追蹤考慮，共同形成互相配合、前後夾擊的態勢，牽制寧王的行動，使寧王進不得前；搗毀寧王南昌的巢穴，使寧王退無所據。

我天天盼望著天兵盡快到來，希望解救東南危險的局面。

希望皇上反省，責求自己的過失，命將出師。因國家遭受災難，可以激勵人民奮發圖強，使國家強盛起來，未必會造成難堪的局面。

我因為衰弱多病，多次上疏，請求退休。況且這種事情是地方上的職責，本來就不是我的任務。現在我帶病趕赴福建，其實也有意圖，想便道

第二部　反間疑計

回家探親。臨近出發之前，我已題寫了悲傷懇切的奏疏。我向皇上上疏後，離開贛州才幾天，就遇到國家緊急的事務。我不忍心失去軍機，暫且留下來，希望能夠緩解國難。等到籌劃安排，稍稍確定，各官大致可以施展才能，朝廷派出的軍隊一到，我也就遵照以前給我的命令，趕赴福建，完成任務，就在那裡順道探望生病的父親。

向前進軍，抵抗謀反的寧王，我不迴避嫌疑；向後隱退，回歸家鄉，我也不逃避過失。

我追求的唯一目標，就是保全人民，有利於國家，有利於君主，這是我的全部想法。我心胸坦蕩地留下來，是為了忠心報國，因而也就忘掉了暫時不去福建要獲罪的事情。為了表達對國家遭受災難的哀痛之情，我甘冒擅離職守要被誅殺的危險，這是我的罪行。

我自己察知，都御史王懋中、評事羅僑，以忠義自誇，有才能和見識，且閱歷豐富，通曉世故人情；知府伍文定，果敢敏捷，善於決斷，忠勇有謀。過去在平定盜賊時，屢立戰功，都被壓制而沒有受到獎賞。長期沉沒在地方上為官，其實就是遭受不公正的待遇而沒有伸展應有的抱負。

江西全省現在沒有一位主要官員，如果等待其他的官員到來，這樣會拖延太久，不可能及時到任。請求將現有各官，授以重要的職務，這樣差不多就可以指望他們拯救老百姓於水火之中了。

其餘，像裁汰革除的兵備副使羅循、副使羅欽德、郎中曾直、御史周魯、同知郭祥鵬、進士郭持平，貶謫的驛丞李中、王思等，雖然都是江西吉安的本土之人，但都懷有一股忠貞的氣節。況且現在都在一起共事，正當國家多難之日，事情應該要有所變通，希望能度過難關。

再察知，寧府叛逆的陰謀顯現以後，寧王如果揮師北上不如意，一定回兵攻取浙江，往南騷擾洞庭湖和湘江地帶，伺機謀取南京，以截斷南

第四章 奏報叛亂，王陽明上疏請討

北，攻取福建、廣東，以增加軍隊所需的物資和器材。如果不及時進行控制，立即派重兵進行征討，必將後悔莫及。

又察知，撫州府知府陳槐、臨江府知府戴德孺、贛州府知府邢珣、袁州府知府徐璉、寧都縣知縣王天與、豐城縣知縣顧佖、新淦縣知縣李美、奉新縣知縣劉守緒、泰和縣知縣李楫、南安府同知朱憲、贛州府同知夏克義、龍泉縣知縣陳允諧，及全省各官，現在都整軍待命，請求吏部於其中推選補任本省獨當一面的地方官，如知府、兵備等官，希望迅速下令讓他們就職。如果有守城職責的，也可根據情況提升他們的級別，以加重權力和威嚴，使他們可以一展才能和抱負。

又察知，南安府、贛州府的軍餉，只有鹽商各稅可以資助。近來因戶部上奏，革除了這一款項，所以僱傭徵募的兵員，沒有款項可以依靠供給，這些兵丁已全部遣散。如今還未滿兩月，就遇到寧王謀反作亂，想再招募，那麼將依靠什麼支出軍費？我想，就按照前次給我的命令，使用便宜行事的權力，仍舊按照過去的辦法處理事情。但是，即使這樣，也比較緩慢，趕不上現在就需要使用。所以，必須先在廣東、廣西累積保存的軍餉數內，根據需要借用十餘萬，這樣差不多軍隊可集合，地方有依賴，國難可平定。

只因為是飛報地方謀反的緊急重要事情，為此特差軍隊衛所的世襲武官來儀，由他親送奏疏來京。

謹題請旨。

奏疏寫好後，準備叫來儀立即出發。王陽明忽然一想：「萬一被朱宸濠襲獲，前幾天所行的反間計，豈不被他識破？」於是，暫把奏疏留下，過幾天再發。

欲知後事如何，請看下章。

第二部　反間疑計

第五章
籌措軍餉，調兵鄰省作後援

江西等南方省分，從水路運送到京城的稅糧，淮安是轉運中心。

水路運輸，古代稱作漕運。淮安設有常盈倉，江南漕糧都儲藏於常盈倉。運送漕糧的軍隊，由淮安常盈倉通過京杭大運河，分四段遞運，輸至京城。常盈倉每年儲糧，以百萬石計算。

六月二十日，王陽明正在吉安府衙。贛縣、興國、永新等縣的縣丞李富、雷鳴嶽等以書面形式前來報告：

我等承蒙差遣，押送稅糧。

去年的稅糧，早已籌集。漕運的船隻，停泊在贛江邊的吉安碼頭，聽候交付。到現在已經數個月，也沒有見到糧船放回。況且，如今省城變亂，各地交付的稅糧全部被搶走。停泊在吉安碼頭的漕運糧船，如不及早想辦法處理，恐怕奸人會乘機過來搶奪。

王陽明一看報告，覺得此事非同小可。南昌、南康、九江等府及所屬大部分縣的稅糧已被寧王朱宸濠搶走，連船隻都被搶去，作為叛賊的戰船。如果吉安等府的稅糧和船隻再被搶去，情況就更為嚴重。於是下令吉安府，把準備繳納的稅糧全部收儲起來，命令說：

就按照贛縣、興國、永新等縣縣丞報告的情況辦理。關係到錢糧到淮安兌付的重大問題，應當安排處理。

第五章　籌措軍餉，調兵鄰省作後援

為此，命令立即安排空閒的倉庫，或者安排寬敞的寺院、道觀，作為儲藏糧食的地方；各稅糧運輸單位，暫時將運來準備到淮安交付的稅糧全部收儲，等候官軍勝利回歸之日，聽候繳納兌付錢糧，不得遲延耽誤，以致造成其他不可預測的事情發生。

一波未平，一波又起。當時，江西還有鎮守太監王發。所謂鎮守，就是監管一省軍事的官員，一般都由太監擔任。王發早就依附於寧王朱宸濠。就在同一天，吉安府守禦千戶所的旗甲馬思前來報告：

承蒙千戶所的差遣，領取發送鎮守江西的太監王發，買葛布的銀子一千五百兩，以及本所貢獻的備用葛布，折銀子三千兩，前往鎮守衙門。今因路途受阻，不敢前去。

王陽明一聽，正值寧王叛亂之際，鎮守江西的王發還要強取豪奪，把各地的銀兩送往南昌，等於往賊巢裡送錢糧。如今自己的軍費籌措一時有難度，王發正好送上門來。於是立即下令：

按照千戶所的報告，既然該鎮守衙門發送銀兩買葛布，如果實在沒有辦法，只能按照價格，兩相情願，平等買賣。竟敢不動用原來的錢兩，額外備辦，禮銀贈送。不是巧取豪奪，便是剋扣軍餉。事屬違法，本當彈劾，拿來追究。但如今江西變亂，暫且從輕查處。

為此，立即追查前項布價，以及貢獻的禮銀，一定要查處明白。如果是各個部隊名下的糧銀，就命令吉安府會同千戶所點名發送，領取時要進行登記備忘。如果是各官自行捐獻的銀兩，命令全部收入官庫，聽候軍餉支用，不得縱容侵占，收為己有。

至於查報不實，是發還部隊還是收繳官府，就不便處理，所以一定要查報得實。

第二部　反間疑計

　　處理好這兩件事，王陽明又想到必須號召鄰省調兵勤王。所謂勤王，就是君主有難，臣下起兵救援君主。

　　王陽明考慮到，自己率領吉安、贛州、臨江等府縣的官兵，與寧王朱宸濠開戰，後方洞門大開，一旦與朱宸濠勾結的叛賊乘虛從後面夾擊，自己將腹背受敵。如今變亂之際，人心難測。況且朱宸濠野心蓄積多年，不知有多少文官武將與他勾結。王陽明首先想到鄰省福建，前幾年在福建平亂，打下一定基礎。況且，左布政使席書、兵備僉事周期雍，既忠勇又有才識，與自己相交甚厚。又想到如今太監畢真擔任浙江鎮守，此人是寧王朱宸濠的黨羽。如果兩人遙相呼應，情況就變得複雜。只要福建起兵，不求及時趕到，只要能震懾畢真就可以，讓他不敢輕舉妄動。只要畢真不動，其他與朱宸濠勾結的官員，也必定採取觀望的態度。這樣，自己的後方就能確保安全。

　　想到這裡，王陽明立即下令：

　　福建布政司調兵勤王。

　　福建、浙江係江西鄰省，今寧王府叛逆的陰謀已經顯現，寧王如果揮師北上不如意，必將回兵攻取福建、浙江。如不先行發兵，乘間搗虛，將來悔之莫及。

　　我現在已命令湖廣、廣東，以及漳南道，再命令現在在上杭教場操練的部隊，並調取漳州操作火銃的銃手李棟等，責成有勇有謀的官員統領，直接抵達本院駐紮的吉安府，隨兵進剿。

　　並把命令抄送都指揮使司、按察使司，再由這兩個司把命令轉發到各兵備道、巡行道，並轉發到鎮守、巡撫等衙門。

　　都要按照命令，選調兵馬，選派委任忠勇有膽略的正職官員，到各省

第五章 籌措軍餉，調兵鄰省作後援

各地交界的地方，要特別謹慎地加強防守堵截，相機夾攻圍剿。

仍舊知會浙江都指揮使司、布政使司、按察使司三司，一律遵照施行，都不得有違誤和差錯。

南京是國家的根本重地，王陽明立即行文，通知南京兵部做好勤王準備：

前幾天發生的事情係天下非常之變，關係到國家的生死存亡。

雖今命令江西吉安等府，以及湖廣、福建、廣東等省，調集軍兵，合力征剿。但彼聲稱，要順流東下，襲擊占據南都。

長江天險，南北阻隔。南京是國家的根本重地，咽喉所關。雖以朝廷威德，人心想著朝廷，叛逆的陰謀斷然不可能成功。但其玩弄手段，陰險奸詐，暗中圖謀，已非一日。再加上聽說潛伏奸細於京城，約為內應，萬一預備不足，為彼所偷襲，震驚遠近，悔之莫及！

為此，發公文給貴部，煩請你們轉發公文給南京的大小衙門，一起謀劃，共同商量，盡快修繕城牆，守衛城牆和護城河。演習訓練戰船水軍，沿長江預先設伏，以防意料不到的事情發生；傳檄鄰近郡縣，以顯示一定要征討的威勢。先派遣防守長江的部隊，大張聲勢，表示要往西推進，一路打到洞庭湖、湘江邊，就在那裡會師，東西互相夾擊。本官也一定勉為其難，努力從事，在其後面牽制跟蹤。

用正義消滅殘暴，以正直對付邪惡，不過兩個月之間，斷然一戰就能取得勝利。你們都是高明之人，請迅速採取措施。

欲知後事如何，請看下章。

第二部　反間疑計

第六章
王懋中率官盟誓，陽明再呈奏疏

鄉官，指退休，或因病因事在鄉的朝廷官員。

王懋中，又名王中立，成化二十三年（西元 1487 年）進士，安福縣人，官至都御史。現已退休。

王陽明的弟子鄒守益，也是安福縣人，正德六年（西元 1511 年），禮部會試，當時王陽明是同考官。同考官就是在禮部會試中協助主考官分房閱卷的官員。王陽明看到鄒守益考卷非凡，拔為第一，即會元。殿試時為第三，俗稱探花。鄒守益也是陽明學說的重要傳播者之一。錢德洪刻王陽明《文錄》，鄒守益參與其事，還為《文錄》寫了〈序〉。王陽明出生在紹興府餘姚縣，紹興是大禹的安息之地，有禹穴，也即大禹陵；餘姚是舜支庶所封之地，舜姓姚，故餘姚的母親河也叫姚江，又名舜江。鄒守益認為，正是那閃爍靈氣的禹穴，深邃祥和的舜江，孕育了王陽明。王陽明的良知學說一興起，眾人都從睡夢中醒來。良知學識，既溫和，又嚴正，而且還上接孔孟典刑，典刑也即經典。王陽明只是以「仁」為己任，並不是想名垂青史。鄒守益後來在王陽明像贊中寫詩紀念：

舜江浚祥，禹穴炳靈。良知一振，群寐咸醒。

接溫聽厲，尚及典刑。仁為己任，勿謂丹青。

當時，鄒守益正稱請病假假，在家休息。

第六章　王懋中率官盟誓，陽明再呈奏疏

評事羅僑，弘治十二年（西元1499年）進士，授新會縣知縣，受到民眾愛戴。正德初年入朝擔任大理右評事。順天府大旱，羅僑上疏進言。當時，太監劉瑾把持朝政，沒有人敢言。羅僑自知也必死無疑，預先把棺材放在車上。果然，劉瑾大怒，命朝廷大臣商議刑罰，大學士李東陽極力營救，他才得以改判貶職，回原籍擔任教育官員。羅僑也因此稱病回家休假。

羅欽德，與羅僑同年登進士，歷兩浙都轉運副使，最後升至浙江按察副使，如今也正稱病在家。

曾直，弘治十五年（西元1502年）進士；周魯，弘治六年（西元1493年）進士。

張鰲山、王思等是王陽明的門人。

王陽明認為這些人既有才能和見識，又閱歷豐富，通曉世故人情，雖然都是江西吉安本地人，但與朱宸濠沒有牽連，還都懷有一股忠貞氣節。於是，決定與他們一起共事，共度難關。

這些人，王懋中輩分最高，退休前的官職也最高，所以王陽明和伍文定商量，會晤這些鄉官，然後由王懋中領頭，讓大家都集中起來，共同盟誓，誓死保衛朝廷。但王懋中畢竟是老官僚，考慮問題較為複雜，遲疑了兩天，到六月二十一日，才召集這些人盟誓。除王懋中外，盟誓的主要官員有：養病中的編修鄒守益、評事羅僑、副使羅欽德、郎中曾直、御史周魯、同知郭祥鵬；父母去世，回家守孝的御史張鰲山；赴部呼叫而尚在家的金事劉藍；退休的副使劉遜、參政黃繡；閒住在家的知府劉昭；被降職貶謫的驛丞王思、李中；被裁革的兵備副使羅循；探親中的進士郭持平。

盟誓結束，大家互相激勵，互相鼓舞，誓死效忠朝廷，報效國家。

第二部　反間疑計

此時，王陽明又考慮到另外的一個問題，報告寧王謀反的奏疏，不送出去也不是辦法，送出去又怕被攔截。最好的辦法，再寫一道奏書，事情說得模糊，這樣即使被截獲，寧王也摸不著頭緒。如能送達朝廷則最好，朝廷也能知道之前還有一道奏疏。

六月二十一日，王陽明又寫了一道〈再報謀反疏〉：

本院奉聖旨，去福建辦理公事，只因接到飛報地方謀反要事，為此向皇上上疏。

先於六月十九日，專門派遣軍隊衛所的世襲官員來儀，帶著奏疏親自上京。但叛黨正在氣焰囂張的時候，恐怕中途被他們攔截，所以再寫一道奏疏上報。

現在專門派遣另一位軍隊衛所的世襲官員任光，由他親自帶奏疏上京。

謹題請旨。

為什麼要派軍隊衛所的世襲軍官？享受世襲的待遇，說明上代有功於朝廷，後代當然也對朝廷忠心。

第一封奏疏，王陽明過了許多天後才送出，所以在第二封奏疏中一定要提及，但不能說得太明確。

至此，王陽明還有顧忌，自己是奉聖旨去福建處理軍人叛變事情，現在自作主張，留下來平叛。雖然形勢所必然要求我這樣做，義不容辭，但畢竟沒有朝廷的正式命令。就在同一天，王陽明又上一道〈乞便道省葬疏〉，以便藉此討得朝廷一紙任命：

我因為父親年老，祖母去世，多次上疏，請求休假回家，沒有得到批准。

第六章　王懋中率官盟誓，陽明再呈奏疏

　　最近，我奉聖旨，帶病奔赴福建，我希望任務完成後，再向朝廷請假，就從福建直接回家，探視父親。十天之前，我已向皇上上奏。

　　想不到行至中途，正遇寧王朱宸濠反叛。此係國家重大事變，對我這個做臣子的來說，道義上不容許離開。又江西全省，巡撫及獨當一面的大官，現在已沒有一人。現在的軍事形勢，已危險到了極點。因此，我暫且留在江西，目的是為了牽制叛賊，進攻討伐叛賊。等到皇上派出的部隊一到，就按照我原來的設想，回家省親，就是死也要去。

　　我懷念祖母，祖母從小養育我。祖母去世永別時，我也不能見上一面，每次號哭哀痛，心肺割裂，昏死過去，身體日益瘦弱，僅存臨死前的一口氣。

　　母親去世的時候，靈柩暫時安放在祖墓之側，現在安葬祖母，也想因此改葬。我的父親，衰老一天比一天厲害，最近因祖母去世，哭泣悲哀過度，如今病臥在守孝的茅廬裡。我現在帶病，策馬奔跑於戰場，往來於廣信、南昌之間。廣信離家不數日就到，我時不時就想從廣信回家一哭，大致安排一下安葬的事情，探視父親的病情。

　　我報國之心，極其真誠，連上天也知道，樂意去做可能要遭受滅頂之災的事情，也不迴避去做有嫌疑的事情，不顧不是自己的責任，國家有難，勤力而為，也望朝廷能夠明白我的意思，不要用法律條例來束縛我，使我得以稍稍顯示對長輩的奉養之情。

　　我對朝廷感恩，就是讓我死也要謀求報答。悲哀地訴說，不知道所說的是些什麼。只是懇求皇上開恩，便道省親，處理喪事。為此，我寫好奏疏，報告皇上。

　　廣信府與浙江交界。為防止被朱宸濠截獲，奏疏中故意說等皇上派出的部隊一到，冒死也要回家省親。而且現在就在廣信、南昌之間行動。但

第二部　反間疑計

最終這兩道奏疏終究沒有被朱宸濠截獲，而王陽明卻討得了聖旨：「命令你督兵討賊，所奏省親事，待賊平之日來說。」

當然，一來一回，朝廷的聖旨過了好些天後才收到。而第一道奏章，則是在王陽明戰前準備工作全部就緒後，才讓來儀送出。

欲知後事如何，請看下章。

第七章
安撫人心，告示張貼添新疑

六月二十一日，王懋中率領鄉官盟誓。然後，大家又分頭安撫城中百姓，安定人心，穩定局面。第二天，王陽明又命令在全城張貼告示：

傳達遠近城鎮和鄉村的兵士、百姓：近日，帶頭作亂的暴徒，上違天道，下失人心。現在，都察院的都御史、欽差大臣王守仁，在吉安府駐軍，已經制定計劃，朝廷派來的平叛部隊也從四面八方彙集。希望民眾安居樂業，不要驚慌疑慮。

膽敢自作主張，搬家遷移，煽惑人心，騷擾動亂者，一旦被發現，地方上的村長、甲長等，就把他們綁赴提督軍營，治以軍法。

如有忠義豪傑，能夠獻計出力，願意跟隨義師打擊謀反叛亂者，都趕赴提督軍營報到。

至此，吉安府百姓生活安定，各項活動井然有序。

再說朱宸濠，殺死孫燧、許逵後，非法任命官員：以劉吉、餘欽、萬銳等為太監；閔廿四等各為都指揮；參政王綸為兵部尚書；參政季教，以及僉事潘鵬、師夔這些人，等候使用調遣。捉拿朝廷派駐王府、監督儀衛司的官員。並派人把各衙門的印章搜奪入府。

六月十六日，朱宸濠親自走出城外，迎接安福縣舉人劉養正。十七日，迎接退休官員，也是自己的親家，都御史李士實。拜李士實為太師，

第二部　反間疑計

拜劉養正為軍師。

朱宸濠又派人進入監獄，脫去戴在監禁官員身上的腳鐐手銬，只有僉事王疇、南昌府知府鄭琳兩人不放。後來，公差主事馬思聰、參議黃宏不願投靠朱宸濠。黃宏絕食，以頭撞柱，又以手銬擊頂，當夜死去。馬思聰絕食六天，也在監獄中死去。

六月二十一日，朱宸濠把梁宸、胡濂、劉斐、賀銳放出，讓他們各回自己的官署，並派人看守。威逼布政使梁宸、按察使楊璋、按察副使唐錦、都指揮馬驥，讓他們各自發送偽檄，到各府各部。無論是遠方還是近地，都張貼聲討文告，揭發朝廷非法行為，革除正德年號，斥責當今皇上。並將搜到的印信交給布政使梁宸。梁宸懼怕朱宸濠，就簽名畫押，收藏起來。

六月二十二日，朱宸濠把南昌府學教授趙承芳的妻子抓來，交由王府衛營管押。然後命令趙承芳並參政季教一起，帶著聲討當今皇上的偽檄，赴豐城、吉安、贛州、南安、廣東南雄等處。檄文都不稱正德十四年，只稱大明己卯歲。

六月二十三日，朱宸濠祭告祖廟，出師祭旗。加授參政王綸贊理軍務，與劉吉等一同領兵。這一天，朱宸濠又派遣柴太監，讓他帶領眾人，把布政司、按察司兩司庫內官銀，強行搬入寧王府。當時布政使梁宸、按察副使賀銳，都各自在官署中，害怕而不敢阻攔。按察使楊璋仍拘禁在王府儀衛司。各官的官名都改成監湖東道。元朝設江西行省及江西湖東道，明朝設江西省，後改為江西布政司。朱宸濠為了以示區別，把官員改稱為監湖東道。

前面說過，本來朱宸濠定於六月十七日攻下南康，自己於二十二日在

第七章　安撫人心，告示張貼添新疑

江西起程動身，直接趕赴南京，拜謁孝陵即朱元璋的陵墓後，就立即登位。十六日傍晚，朱宸濠陸續收到王陽明的假情報，一時猶豫，第二天沒有動身。後來幾天，不斷接到類似的情報，朱宸濠似信非信，將信將疑，便派出情報人員探聽王陽明消息，自己暫留省城南昌。

王陽明從十八日晚上開始，緊張有序地開展大戰前的各項準備工作。率領吉安知府伍文定、臨江知府戴德孺、贛州知府邢珣、袁州（府治在宜春縣）知府徐璉等調集軍民和擔任緝捕等事的衙役，招募四方願意報效朝廷的義勇，聚會商議需要應發及留存的錢糧數目，需要支付、供給的賞金數目，開始製造軍器戰船。

一天，王陽明問龍光：「你和劉養正曾經相會過嗎？」

龍光說：「我們認識已經很久了。」

王陽明說：「這樣就好。」隨即和龍光商議，再行反間計。

王陽明說：「前幾天我們已經給李士實、劉養正各寫了一封信，為加重朱宸濠疑心，我們再各寫一封密信給兩人。」

王陽明寫好密信，讓龍光先派情報人員進入省城，散布謠言，說王陽明近日又有密信給李士實、劉養正。朱宸濠聽到密報，暗囑親近兵丁，密切注意動向。王陽明把密信寫好後，外面用蠟封存，送給偽相李士實、劉養正，敘說他們歸誠朝廷的誠意，讓他們在較短的時間裡，趁早發兵東下。

果然如王陽明所料，送密信的人一進入南昌城，即被朱宸濠捕獲。朱宸濠一看密信，雖不完全相信，但也不是沒有懷疑。朱宸濠心中暗想，人心難測，李士實雖為親家，但也不得不防啊！自己不也是當今皇上的叔叔嗎？此時，李士實、劉養正商議，又都勸朱宸濠趕快奔赴南京即大位，朱

第二部　反間疑計

宸濠更加懷疑。

按照王陽明的吩咐，龍光早已把劉養正家屬安置到城內居住，並精心地照料他們生活。一天，一位祕密送信的人來到劉養正家屬家裡，被王陽明派去的偵探抓住，拘捕至王陽明處。王陽明大怒，欲斬送信人。龍光趕到，蕭禹也及時趕來，說他們可以做證，不是奸細，是劉養正家屬的僕人。王陽明把龍光叫到身邊，附耳低語，龍光會意。於是，王陽明便放了他。龍光把那人領走，小心地對那人說，為免先生起疑，你就跟在我身邊，待平定寧王後再說。

隨即，王陽明又發送公文到各府各縣，宣布朝廷仁德；傳送、張貼公告，聲討朱宸濠的叛逆行為，揭露朱宸濠罪惡行徑；命令各官率領所屬官吏和兵士，迅速行動起來，保衛朝廷，保衛皇上。這些動作，都顯示王陽明要立即起兵、發動進攻的態勢。

朱宸濠也不斷派出偵探，偵察王陽明出兵的時間。

欲知後事如何，請看下章。

第八章
乘機講學論道，布防全省安定民心

六月二十二日，王陽明又忙碌了一天，之後才稍微安定下來。那邊朱宸濠也沒有閒著，祭祖出師，籠絡人心，偵察王陽明的動靜。

雙方互相觀望等待，王陽明也乘這間隙，又開始講學。

王陽明在吉安府，辦公並不在知府衙門，而是另租一幢單獨的四合院開府。所以他所施行的計策，吉安府確實也不知道。如假冒的大紅喜報打入吉安府內，吉安府的官員也信以為真。

王陽明於去年，即正德十三年（西元 1518 年）六月，升都察院右副都御史，以右副都御史的身分擔任欽差大臣，欽差衙門叫提督府，也有直呼都察院的，而王陽明則自稱「本院」。

公堂大開中門，這樣前後可以望見。王陽明每天都在提督府定計設策。一有空閒，就與官員、朋友、弟子共同講道論學。

他的弟子鄒守益後來回憶：

我與先生兩次相遇於贛州，兩次相遇於南昌，三次在紹興。私下探尋先生的學說，越發簡單易行，越發廣大無邊，越發切合實際，越發高大明亮，遠遠望去，竟然不知道學問的終點在哪裡。

當時，有稱讚老師的人說：「古代名顯於世的人，有的因為文章，有的因為政績，有的因為氣節，有的因為功勳，而先生這四樣兼有。唯獨除

第二部　反間疑計

去講學這一樁事，就成為各方面都毫無瑕疵的一位完美的人了。先生笑笑說：『我願意從事講學這一件事。文章、政績、氣節、功勳，這四樣全部除去，也無愧於一個完美的人。』」

又有人詆毀先生，譏笑先生，先生說：「古代的狂者，志向大，講話口氣大，聖人認為他們的言語和行為不合，即世上所謂有過失的人，但聖人卻把他們列為比有中庸之道的人低一等的人。一個人看上去似乎具有忠、信、廉、潔的品格，沒有可挑剔的地方，就是世上所謂完美的人，而聖人卻把他們當作賊。賊偷財物，而他們偷的是道德。我願意成為狂者，積極進取；不願意為某種目的，而去取悅於當世。」

王陽明的思想源於孔孟，孔孟有聖人、狂人、狷人之分。聖人是符合中庸之道的人，是最高尚的人；狂人具有進取精神，次一等；狷人有所不為，又次一等。

孟子說：「孔子豈不欲中道哉？不可必得，故思其次也。」

看上去，為人好像忠誠老實，行為好像清正廉潔，想指責又無可指責，這種人就是好好先生。孔孟認為，這種人是偷取道德的賊。

王陽明在南贛平亂時也是如此，一有空隙就講學。當時，胡世寧還沒有被朱宸濠陷害，還在江西副使的任上。

一次，王陽明對胡世寧說：「你講學太少。」

胡世寧說：「我真恨你講學太多啊！」

一天，吉安城裡的一位義士叫黃弘綱，也是王陽明弟子，聽到有一位百姓對王陽明的用兵產生懷疑，那位百姓說：「王公的兵鋒，不知道指向何處？」

黃弘綱急忙入告，當時王陽明正在講學，聽說後笑而不答。

第八章　乘機講學論道，布防全省安定民心

　　明朝，江西共設有十三府七十八縣。哪十三府？就是南昌、袁州、贛州、吉安、九江、建昌、廣信、饒州、瑞州、南安、南康、撫州、臨江。

　　饒州府、廣信府與浙江接壤，饒州府府治在鄱陽，廣信府府治在上饒。

　　王陽明一邊講學，一邊冷靜思考眼前的形勢。他想，前幾天忙著處理應急的事務，沒有工夫顧及江西全省。如今江西省一級的主官，或被朱宸濠殺害，或被朱宸濠扣押，或投靠朱宸濠。全省的軍事、行政事務，除了自己駐軍的吉安府井然有序外，情況不是十分明瞭，所以必須統一行文給各府縣，尤其是在軍事上一定要協調一致。於是，命令南安等十二府及奉新縣等縣募兵策應，命令說：

　　叛逆，是天下的大惡；討賊，是天下的大義。

　　國家以優厚的禮遇，分封藩王，恩德隆重。寧王竟敢就這樣萌發謀反的意圖，違反國家的根本大法，上違天道，下犯眾怒，滅亡之期，指日可待。

　　本院的職責，雖然不是專門來處理這件事情，但國家危難之際豈能坐視？依靠朝廷，討伐叛賊，擂鼓率領忠勇義士，英雄豪傑四方興起，定謀略，出主意，同心協力。

　　除已經命令吉安等府縣開始調集部隊，防守關卡，以及命令廣東、福建、湖廣等處各調兵策應外，本省所屬各府、州、縣、衛、所，現在巡撫、都指揮使司、布政使司、按察使司等衙門，都各缺官，事情沒有統領和約束，所以應該行文通知。

　　為此，命令所屬縣並衛所衙門，各起調官軍鄉兵，固守城池，保障地方。一面分調部隊，散布到各個關口，嚴加把守堵截；一面挑選招募驍勇精兵，大縣約四五千名，小縣約兩三千名以上，各備鋒利器械，隨帶糧草。選擇委任能幹有勇氣有膽略的官員，管轄統領，演習操練。所需要的

第二部　反間疑計

各項錢糧費用，就直接動用現有官府中的錢糧，隨後申報本院查考。靠近江邊的地方，多備船隻，聽候調遣，本院令牌一到，即刻起兵進攻。

仍舊要挑選派遣有經驗的人多方探聽消息，及時飛報，並以此為依據，進行謀劃策略。

守土官員，切實履行責任。作為臣子，效忠朝廷，獻出自己，正在今日。各人理應奮發忠義之氣，鼓舞兵士和民眾，共同成就滅賊大功，以此顯示自己報國的念頭。

不得拖延觀望，失誤軍機，自招罪過。

命令發出後，王陽明想到，如今江西正遭受大旱，對老百姓必須實施寬大體恤、禁止約束的政策。於是，再頒釋出告：

江西省城，最近遭受變亂。各府、州、縣，戰爭動盪，供給巨大。同時，正值天氣大旱，秋收無望，人民處境艱難，說起來心裡就充滿痛苦。中間恐怕有無賴之徒乘機暗中發國難財，驚嚇擾亂地方。所以，理應寬大體恤，禁止約束。如今巡撫衙門缺官，本院駐軍境內，不容許坐視不管，應該變通處置，行文通知。

為此，命令江西所屬各縣官員，務須悲痛地思念百姓，體恤民間疾苦。凡一切不急的訴訟案件、工程、徭役，都停止。如軍事需要的兵夫、糧草，各官都要保持廉潔，秉公辦理，親自編排指派，不得以此要求百姓捐稅，攤派徭役，騷擾地方，以及聽信家人、奴僕、衙役等，接受財物，營私舞弊。

仍要嚴加曉諭兵士、民眾，一定要各守本分，安居故鄉，不許煽惑人心，搬家遷移，妄生事端。大戶不要逼債，老百姓相互之間，也不要激起仇恨。

鄉村居民，各自共同推選一位家道殷實、品行端正的人，擔任約長，

第八章　乘機講學論道，布防全省安定民心

再推舉兩人作為副約長。將各戶按一定順序編排好，自己組織巡邏，提高警惕，保護守衛。互相要以忠義之心共同勉勵，保衛國家，度過難關。

敢有抗拒、生事驚擾地方的人，就把他捉來押送官府，治以軍法。約長如果乘機侵害眾戶，以及接受財物，不做事情，希望被害之人能告發，以加重處理。

仍要求各縣將前面所說的寬大體恤、禁止、約束的各項條款，翻刻告示，並頒發鄉村，張貼高掛，告知民眾，等待巡撫官員到的一天，再商量下一步如何處置。

希望大家都不要違反禁約。

欲知後事如何，請看下章。

第二部　反間疑計

第九章
偽檄四散，胡通判擒獲儀賓

　　朱宸濠自從起兵後，把江西巡撫衙門及布政使司、按察使司、都指揮使司的省級官員都捆綁起來，脅迫他們順從。隨即差人將南昌府同知何維周、通判張元澄、檢校曹楫，南昌縣知縣陳大道、縣丞王儒，新建縣知縣鄭公奇，南浦驛驛丞王洪、遞運所大使張秀，全部戴著腳鐐手銬後關押在王府儀衛司，又隨即將各官的行李並各掌印都搜檢入府。

　　這些官員懼怕寧王的威勢，最後也都被迫為朱宸濠所用。

　　江西南安府知府季教，因跟隨王陽明平亂有功，最近升為廣西參政，帶著家小由水路赴任，行至省城南昌，正遇寧王朱宸濠生日，於是傳令前去慶賀。第二天，也就是六月十三日，又隨江西地方高官一起同去答謝，於是遭受監禁。

　　正德十三年（西元1518年）正月，王陽明征討上、中、小三瀨，季教為第四路統兵官，統領訓導藍鐸、百長許洪等官兵，正月初三這日，攻破右坑巢，十一日攻破新田徑，其間還攻破布坑巢、三坑巢，共攻破賊巢四處。十四日，配合其他部隊又大戰芳竹湖而勝之。二十七日，再大敗盜賊於北山，第二天又大戰於風門奧，擒斬大賊首劉成珍等四名、從賊胡貴琢等一百三十名，俘獲盜賊一百六十五名，燒毀賊巢房屋、糧倉七十三間，及奪獲贓銀等無數。

第九章　偽檄四散，胡通判擒獲儀賓

　　六月，季教與縣丞舒富密受王陽明方略，領兵分剿，生擒大賊酋陳日能，搗毀巢穴，俘獲賊黨無數。接著攻桶岡，季教從大庾縣叫做穩下的地方攻入，配合各路官軍，又大獲全勝。之後，又立有大小不等的戰功。

　　早在四月二十日，王陽明在給皇上的奏章〈涮頭捷音疏〉中說：「季教等，皆親身衝鋒陷陣，屢立戰功，都應該受到獎賞提拔，以顯示激濁揚清，作為以後立功的榜樣。」

　　就是這樣一位知府，卻在寧王朱宸濠的淫威面前屈服了。

　　巡撫孫燧、副使許逵，大義凜然，壯懷激烈，視死如歸；黃宏、馬思聰，雖無豪情萬丈，但也絕食而死。然而，季教做不到！

　　起初，季教自己也準備為國而死，因妻子和女兒在船上，就寫好書信，命令妻子要隨夫而死，女兒也要隨母而死。後因看守越來越嚴，書信送不出去，自己又求死不能。六月二十一日，朱宸濠把他放回船上，季教昏死過去，過了好久才甦醒。第二天，即六月二十二日，朱宸濠又把他的妻子、女兒關押起來，又緊急通知季教去寧王府聽命，原來要他在十二位王府衛營官兵的督押下，將非法的聲討檄文送到各府各縣。季教想到妻女被拘，只得依從。

　　與季教一同前去的還有南昌府府學教授趙承芳。教授，就是南昌府的最高教育長官。

　　這份聲討當今皇上的偽檄，對於朱宸濠來說極為重要，這關係到朱宸濠起兵是正義之師還是叛賊亂黨的問題。檄文的主要內容有兩點：一、武宗是非法即位，有太后密旨，武宗是一位抱養的民間孩子；二、武宗荒淫無道，猶如桀紂。

　　朱宸濠吩咐：「一定要把聲討檄文送達贛州及王守仁都御史的提督

第二部　反間疑計

府。」季教想著，正好可以投奔王陽明，脫離賊巢，報效朝廷。

季教和趙承芳手持偽檄文，離開寧王府，朱宸濠又開始忙其他事情。

六月二十六日、二十七日兩天，朱宸濠派儀賓李琳等，把收藏的米穀分給省城軍民，並令參議程杲、金事潘鵬監管發放，以取得民心。所有省城的人，每人都可以領受朱宸濠的白銀二兩，稻米一石。朱宸濠號召眾人，同心協力，固守省城。

在此之前，朱宸濠派承奉司官員屠欽等帶領賊兵攻往南京，各賊兵駐紮在鄱陽湖上，久候寧王不出，自行攻破南康、九江，搶掠奪取財物，兩府百姓奔散逃走。寧王想到要使百姓歸附，必須收攏人心，於是命令金事師夔前去曉諭、安撫。

六月二十八日，朱宸濠因為要起程去南京，恐怕省城南昌有變動，又想到收買人心，派偽千戶朱真送銀五百兩給布政司的官員梁宸、胡濂、劉斐、程杲、許效廉，這些官員也都一一收受。又將銀七百兩送按察司的官員楊璋、唐錦、賀銳、王疇、師夔、潘鵬、賴鳳，他們也都一一收下。又命令劉斐、王記替朱宸濠巡行視察，許效廉、賴鳳接管米糧。這些被扣押在寧王府的官員，因懼怕都聽從朱宸濠的調遣。

儀賓李蕃，六月二十七日率兵攻打瑞州。瑞州在南昌的西南，瑞州城牆也是孫燧下令修築的，但如今尚未竣工。瑞州府通判胡堯元，獨當大任，奮勇爭先，竟然擒獲李蕃，並斬獲叛賊九十四名。所以，王陽明聞報大喜，當即發出通報予以嘉獎。嘉獎令說：

六月二十七日，根據瑞州府通判胡堯元的報告：「擒獲跟隨叛亂的儀賓李蕃，斬殺捕獲叛黨九十四名。」

謀反叛亂，天怒人怨，消滅他們，時間不會太久。然而，如今他們的

第九章　偽檄四散，胡通判擒獲儀賓

氣焰正囂張，通判胡堯元竟然能夠獨奮忠勇，首挫賊鋒，遠近聽到這一消息後，忠義之氣自然倍增。應該給予嘉獎慰勞，以此激勵人心。

為此，命令瑞州府官吏立即動用官府的銀兩，採購豐厚的物品給予獎賞，委任官員率領官吏、師生，送給通判胡堯元，因此而顯示本院褒獎鼓勵的意思。其餘有功人員，分列等級，依據功勞也要給予獎賞。

受傷的兵士，給予傷藥進行醫治。在戰場上犧牲的兵士，對他的家庭撫卹要優厚。等到功成之日，造冊發文，申報提升官職和進行獎賞。

仍然要起調驍勇精兵，固守城池，聽候本院的調發，不得違誤。

瑞州府知府宋以方，因事在省城，被朱宸濠扣留。所以嘉獎令說要「委任官員」。瑞州府在缺少主官的情況下，通判能獨當大任，且首戰成功，這在全省能發揮典型示範作用，所以王陽明要特別通報表彰，以此鼓舞人心。

欲知後事如何，請看下章。

第二部 反間疑計

第十章
察災情謹慎應變，接奏疏兵部命將

朱宸濠醒悟自己被王陽明所騙後，霎時懊惱。於是想盡快出兵，但又擔心王陽明尾隨追擊，就不斷偵探王陽明動靜。七月初二日，再派人探聽消息，探知王陽明自守不出。於是，派潘鵬先行一步，拿著檄文去安慶府做說客。自己準備第二天，即七月初三日離開南昌。

朱宸濠囑託自己的心腹——宗支宜春王朱棋橺和寧王府太監萬銳，以及儀賓、內官，並偽都督、都指揮等官，留兵萬餘守衛省城南昌。所謂宗支，就是屬於同一宗族的支系。

朱宸濠自己與宗支瑞昌王朱棋樣、親家兼太師李士實、軍師劉養正等，由贛江順流而下，向安慶出發，隨後準備赴南京登位。共發兵六萬，號十萬，以劉吉為監軍、王綸參贊軍務、指揮葛江為都督，總共一百四十餘隊，分五路。出鄱陽，過九江，令師夔守之，浩浩蕩蕩殺奔安慶。

叛黨屠欽、叛賊凌十一等，已圍攻安慶達十天。安慶知府張文錦、守備都指揮楊銳、指揮使崔文，雖共同合力守城，但不敢出城應戰。如果不是王陽明的反間疑計拖住朱宸濠，影響屠欽、凌十一等作戰士氣，安慶城也早已被攻破。

伍文定向王陽明建議：「朱宸濠已經離開南昌，我們是否可以出兵救援安慶？」

第十章　察災情謹慎應變，接奏疏兵部命將

　　王陽明說：「朱宸濠鋒芒正盛，準備又充分。我們急速出兵攻擊，急衝其鋒，攻其有備，都不是完美的計策。現在只能顯示自守不出的樣子。待朱宸濠出兵半途，然後跟蹤盯梢，尾隨襲擊。先收復省城南昌，搗毀他的巢穴。朱宸濠聞信，必定回兵救援。我們就在半途進行阻襲，定能取得全面勝利。」

　　王陽明臨陣對敵，總是顯得那樣從容不迫，鎮定自若。他認為，要麼不出手，一出手就要做到一錘定音。

　　當初，在平定盜賊時，贛州官府衙門的文書，看門的差役，以及守門的士兵，衙門周圍的人，包括算命看相排八字的，都與盜賊暗通。這些人，天天在官府左右偷偷地查看動靜，探聽消息。那時，官員話還沒等說出口，凡是心裡有所設想，臉上稍微露出一些表情，盜賊就一定預先知道。王陽明清楚其中的原因，於是，要做這事，故意顯示要做那事；而要做那事，又故意顯出要做這事。依據日月星辰的運行，天天算卦占卜，挑選好日子。有時算定是黃道吉日卻不用，有時欲用而中途又停止。每次磨利兵器，士兵很早用餐，下令待時發兵，結果竟然不出。最後，一出而成功。

　　如今面臨的是寧王朱宸濠，與盜賊不可同日而語。一旦出手，不能一戰而定乾坤，不但影響士氣，可能要改變觀望者的態度。到那時，形勢就會變得撲朔迷離。

　　王陽明囑託伍文定，這幾天要加強巡邏，隨時報告朱宸濠進軍情況，繼續抓緊完善後方布防和隨時出兵的準備工作。兩人正說間，又接到廬陵等縣的報告：「自五月以來，天氣持續大旱，田裡禾苗枯死，衣食無所依賴，稅糧難以措辦，最近按照命令，選派民兵，保護守衛，把守堵截，農

第二部　反間疑計

業生產已經有所妨害，再加上天時不利，人心惶惶，不知道今後依靠什麼能生活下去。」

廬陵縣縣治就設在吉安府府城內，廬陵縣一旦發生騷動，情況極為不利。想到這裡，王陽明囑託伍文定，此事關係重大，要防止發生民變。為穩定局面，提督府先發一道正式的公文給你們吉安府，你抓緊去辦理落實。公文的題目是〈要求吉安府踏勘災傷〉：

省城反叛，寧王鼓動軍隊和老百姓跟著造反。

現在吉安府所屬各縣調發官軍，挑選壯丁，保護城池，把守堵截重要關口，團結各保各甲，隨同義兵進軍征討，青壯年都成為兵士，沒有時間耕種。況且加上三個月不下雨，四郊地面寸草不生，老百姓的危機和急迫，沒有比這更嚴重的了。

本院除向朝廷報告外，發文責成正職官員，立即親自實地踏看災情，摸清輕重底細，仔細查核情況，有德高望重的老年人以及官吏，各自寫好狀子，簽字畫押後，申報本院。本院火速備文直接派人送達朝廷。本年各項錢糧暫且停徵，等待命令下達之日另行處理，不得耽誤。

涉及老百姓的事情不處理好，是非常嚴重的問題，即使將來追究責任，也已經對國家和人民造成不利。

再說朝廷這一邊。王陽明六月十九日、六月二十一日兩次上疏，報告寧王朱宸濠謀反，請求朝廷委派將領出兵征討，以解救東南危險的局面；當然第二道告變的奏章先發。在此之前，朝廷也陸續接到地方上疏告變的奏章。駙馬都尉崔元也派人回朝廷，報告情況有變。這時，巡撫南畿的都御史李克嗣，也迅疾上疏告變。

兵部尚書王瓊請大家到左順門開會商議。各位官員還是置身事外，靜

第十章　察災情謹慎應變，接奏疏兵部命將

觀事態發展。只有王瓊說：「這小子素來品行不端，現在倉促起兵作亂，幾乎不足為慮；王陽明在南贛，必能擒之，不久當有捷報至。但朝廷不命將出師，則無以壯軍威。」

正要派遣將領出征之際，又接到王陽明要求便道省親的奏章，王瓊知道王陽明的用意。因為王陽明已奉旨前往福建處理軍變事件，這次事發突然，王陽明是為了表示遭遇情況變化，暫留江西而不去福建的意思，卻要討得一份朝廷正式命令。

於是王瓊請求武宗立即下旨給王陽明：「命令：督兵討賊。所奏省親事，待賊平之日來說。」

六月二十日前後，朝廷又陸續接到奏章，報告南康、九江陷落。七月初，又接到奏章，說寧王已於初三動身，赴南京登位。

兵部尚書王瓊就在值班辦事的官署回覆十三道奏疏。首請武宗下詔：開除朱宸濠皇室朱氏宗族譜籍。正式確定朱宸濠為叛賊。

其次，請武宗命將出師，奔赴南都，命令：

南和伯方壽祥，率領在長江上操練的部隊防守南京，御史俞諫率淮兵輔佐護衛南都，尚書王鴻儒負責軍餉。

南贛巡撫王守仁率南贛兵由臨江、吉安出發；都御史湖廣巡撫秦金，率湖廣兵由荊州會師南昌；應天巡撫李克嗣鎮守鎮江；正在浙江一帶勘察軍糧的都御史許廷光鎮守浙江；淮揚巡撫叢蘭扼守儀真。

傳檄江西各地，但有忠義之士，能號召民眾，集聚義師，擒獲反賊的，封侯。

再說季教和趙承芳，接受朱宸濠的命令，把非法的聲討公文，送達各府各縣。七月初一日，走到了吉安府吉水縣名叫墨潭的地方。

第二部　反閒疑計

　　墨潭又叫墨池，因潭水常年呈墨色而得名，位於吉水城南桃花島下游一百公尺處，贛江流經墨潭山腳下。

　　贛江流入吉水後，河水沿桃花島東西兩側夾岸而流，至墨潭處匯合。此處河水湍急，急流夾帶著潭底及兩岸的泥沙。而這些泥沙，來自墨壇山石灰岩，石黑如鐵，所以河水常年呈墨黑色。《吉安府志・地理志》記載：「墨潭，在縣南十里，水深黑，故名。」

　　季教和趙承芳就在墨潭的渡口遇到了巡邏的官兵。

　　欲知後事如何，請看下章。

第十一章
季教被捕，陽明因偽檄遭怨恨

　　贛江在吉水縣城附近有三大深水潭，所處位置自上而下依次為文峰鎮的墨潭、醪橋鎮的石牛潭和黃橋鎮的石獅潭。

　　一到墨潭，季教就想到了南宋名臣、著名詩人楊萬里，他正是吉水黃橋鎮人。這一年，楊萬里父親生病，辭職回家，服侍老父，多次往來於省城南昌和吉水之間，當然少不了在墨潭擺渡，渡口就在墨潭後面一百公尺處，是一個古渡，稱為排頭渡。自然，楊萬里能欣賞到各種天氣下的墨潭風景。墨潭深不見底，每當波濤洶湧，水波迴流，氣吞山河，好像神龍在深淵中騰躍。

　　而在風平浪靜的時候，潭水微微起皺，一層一層向前推進。小雨濛濛，雨點落到水中，激起無數水泡，猶如圓珠。春光明媚，綠樹倒映在潭中隨波起伏，翠綠的山崖倒映在水中。有一天，楊萬里在南昌府的武城縣突然接到父親病危的消息，立即趕回。老父與世長辭後，楊萬里在家守孝，守孝期滿，朝廷重新起用。一天再次經過墨潭，楊萬里卻有了不同的感受，石潭迴流曲折，在此形成深潭，正是緩和了上游沖下來的水流。這樣想來，墨潭豈不保護了位於下游的自己父親的長眠之地？於是提筆寫下了一首〈題墨潭〉：

第二部　反間疑計

　　墨潭深杳氣吞天，知有神龍躍在淵。

　　風迴紋靜千級皺，雨餘漚起萬珠圓。

　　滄江綠樹蔭浮動，翠壁膽崖影倒懸。

　　自是武寧歸葬後，迴流萬古護牛眠。

　　季教想到楊萬里，心中無比苦澀。楊萬里力主抗金，反對屈膝議和，何等氣壯山河！而自己卻屈身事賊⋯⋯正思緒萬千之際，迎面遇到了一隊官兵。

　　原來，通判楊昉、千戶蕭英，正奉知府伍文定的命令，在墨潭的排頭渡一帶巡邏，恰好遇上季教和趙承芳一行，共二十人。於是便把他們拘捕起來。

　　楊昉、蕭英和伍文定把季教和趙承芳一行人，押送到王陽明的提督府。王陽明隨即把他們監禁起來，王陽明既遺憾嘆息，又同情憐憫。回想季教擔任南安府知府時，與監軍副使楊璋、參議黃宏、贛州知府邢珣、吉安知府伍文定等，平橫水，破桶岡，擒謝志珊，斬藍天鳳，從不落伍。如今，黃宏被囚死，楊璋仍被監禁，而季教屈身從事。王陽明想到季教、楊璋等尚且不能捨生取義，不用說有非分之想的人，世上又有多少人觀望猶豫？又有多少人暗中與朱宸濠勾結？想到這裡，王陽明感到寒心刺骨，必須把朱宸濠到處散發的偽檄、偽榜文，這些非法的聲討公文，通通報告給皇上。於是，鋪紙研墨，開始寫奏疏，題目為《奏聞宸濠偽造檄榜疏》，七月初五日當天派人送出。奏疏說：

　　正德十四年七月初一日，奉吉安府知府伍文定的命令，通判楊昉、千戶蕭英，在墨潭的地方巡邏，擒獲寧王府專送偽檄的官員趙承芳等二十名，押送到我的地方。

第十一章　季教被捕，陽明因偽檄遭怨恨

偽檄妄言惑眾，譏諷皇上，被我當即撕破。

又因為事情應該讓皇上知道，隨即把他們的偽檄嚴密封固後獻上。

審訊趙承芳，據他交代，官職是南昌府府學教授。

六月十三日寧王朱宸濠生日，次日各官依禮赴寧王府答謝，朱宸濠突起反叛的陰謀，殺死都御史孫燧、按察副使許逵，囚死江西參議黃宏、戶部公差主事馬思聰，其餘大小職官，經過威脅而不願跟隨的都被監禁。追奪官印；釋放重囚犯；搶劫官府的庫藏；攔路搶劫繳納稅糧的糧船；收羅在逃的盜寇，再派遣這些盜賊，四處出動，搶劫掠奪。聲言要取南京，就往北京。

十六日，親出城外迎接安福縣舉人劉養正。十七日，迎接退休的都御史李士實。這兩人進入寧王府，號稱軍師、太師名目。

二十一日，將原監禁的各官放回各司，差人看守。

二十二日，命令趙承芳並參政季教，替朱宸濠發送偽檄，赴豐城、吉安、贛州、南安並王守仁都御史以及廣東南雄等處，都不寫正德年號，只寫大明己卯歲。

當時趙承芳等，不應該怕死。等到妻子、兒子被拘押，寧王府部隊管押，只得依聽，帶著偽聲討文書，來到墨潭地方，被本院巡邏官兵拿獲。

隨即審訊季教，他供認，之前擔任南安府知府，最近升任廣西參政，帶著家小由水路赴任。行至省城，正好遇上寧王生日，傳令慶賀。第二天，隨眾謝宴，突然發生事變，都被監禁。

當時，季教自料將為國而死。因妻子和女兒在船上，寫信要求妻子為丈夫而死、女兒要隨母親而死。後來因看守更加嚴密，求死不成功。

至二十一日，放回本船，昏死過去後，過了很久才甦醒。

二十二日，又將妻女拘捕，緊急傳呼季教進府，讓他與趙承芳一起，

第二部 反間疑計

到各地傳送偽檄偽榜文,由寧王府的官兵十二人督押。季教盤算,準備投赴提督軍營,脫身報效朝廷,想不到被官兵執送前來。

之前飛報地方謀反的緊急軍機,已經兩次派人備文上奏。根據現在的審訊,並結合以前的情況,朱宸濠不遵守藩王的規矩,竟敢這樣謀反作亂,窺視天下,指斥皇上,擅殺大臣,釋放囚犯,搶劫官庫,犯下長期作惡而不悔改之罪,懷有叛逆弒君篡位之心。

退休的都御史李士實,成化二年(西元1466年)進士,這樣算來,享受天順、成化、弘治以及當今正德四朝的恩德,卻成為寧王的主要輔佐人員。

舉人劉養正,過去淡於名利、安於退讓只是一種假託,現在卻隆重地接受了新的重要職務。

如今李士實、劉養正反過來與朝廷為敵,為朱宸濠出謀劃策。他們的行為,既然同豬狗一樣,就難逃死刑。

參政季教、教授趙承芳,不能捨生取義,而且還接受命令,捧著偽檄送往各府縣。但由於暴虐之威,內心受到恐嚇;鷹犬之徒,在外面控制著他們,依照法律原本就有罪,根據情形尚有可憐憫的地方。

現在,一面將趙承芳、季教監禁,一面頒發聲討告示,號召兵民,隨機應變,竭力討賊,一切事宜,都會陸續向朝廷報告。

我聽說,國家多災多難,在一定條件下可以激勵人民奮發圖強,振興國家;凡事深入思考,反覆揣摩,始終保持憂患意識,則能不斷激發人的智慧與潛能,成就一番事業,成為聖人。

陛下在位十四年,屢經變難,民心騷動,仍然巡遊不已,致使宗室發動戰爭,期望竊取天下。況且,如今有非分之想,妄想竊取天下之人,難道只有寧王一人?天下的奸雄,難道只在宗室?想到這裡,害怕恐懼,直透心骨。

第十一章　季教被捕，陽明因偽檄遭怨恨

　　過去，漢武帝一生，致力於開拓西域，國力大損，到晚年深深悔之，於是放棄了新疆輪臺縣這一地方，並下詔罪己，後來天下走向大治。

　　唐德宗時，藩鎮叛亂，德宗逃到陝西奉天（後為乾縣），面對百姓和官員，在奉天下詔罪己，公開承擔導致天下大亂的責任，士民感泣終於使國家轉危為安。

　　希望皇上痛自刻責，改弦易轍，罷免清除奸詐諂媚的人，使天下豪傑迴心，心繫朝廷；停止到各地巡遊，以杜絕天下奸雄的非分之望；確定國家的根本方針，勵精圖治，則太平尚有可圖，群臣不勝幸甚。

　　為此上疏，並將偽檄一紙封存後，專派軍隊衛所的世襲官員秦沛，親自送到朝廷。

　　奏疏送達朝廷，其中有「如今有非分之想，妄想竊取天下之人，難道只有寧王一人？天下的奸雄，難道只在宗室」等言，寵臣、近幸看到這些話，都對王陽明恨之入骨，真欲把王陽明置之死地而後快。

　　欲知後事如何，請看下章。

第二部　反間疑計

第十二章
武宗決意親征，大臣冒死力勸

　　王瓊的奏章遞上後，武宗都同意這些意見。唯有一條，武宗決定，不命將出師，自己親率六師，御駕親征。於是君臣紛紛勸阻，然而勸阻三天，仍然不見結果。

　　明朝的皇帝一般都有特長。有的擅長木工，做了精巧的物件，還拿到街上去賣。有的喜歡寶石，鑑定寶石的水準，遠超當今故宮博物院的專家。有的愛好書畫，有的喜歡搏擊虎豹⋯⋯只是沒有一個窩囊，一遇到外敵入侵或內部叛亂，就堅決予以打擊，絕不手軟。當然，大明最終走向滅亡，則是另一回事。

　　明太祖朱元璋把蒙古人趕回漠北，定鼎中原，建都南京。朱元璋的第四個兒子朱棣，從姪子朱允炆手中奪得皇位，遷都北京，天子守國門。東北已為大明版圖，滿人聚集的地方設立建州，由努爾哈赤的先祖管理。徐達新修建的山海關也顯得不那麼重要。驅逐、防備的，無外乎漠北的蒙古。

　　到大明第六任皇帝英宗的時候，蒙古其中的一支瓦剌部落逐步強大起來，並且時不時就南下侵擾大明的疆域。

　　正統十四年（西元1449年），瓦剌入侵。六月，年僅二十二歲的英宗，不顧群臣勸阻，御駕親征。為表示決心，令自己的兄弟朱祁鈺留守，

第十二章　武宗決意親征，大臣冒死力勸

把僅兩歲的皇子朱見深立為皇太子。軍政事務皆由隨行的太監王振專斷。

英宗由大同往京城方向退兵時，太監王振想取道紫金關回京，乘便途經他的家鄉蔚州，讓英宗駕幸他的府第，好在家鄉父老面前擺擺自己的威風。

半途又突然改變線路，改道宣府。走到懷來縣境內東北的土木堡，結果遭到瓦剌的突然襲擊，遭遇圍困，英宗被俘。兵部尚書鄺埜、戶部尚書王佐等許多大臣戰死。

在京主持兵部的左侍郎于謙，力排眾議，反對京都南遷，組織北京保衛戰，又率兵出擊，把瓦剌趕回漠北。

後來，雖然英宗也由瓦剌送還大明，但畢竟國家元氣大傷。所以，一說到御駕親征，朝中大臣無不心驚膽顫。

武宗是英宗的曾孫，名叫朱厚照。從小機智聰穎，崇尚武功。弘治十八年（西元 1505 年），十五歲的武宗即位，第二年改年號為正德。剛登位四個月，就微服游獵。為了避開大臣們的七嘴八舌，索性在外面建造豹房，打豹取樂，不回皇宮居住。

說起武宗，還與餘姚有些淵源，因為他是泗門謝遷教出來的學生。學生長大了，當上皇帝，老師的話也不聽了，後來謝遷也就回家。謝遷在汝仇湖西邊的東山，用茅草搭建兩座別墅，取名「牛屯山莊」、「銀杏山莊」。學生打虎豹，老師吟詩歌。

正德十二年（西元 1517 年）十月，武宗夢寐以求的機會來了。蒙古王子伯顏，居然領兵侵犯大明！

正在豹房的武宗聽到報告，大為興奮。他平時一般不上朝，所有事情都交給內閣大臣處理。一聽到蒙古攻打邊關，火速趕回皇宮，布置御駕親

第二部　反間疑計

征。大臣們一聽皇帝御駕親征，頓時都嚇出了一身冷汗，土木堡之變記憶猶新。但無論如何規勸、教訓，甚至威脅，武宗就是堅決不願意放棄這次實戰的機會。作為懲罰，武宗不讓任何一位文職官員隨駕親征。

雙方大戰幾天，武宗親臨前線同敵人戰鬥，據說還親手斬敵一人，不過也險象叢生，「乘輿幾陷」。蒙古軍被打退，最終取得完全勝利。

現在，寧王朱宸濠竟然作亂，對武宗來說，又是一次率軍親征的機會。早在這一年的二月，武宗就想南巡，結果被朝中大臣勸阻，沒有成行。這次，武宗怎肯放過機會，所以他想親率六軍，親自出征。大臣們照例紛紛勸阻，勸得最厲害的要數餘姚倪宗正，他出生在瑞雲樓斜對面的清暉樓。武宗一怒之下，對倪宗正處以鞭刑，罰跪五天。

倪宗正心裡想，等王師開到遙遠的九江城，秋盡冬來，長江萬里清澈。那時叛賊也將平定，花掉金山，卻去遊山玩水；六師飲馬長江，也只是清洗武器而已。

倪宗正想到，前軍軍樂儀仗隊的鼓聲、笳聲，競相吹奏在鷹潭龍虎山。

稱為觸舶的大船，戰船首尾相接，千里不絕，遠遠望去，猶如擱淺在遼闊的平沙上。而後軍還未過金陵，季節卻已冬去春來。水軍上岸，到南京城裡買酒，沉醉在春風裡。

倪宗正還想到，稱為龍驤的王師大船，一旦開進大江，那些水靈也只好紛紛退避。當然，村婦村童有機會可一識帝王。用快馬傳遞的緊急檄文，猶如風吹那樣迅速。兩岸水邊桅桿上的風帆，也像天上的星星羅列。

在京杭大運河上，從金陵往北遠望揚州，戰船彩旗飄揚，倪宗正聯想到，那是天上神獸──黃龍的雙翼。過南昌再往西就是漢陽，大禹在這裡引漢水入長江，是江漢朝宗的地方；各地官員手捧玉帛，都到大江兩岸，

第十二章　武宗決意親征，大臣冒死力勸

前來朝見武宗。

於是，這位不怕死的倪宗正，就跪著寫詩，繼續勸阻：

其一

　　王師遙向九江城，秋盡長江萬里清。
　　卻就金山玩江水，六軍飲馬洗兵戈。

其二

　　龍虎山前競鼓笳，觸舵千里住平沙。
　　水軍取醉春風裡，日過金陵賣酒家。

其三

　　水靈逃避住龍驤，村婦村童識帝王。
　　萬里風行飛檄騎，兩涯星列掛燈檣。

其四

　　金陵直下望揚州，天上黃龍翼彩舟。
　　江漢朝宗今古地，東南玉帛會諸侯。

欲知後事如何，請看下章。

第二部 反間疑計

第十三章
命御史適時進剿，籌備糧草備省城

　　武宗這邊與大臣繼續僵持，暫且放下不表。

　　回頭再說朱宸濠，七月初三這日，一切安排停當，率兵出城，由贛江順流而下，先赴安慶，然後趕赴南京，準備拜孝陵，登大位。

　　王陽明偵探得實，立即布置出兵。

　　王陽明又進一步分析，朱宸濠被反間疑計拖住半個多月，南京等地已有所防備，自己攻取南昌後，朱宸濠回兵，自己出兵在鄱陽湖、贛江上中途攔襲，雙方必然展開決戰。自己的後方及左右兩側，安全已有防備，東側福建省起兵，西側和後面，已行文通知湖廣和兩廣，尤其是已通知兩廣都督楊旦，令他親率狼達兵前來。狼達兵是極有戰鬥力的由廣西僮人（壯族）和湘西土家族人組成的部隊。但萬事須考慮縝密，萬一朱宸濠不回兵，或者鄱陽湖上遭遇敗績，逃跑竄入南直隸，對人民也必定造成危害。如今太監賴義、駙馬都尉崔元、都御史顏頤壽仍在南直隸一帶，正在調查朱宸濠的叛逆行為。就令顏頤壽起兵，無論從哪個方面來看，都是十分合理的。於是在七月初五日這一天，王陽明行文給都御史顏頤壽，讓他採取適時變通的辦法，招募義兵，配合平叛。行文說：

　　寧王朱宸濠謀反，係國家大難，安危所關。

　　我已經起調吉安等府的兵快前去征剿，並發文給湖廣、廣東、福建，

第十三章　命御史適時進剿，籌備糧草備省城

各調兵策應。南京及京畿是國家根本重地，今寧王謀反作亂，舉兵北行，意圖占據南京，必須採取四面合攻，或許能成就大事。

貴院奉命調查寧王謀反的事情，現在叛逆的跡象已完全暴露，別的也沒有可以調查的事情。今行文給你，煩請不管什麼地方，只要你經過之處，就選取驍勇精兵，以及民間忠義之士，約兩三萬名。挑選委任有勇有謀的官員分別率領，預先約定鄰近省、府，合力限期進軍征討。

仍須麻煩貴院親自督促率領部隊，兼程前來，共赴國難。

料想貴院平日心懷忠義，以剛直自許。況且，如今奉命調查勘察寧王朱宸濠的叛逆行為，正可變通處理行事，號召遠近。

君主有憂患，是做臣子的恥辱；君主受到恥辱，做臣子的就要為君主赴死，其他還有什麼可以說的！紛亂騷擾之中，言辭不夠懇切。你是高明之人，請迅速採取行動。

剛剛派人送出公文，又接到撫州府的報告：「建昌、撫州、廣信、饒州四府，去年兌付的軍糧不下十餘萬石，原調撥儲藏在撫州府的龍窟，任憑撫州、建安、鉛山、廣信、饒州五所軍營交付兌換。運輸的船隻，因天寒地凍受阻。一直推遲到今年六月，才秤量繳納兌付。已經兌換的，裝載到了軍船；還沒有兌換的，仍舊裝在民船裡。想不到十五日省城發生寧王叛亂事件，於是全部停止兌換。至十八日，叛賊乘機劫奪，於是各船順流放到饒河下流，得以保全，沒有被搶走。但如今江河阻塞，難以從水路運輸完成交付。現在形成書面報告上奏，要求在調動大軍征討叛賊時，本來準備到淮安繳納兌付的軍糧，暫時留下，作為軍餉。」

王陽明一聽，與自己部署的軍事行動一合算，最好讓他們運至省城南昌。軍糧運到之日，自己必定收復省城，已坐在南昌城內。於是命令：

第二部　反間疑計

之前也曾接到過吉安府類似的報告，說各府官軍將到吉安，準備把官庫的紙錢、米糧、贓銀、罰款等，並國庫中的銀兩，以及準備到淮安繳納兌付的稅糧，變通給予支付借用。

本院已經同意，按照他們的意見辦理。現在，重複以前的做法，同意按你們的意見辦理。

為此，命令撫州府各掌印官員，查清現在停泊在饒州灣，準備去淮安繳納兌付的軍糧，變通處理。由撫州府委任能幹官員，不顧雨夜，督促運輸至江西省城，聽候支付給各部隊，作為行軍途中的口糧，不得違誤時刻。等到事平之日，登記造冊，查報處置。

仍然要委任官員前去核查，避免行為卑劣的人藉此侵吞欺騙。到時，即使發現處理，也已造成後果。

這一天，御史謝源、伍希儒也正好來到吉安。他們是從廣東處理公務完畢，回京覆命，從贛州方向過來。因朱宸濠反叛，回京的路途受阻，就在吉安停下。

御史謝源，是去廣東清查衛所兵員軍籍，也就是清軍；御史伍希儒，是去廣東查處各衙門拖延枉屈的民事和刑事訴訟案件，也就是刷卷。

王陽明正苦於缺少官員，見兩人到來，非常高興，於是把兩人留下，叫他們紀功。而兩人也非常振奮，決心共討叛賊。

隨即，王陽明立即向朝廷報告，說明情況：

江西寧王朱宸濠謀反，據城練兵，分兵攻擊，囚禁江西省級的主要官員，發動戰爭，有攻向京城的態勢。這是君主的大難，也是臣子憤怒的日子。

我在吉安的地方，調兵討賊，四路阻絕，並且沒有可以使用的官員。

第十三章　命御史適時進剿，籌備糧草備省城

　　正好遇到欽差兩廣清軍御史謝源、刷卷御史伍希儒，各赴京覆命，途經吉安。因寧王作亂，不能前進。各位官員激動振奮，都想為討賊出力，以報朝廷。我也想軍務緊急，且各官都有官印，還有朝廷的命令在身，方便行事，於是留在軍前，同心勤力，經世濟民，共赴國難。待事情平定之日，赴京覆命。

　　因為是留用官員的事情，不敢自作主張。為此上疏，請求指示。

　　欲知後事如何，請看下章。

第二部　反間疑計

第十四章
信峒酋計策未疑，葉芳奉命執行

　　前年，即正德十二年（西元1517年）十二月，在廣東前線，征三浰前，王陽明就寫信給在贛州的弟子薛侃說：「即日已到達龍南，明日立即進攻賊巢，四路兵馬都如期並進，盜賊已經呈現必敗的態勢。以前征討橫水時，我曾經寫信給楊仕德說：『破山中賊易，破心中賊難。』讓我徹底消滅這些小規模的盜賊，這有什麼值得驚奇的？如果各位賢人能夠掃蕩心中的盜賊，因此而收到心胸明淨清澈、平靜安定的功夫，這實在是大丈夫極不平凡的偉大功績。幾天來，我相信已經制定了必勝的策略，報告勝利的消息為期不遠了，有什麼消息能讓人如此高興呢。梁日孚有美好的素養，楊仕德確實可以與他一起學習。」

　　現在雙方的軍事形勢，與征討三浰、橫水時相比，王陽明覺得已經沒有什麼不同。雖尚未開戰，其實勝負已定。從豐城返回吉安的漁船中，王陽明就與雷濟、蕭禹一起談論，料定朱宸濠必敗無疑。因為，在後方尚未穩固的情況下，倉促起兵，如果有人尾隨盯梢，乘機襲擊，試想朱宸濠豈能獲勝？

　　王陽明仔細分析周邊的形勢，東側有福建左布政使席書、兵備金事周期雍為援；西側和尾後，有兩廣總督楊旦起兵護衛。朱宸濠往前必毫無收穫，因為南都已有防備，且又讓領旨前去革除護衛的欽差顏頤壽起兵；回兵遭自己中途攔截；巢穴南昌又被搗毀，首尾不顧，無路可逃。

第十四章　信峒酋計策未疑，葉芳奉命執行

但王陽明考慮，必須生擒朱宸濠。一旦被他走脫，也是朝廷的一個大患。真所謂活要見人，死要見屍。

此時，王陽明想到了一個人：葉芳。

前面說過，葉芳本是少數民族峒人的首領，稱為峒酋。峒人，也就是後來的侗族。葉芳的峒人部卒有近萬人，王陽明征南贛時，為感謝他的不殺之恩，樂為他所用。王陽明也對他真誠相待，情同父子。去年征討上、中、下三浰時，葉芳編入推官危壽率領的一路，攻打中浰。從一個名叫南步的地方攻入，率先攻破脫頭石巢，緊接著攻破鎮裡寨巢和羊角山巢，最後，直搗中浰大巢。這一仗，從正月初七日下午一點開始發起總攻，到三點基本結束，僅用了兩個小時，就攻破賊巢三十八所，擒斬賊首五十八人、從賊兩千餘人。王陽明勝利班師之際，尊重葉芳意願，仍然讓他率領所屬萬餘名峒人部卒，留守寨柵，防盜護民。

王陽明與他告別時，表示今後可能還要用著他。葉芳跪拜叩頭，情緒激昂，表示只要命令一到，就即刻動身出發。

現在，王陽明就想到馬上派人召見葉芳。鄒守益知道後，立即往見王陽明，說：「聽說朱宸濠引誘葉芳率兵夾攻吉安。」

王陽明說：「葉芳一定不會背叛我。」

鄒守益說：「我聽人講，朱宸濠招集無賴，也想籠絡葉芳，曾經用豐厚的財物引誘他，葉芳並沒有拒絕。」

王陽明聽後，迷惑不解地說：「各賊過去都是茅草屋，一旦反叛，就把茅草屋燒掉。我經過他的地方，允許他砍伐巨木，建造房屋萬餘間。如今他手下的頭目，每個頭目各有千餘部卒，不肯焚燒的。」

鄒守益說：「葉芳跟隨朱宸濠，如果期望能夠封侯拜將，那麼是否仍

第二部　反間疑計

然可以用平常的想法來度量他呢？」

王陽明聽後悵然若失，過了很久，輕輕地拍著桌子，站起來說：「我今日看到正義的事情，就認為應當這樣做。事情成敗，個人禍福，不去考慮了。」

又默然良久，說：「即使天下人都反了，我們這些人也要堅定地這樣去做。」

鄒守益突然醒悟，一時胸中如清水盪滌，清澈明淨，毫無利害相關。第二天一早，再見王陽明，說：「昨夜我思考了這個問題，朱宸濠如果派人逮捕葉芳的老父親怎麼辦？因此，我已經派人告訴他老父親，緊急避往別處。」

其實，當朱宸濠叛亂時，葉芳就把自己的部卒交給了贛州知府邢珣、吉安知府伍文定等。

王陽明正要召見葉芳時，葉芳也祕密派人來告訴王陽明：「我接受寧王的禮物是為了迷惑他。今日之事，只聽先生，不計生死。」

王陽明大喜，令來人即刻返回，讓葉芳迅速來見。

當時，葉芳投誠王陽明，征討三浰，本可立功受官。但葉芳對王陽明說：「我葉芳是個土人，散漫慣了，不願受到拘束，過不慣官員的生活，歡喜作一峒酋，無拘無束，逍遙快樂，活得自然。」

王陽明覺得葉芳的話是真心的，再說還可用葉芳管束他的部眾，以夷治夷，這是最好的辦法，不致生亂。所以，王陽明率兵再經過他的地方時，同意葉芳砍伐巨木，建造房屋，讓這些峒人安居樂業。

葉芳來到時，王陽明附耳低語，授以密計，葉芳會意，高興地離去。

欲知後事如何，請看下章。

第三部
宁王就擒

第三部　寧王就擒

第一章
分兵舊墳廠，義軍會師樟樹鎮

　　一切安排停當，王陽明心裡還覺得不夠踏實。因為這次出征，吉安府及所屬各縣正職官員都要親自統兵，奔赴前線。萬一府城及各縣城出問題，必然影響官兵情緒，因為他們牽掛家人的安危。於是七月初八日，王陽明又對吉安府下達命令，敦請鄉紳共守城牆和護城河。告示說：

　　寧王朱宸濠謀反叛亂，本院調兵進剿，即日啟行。吉安府及所屬各縣的掌印正官，全部統兵前進。

　　根據報告，吉安府及所屬各縣的城池，雖然已經發文委任副職官員負責防守，但艱難危急之際，事情變化往往難以預測，必須要有經歷世事、成熟穩重的人共同維持穩定，這樣才能使人心不至於驚恐慌亂，政務有所依賴。

　　為此，命令吉安府官吏及各縣暫時代理縣印的官員，自己直接以禮懇請經驗豐富、成熟穩重的退休官員一至二名，所請之人還要讓百姓信服，在城裡迅速做好發生緊急事件的各項準備工作，協同行事。

　　吉安府的城牆和護城河，關係特別重大。我們查訪到退休的按察使劉遜，素來有才能和威望，忠義奮激，就切望吉安府請他到公館，也切望暫時代理府印的官員，要以賓師之禮對待他，需要決斷的事情，就委託他下決斷，一切軍機事務的安排處理，向他報告、請教，計劃商議後再進行，以安定人心，以成就大事。

第三部　寧王就擒

　　要求各位官員，一定要以國家大難作為工作的中心，盡心竭力，共同謀劃，消滅叛賊。也不要因為年老退休，而心生顧忌。

　　我料想，朝廷酬報功臣的制度，理當也自然不會辜負你們。如誤大事，責任自然要有人承擔，希望大家都不要出錯。

　　王陽明想到，行軍打仗必須賞罰分明，才能號令一切。現在雖已留下朝廷欽差御史謝源、伍希儒，讓他們紀功，但還須發文，做出明確規定，以便行事有章可循，也使全體官兵都知曉。就在同一天，王陽明行文給吉安府，並通知兩位紀功御史：

　　江西寧王府占據省城南昌，發動叛亂。

　　現在行文給吉安府，並通知巡按兩廣的監察御史謝源、伍希儒。凡軍中一切事務的安排處理，都要你們兩位御史協助辦理，籌劃安排，以糾正本院的不足之處。

　　各單位的官兵，都要聽從兩位御史的監督。獲得功勞的大小，都憑本院的送發，兩位御史檢查考核後，予以記錄。

　　部隊官兵，有騷擾所過之地，以及在戰場上停留觀望、畏避退縮者，兩位御史就依照皇上給予本院的權力，治以軍法。

　　被抄錄在案的官吏，簽署犯錯的具體日期，依據核准，連同上報的文件，繳納到本院。

　　隨後，王陽明即刻下令：七月十三日，本院義兵發吉安；七月十五日，各路義軍會師臨江府樟樹鎮；七月十八日，進駐豐城縣；七月十九日，市汊碼頭義兵誓師；七月二十日，進攻省城南昌。

　　王陽明親自率領吉安知府伍文定、通判談儲、推官王幃，於七月十三日準時從吉安出發。

第一章　分兵舊墳廠，義軍會師樟樹鎮

部隊剛出城，偵察兵前來報告：「偵察到叛賊已經預先在舊墳廠、新墳廠各地埋伏，共有賊兵三千，以此接應援助省城。」

王陽明想：「如果不把這些賊兵預先進行撲殺剿滅，唯恐攻城之日，這些伏兵繞近路，抄小道，襲擊自己的部隊，不免會受到牽制。」

新、舊墳廠，位於南昌城的西郊，西山附近，那裡靠近奉新縣和靖安縣。

於是，王陽明命令奉新縣知縣劉守緒、靖安縣知縣萬士賢，各統精兵三千，祕密於西山地界約會，限期分遣部隊，設伏運奇，併力夾剿。

王陽明慎重叮囑：「各官務要詳細查看地形，哪裡險要，哪裡平坦，都要認真分析研究，依據實際情況，作出謀劃。不得你先我後，兵力分散，導致疏忽失敗。另外，仍然要派人捕捉探聽賊兵的動靜，飛報軍營。擒獲斬殺敵人，所獲功勞大小，稽核查驗後報告本院，轉發紀功御史進行記錄，依照條例，上奏朝廷，予以升賞。官兵膽敢有臨陣退縮者，允許你們按照皇上授予本欽差的權力，就以軍法從事。各官務必要盡忠竭力，共赴國難。如果有人觀望停留，違誤軍機，軍令俱在，罪責難逃。」

七月十五日，各路兵馬都按時趕到，會師樟樹鎮，他們是：臨江知府戴德孺，袁州知府徐璉，贛州知府邢珣，瑞州通判胡堯元、童琦，南安推官徐文英，贛州都指揮余恩，新淦知縣李美，泰和知縣李楫，寧都知縣王天與，萬安知縣王冕，撫州通判鄒琥、知縣傅南喬。

共四萬三千七百五十一名。

隨後又有在南康、九江敗退下來的安義知縣王軾等，也都率殘兵來集，以及其他零零星星的小股隊伍，近五萬名，對外號稱三十萬。

王陽明下令：「義兵即刻開拔，往南昌出發。」

欲知後事如何，請看下章。

第三部　寧王就擒

第二章
解安慶圍困，以圍魏救趙攻南昌

七月十五日，義兵一路快速向南昌出發。第二天傳來不好的消息：安慶被圍，甚急！

安慶在長江邊上，是南直隸的重鎮，位於南京與武昌的中間，離南京六百五十里，歷來為軍事要地，一旦失守，南京不保。

後來，到了清朝分設安徽省，安慶是安徽的省會。安徽得名，也是由安慶和徽州的首字合稱而來。由此也可見安慶地理位置的重要。

眾人商議認為，安慶被圍，應該引兵直趨安慶救援，確保南都無虞。

王陽明的看法卻相反，他說：「你們看，沿贛江由南往北依次是南昌、南康、九江。贛江由九江入長江，九江沿長江往東是安慶。南康、九江兩城相距又近，卻都被叛賊占領。而南昌城中叛賊又有數萬之眾，其中精銳強悍的也有一萬多，糧食和貨物充足。我們的部隊如果跨越南康、九江兩城，直抵安慶，叛賊必回軍死鬥。安慶的官兵僅僅只能保衛自己，一定不能趕到鄱陽湖中來支援我們。南昌的叛賊出兵斷絕我們的糧道，而且九江、南康的叛賊合力在後面跟蹤騷擾。這時，四方的援兵又不可指望，這樣，我們腹背受敵，局面就很難對付了。不如先破南昌，叛賊失去內部依靠，勢必回兵救援。而我們的部隊已經聚集，搶先一步，氣勢上已壓倒對方，南昌城中必定已經震驚恐懼，藉此併力急攻，在這種形勢下，南昌必

破。南昌一破，叛賊早已嚇破了膽，喪失士氣；且叛賊失去自己的老巢後，勢必回兵救援，那麼安慶之圍自然可以解除，朱宸濠也可以因此而被擒獲。」

經王陽明一分析，大家茅塞頓開。

七月十七日，王陽明下達命令，兵分十二路，另設中軍營。十二路為各府縣之兵，中軍營為贛州衛之兵。規定進攻線路，指定破城後留兵防守和駐軍的具體位置。明確攻城策略：分進攻和夾攻。進攻為正面主攻，夾攻為兩側助攻。

南昌城有七座城門，與之相對應，分七路進攻。廣潤門、順化門，再分別增派一路部隊協助夾攻。進賢門、德勝門，再分別增派兩路部隊協助夾攻。具體分兵如下：

一、德勝門

進攻部隊，第七路；統兵官，新淦知縣李美，統兵兩千名；破城後，就留兵防守本門，直接進入王府東門，屯兵把守。

夾攻部隊一，第九路；統兵官，吉安通判談儲，統兵一千五百七十六名；破城後，直接進入南昌左衛屯兵。

夾攻部隊二，第十二路；統兵官，撫州通判鄒琥、知縣傅南喬，統兵三千名；破城後，就留兵防守本門，隨即於城外天寧寺屯兵。

二、章江門

進攻部隊，第五路；統兵官，瑞州通判胡堯元、童琦，統兵四千名；破城後，就留兵防守本門，直接進入南昌前衛屯兵。

三、廣潤門

　　進攻部隊，第一路；統兵官，吉安知府伍文定，統兵四千四百二十一名；破城後，就留兵防守本門，直接進入布政司屯兵；分兵把守王府內門。

　　夾攻部隊，第六路；統兵官，泰和知縣李楫，統兵一千四百九十二名；破城後，直接進入王府西門，屯兵把守。

四、惠民門

　　進攻部隊，第三路；統兵官，袁州知府徐璉，統兵三千五百三十名；破城後，就留兵防守本門，直接進入按察司察院屯兵。

五、進賢門

　　進攻部隊，中軍營；統兵官，贛州衛都指揮余恩，統兵四千六百七十名；破城後，直接進入都司屯兵。

　　夾攻部隊一，第八路；統兵官，寧都知縣王天與，統兵一千名；破城後，留兵防守本門，直接進入鐘樓下屯兵。

　　夾攻部隊二，第十路；統兵官，萬安知縣王冕，統兵一千二百五十七名，破城後，就把守本門，直接進入陽春書院屯兵。

六、順化門

　　進攻部隊，第二路；統兵官，贛州知府邢珣，統兵三千一百三十名；破城後，就留兵防守本門，直接進入鎮守府屯兵。幃夾攻部隊，第十一路；統兵官，吉安推官王，統兵一千名；破城後，直接進入南昌、新建兩縣的儒學屯兵。

七、永和門

　　進攻部隊，第四路；統兵官，臨江知府戴德孺，包括奉新、新喻兩縣

兵力，統兵三千六百七十五名；破城後，就留兵防守本門，直接進入都察院提學分司屯兵。

王陽明重申：「各級領兵官員，務要盡忠竭力，奮勇爭先，擒剿叛逆，共赴國難。如有人退縮觀望，違犯指揮管轄，定以軍法論處。」

隨後，王陽明發給各統兵官令牌一面，當眾宣布：「官兵膽敢有臨陣退縮者，按照皇上給予本欽差的權力，就在軍前斬首示眾。所給令牌，等戰事結束，交還本欽差。」

命令釋出結束，義兵急速向南昌挺進。七月十八日，準時到達豐城縣。

這時，又傳來好消息，新、舊墳廠的伏兵，被劉守緒和萬士賢兩位知縣設計連夜擊破，一鼓而勝。現在，兩位知縣正整軍待命。一時，群情振奮，鬥志昂揚。

欲知後事如何，請看下章。

第三章
頒布告示動搖軍心，義軍誓師出征

王陽明十五歲時，出遊居庸三關，即沿內長城的居庸關、紫荊關、倒馬關，慨然有經略四方的志向。他詢問邊疆部落情況，傾聽邊防抵禦策略，認為要驅逐游牧部落，就要學習騎馬和射擊，讓游牧部落不敢擅闖侵擊。王陽明遊覽邊塞一個月才返回。

一天，王陽明夢中拜見伏波將軍廟。伏波將軍馬援，是東漢的開國功臣之一。光武帝劉秀曾命令馬援出兵平定交趾（越南），並在那裡設立銅柱，作為漢朝最南邊的邊界。銅柱上刻有「銅柱折，交趾滅」六個字。馬援回京時已年近六十，兩鬢白髮。因功封為新息侯，人們敬稱他為馬伏波。如今銅柱雖然被雷轟折，但六字題文尚清晰可見，沒有磨滅。王陽明在夢中賦詩說：

卷甲歸來馬伏波，早年兵法鬢毛皤。

雲埋銅柱雷轟折，六字題詩尚不磨。

到了二十六歲，王陽明又學習兵法。精讀《孫子》、《吳子》、《司馬法》、《李衛公問答》、《尉繚子》、《三略》、《六韜》七部武經。王陽明對七部武學經典著作，都一一進行評註，稱《武經七書評》。從評註中可以看出王陽明的用兵策略，講究因敵致勝、不戰而屈人之兵、避實求虛、反間疑計等。

第三章　頒布告示動搖軍心，義軍誓師出征

王陽明評註《孫子》「攻謀第三」，說：「兵凶戰危，打仗作戰，聖人不得已而用之。所以，孫子作《兵法》，開篇就說不要進行戰爭；其次，用兵貴在神速，盡快結束戰爭。不戰，能使對方屈服，保全國家，保全軍隊，這是上乘的用兵之法。不戰而能獲勝，當然少不了使用謀略。」

現在，王陽明眼看義兵將到南昌城外，已穩操勝券，但一旦開戰，將會生靈塗炭，血流成河。

最後時刻，王陽明想到的還是少流血！

王陽明要想辦法瓦解城中軍隊的意志，減少抵抗，減少犧牲。七月十八日，王陽明發了一道告示，命人想盡辦法大量打入城中，以告訴南昌城中的官員。告示說：

寧王朱宸濠造反作亂，神人共憤，法所必殺。

城裡的宗支、郡王、儀賓，都是被脅逼的。如鍾寧王不願反叛，被朱宸濠陷害，無罪而削去爵位；建安王父子不願合作，被朱宸濠派人縱火燒死。

衛所的兵士，或者普通百姓，有的覆宗滅族，有的傾家蕩產，有的被強行索取子女，都對朱宸濠恨入骨髓，敢怒而不敢言。

今日反叛的事情，難道是你們的本心？

本院仰仗朝廷顯赫的聲威，調集廣東、廣西以及本省狼達官兵、漢族官兵二十多萬，即日臨城，也無非是因為人民怨恨，只拿元凶問罪。

告示到的一天，宗支、郡王、儀賓，各自閉門保護自己；商人照舊做生意；士兵放下武器；各人該做什麼就做什麼，不得驚慌和恐懼。

寧王府的太監、護衛軍官、把守人員，如果開門自首，或者反過來幫助官軍，擒斬首惡，一律上奏朝廷給予升賞。如果心懷奸詐、長期作惡、

第三部　寧王就擒

跟隨朱宸濠反叛而不思悔改，這種人必殺，絕不寬免。凡是善良的兵士和百姓，立即去惡從善，不要犯滅族的大罪。

特此告示。

接著王陽明又發出第二道告示，這道告示發給江西布政使司、按察使司、都指揮使司跟隨謀反的官員。現在這些官員的心理極其複雜，必須把他們的情緒穩定下來，至少不讓他們成為死黨，也可減少攻城的艱難。又命人把告示大量打入城中。告示說：

寧王朱宸濠悖逆天道，造反作亂，殺戮大臣。

都指揮使司、布政使司、按察使司三司官員，各恐懼於朱宸濠的暴虐，保其妻子和子女，以致臨難之際，自己不能做出正確的選擇。有的甘願監禁，有的甘心降伏，有的貪生怕死，反過來為叛賊做事。

《春秋》大義，雖然嚴格要求作為臣子的不得叛亂謀反，如果謀反叛亂，就是犯不能寬免的死罪。而志懷國家中興者，還是不忍心把事情做絕。

我們打聽到，如今在城裡的各官，有的閉門責備自己；有的幫著在城裡到處巡邏；有的出入寧王府，出謀劃策。這些都是大義不分，也因為得不到外力的援助，沒有辦法。用法理來衡量，就是殺了也抵不了所犯的罪行。但從人情上來說，實在值得憐憫。現在本院統率狼達官軍、漢族官軍二十多萬，先後兵臨城下。各官如能離開叛賊，歸順朝廷，還可轉禍為福。

所以，今天特地頒釋出告，兵臨之日，望各開門自首，而且把本院發出去的告示發給城中居民，張貼掛上，安撫勸勉善良百姓；告訴宗支、儀賓等，各閉門保護自己，不要隨便走出街市，橫遭殺戮。

你們對王府的把守人員、太監、護衛官員等，也要曉以大義，使他們

第三章　頒布告示動搖軍心，義軍誓師出征

知道離開朱宸濠，歸向朝廷，尚可免死；讓他們放下武器，散亂頭髮，兩手反縛，等候本院親臨審查，再作決定。

膽敢從惡而不思悔改，執迷不悟，抗拒官兵，這種人必殺，絕不寬免。

各官要照舊寫上改正的緣由，親自來投案自首，以便根據情況做出處理。不得拖延，否則，自取滅族大罪。

兩道告示發出的第二天，即七月十九日，王陽明率領義兵，登上市汊碼頭。

市汊碼頭，位於南昌縣岡上鎮，西傍贛江黃金水道，離省城南昌大約六十里路程。自唐初起，岡上就有洪州窯，窯火經久不滅，燒出的瓷器從贛江啟運，銷往海內外。市汊碼頭是水路運輸的集散地，車來人往，極其繁華。

就在市汊碼頭，王陽明召開攻城誓師大會。

大會申布朝廷威嚴，再曝朱宸濠惡行。約定各位將領：

一鼓集中城下；再鼓登城；三鼓不能破城，斬殺伍長；四鼓不能破城，斬殺將領。

誓師結束，沒有一位官兵不切齒痛恨，大家情緒激憤，踴躍奮起，躍躍欲試。

突然，王陽明命令龍光：「帶失律者，砍頭祭旗！」

全軍將士一聽，面如土色，兩腿發抖，不敢抬頭張望！

他們不知道，所謂違反軍隊紀律者，正是前幾天給劉養正家屬送信的人。當時，龍光和雷濟插足，在王陽明面前討好話，救了他。其實這一切，都是王陽明暗中設好的計謀。

第三部　寧王就擒

太陽快落山的時候，隊伍開拔，雄糾糾氣昂昂，直指南昌城。
欲知後事如何，請看下章。

第四章
嚴明軍紀，入省城先撫百姓

在朱宸濠看來，省城南昌，固若金湯。城內貨物充足，城牆堅固，又有護城河。城內留兵數萬，其中精銳一萬多。且有心腹宗支宜春王朱棋橀和寧王府太監萬銳負責守城，自己可以放心前去。

這天，朱宸濠正急攻安慶，親自督兵，運土填塹，期在必克。等聽到王陽明兵至豐城，大恐，即欲回船救援，太師李士實竭力勸阻。

李士實說：「必須直接趕往南京，先登大位。既登大位，則江西自然順服。」

朱宸濠不聽。次日，遂解安慶之圍。朱宸濠移兵，戰船停泊在長江的支流上，聚集眾人，商議回兵救援南昌。決定分兵兩萬先行，自己隨後跟上。

南昌府與新建縣、南昌縣同城而治。全城面積八平方公里，七座城門從西往東，依次為：德勝門、章江門、廣潤門、惠民門、進賢門、順化門、永和門。城牆高二丈九尺，厚二丈一尺，深一丈一尺。城牆磚砌於牆基石塊之上，牆基石腳使用的是紅色石塊。每塊城牆磚三寸厚，六寸寬，九寸長。

在明代，江西的窯製工藝極為發達，許多南昌燒製的磚塊被運往外地。南昌城牆的牆磚，有許多都刻有「南昌縣提調官」等字樣，提調官是

第三部　寧王就擒

當時官府專門負責城牆磚監製的內勤官員,由此可見城牆磚的品質是何等講究。

南昌城門朝向較為特別,七門一律向南開。城門與城門之間由城牆連接,且各具生活特性,老百姓常有「殺進殺出德勝門、跑馬射箭順化門、挑糧賣菜惠民門」等說法。對於21世紀初的南昌城來說,七門大致在哪裡呢?

德勝門,位於八一大橋橋頭以北,下沙窩南面,「龍沙夕照」便在此。

章江門,位於章江路西端與溶門路相接之處。

廣潤門,位於船山路、棋盤路、直衝街交叉處。這一帶,為廣潤門街道。

惠民門,位於船山路與南浦路交會處。

進賢門,位於永叔路、係馬樁街、繩金塔街交會處。

順化門,位於八一大道與孺子路交會處。

永和門,又稱澹臺門,位於八一大道、疊山路、南京西路交接處。永外正街,便是因為正對著永和門外而得名。

南昌城中防備甚為嚴密,滾木、灰瓶、火炮、石弩、機毒等器械,樣樣具備。王陽明派兵攻破新、舊墳廠,敗退逃跑的兵士都奔告城中。城中聽到義兵四面驟集,就開始喪失勇氣,沒有不震驚懼怕的。接著,王陽明兩封告示鋪天蓋地打入城中,人心更是慌亂動搖。堅固的城牆似乎也搖搖欲墜,彷彿只等義兵登高一呼,便頃刻瓦解了。

二十日黎明,中軍營及十二路義兵,都按時趕到指定地點。攻城號令一響,鼓角齊鳴,喊聲震天。共十三路兵馬,正面主攻,側面夾攻,密切配合,齊頭並進。有的手攀大繩索,有的腳登長竹梯,前赴後繼,奮勇當先。

第四章　嚴明軍紀，入省城先撫百姓

　　吉安知府伍文定統兵攻打廣潤門，率先攻上城牆，放下吊橋。頓時，四千多名將士一擁而入，喊聲震天，鼓聲動地。城中兵士倒戈棄甲，東奔西竄。一時間，牢不可摧的七座城門全部被攻破，猶如摧枯拉朽，勢如破竹，不可阻攔；也如長江決口，黃河咆哮，排山倒海。破城如此之快，王陽明沒有想到，朱宸濠更沒有想到，他還在半路火急火燎地回兵救援，怎知老巢已天塌地陷！

　　王妃宮眷，縱火自焚，濃煙滾滾，烈焰騰騰。遠遠望去，一片火海。火勢所及，延燒民房。王陽明急令：「各官分道救火。」

　　這時，紀功御史謝源報告，伍文定之兵乘勝搶掠財物。

　　王陽明當即命令：「依軍法斬首示眾，嚴明紀律，若有再犯，嚴懲不貸。」共斬違令者四十六人。於是沒有兵士再敢搶奪財物。

　　又接紀功御史伍希儒報告，知縣劉守緒所領奉新兵，揮兵濫殺。

　　王陽明下令：「即刻嚴查，有犯軍法者，一律斬首。」原來，奉新兵以王陽明號令「閉門者生，迎敵者死」，殺死迎敵者百餘人。

　　擒獲宜春王棋檭及偽太監萬銳等大小官員叛賊一千餘人。脅從布政使胡濂、參政劉斐、參議許效廉、副使唐錦、金事賴鳳、都指揮王圮等，都投案自首。搜出原被朱宸濠派人收繳的官印九十六顆。

　　王陽明進城，立即叫來龍光，讓他準備兩百餘張文書牌票。龍光既不知所用，又不便詢問，就照王陽明的吩咐趕緊辦理。

　　王陽明選擇一座四合院作為提督府，同樣，公堂中門大開，前後可望見。隨後命令紀功御史等查封府庫，安撫居民，釋放脅從人員。自己草擬布告。第二天，即七月二十一日，全城張貼〈告諭南昌城七門從逆軍民告示〉：

第三部 寧王就擒

督府示諭：

省城七門內外兵士、百姓及各種差使等人員，除本身犯有結黨叛逆、不予寬赦的另行處理外，其餘被寧府強迫脅從，非法授予的指揮、千戶、百戶、校尉、護衛及南昌前衛，一切跟隨叛亂的各式各樣的人員家屬，凡是在省城的，都各自安居樂業，不得逃竄。如果能託人傳話給自己的父親、兄弟、子姪輩，讓他們改正錯誤，良心向善，擒獲首惡，到都督軍營報喜的，一律按功勞大小給予賞賜。逃歸自首的，都免去死罪。

各地將前面所說的各種人員，一名一名押赴，集中到所屬管門官的地方，開列名單呈報。指定各人親屬一名，每五日一次，點名報到。如果有收藏的軍器，都要盡數送官。各人都應該悔過自新，不要選擇流落逃亡在外。

王陽明分布既定，大力救濟城中軍民，到處張貼安民告示。派遣城內城外的居民及嚮導等，四路傳布，以解散朱宸濠的黨羽。考慮宗室、郡王、將軍，有人可能作為內應，發生變亂，王陽明親自進行撫慰，以穩定他們焦躁不安的心情。

欲知後事如何，請看下章。

第五章
木牌藏機巧，仁義安葬宮眷

　　破城後的第二天，即七月二十一日，王陽明突然吩咐雷濟、蕭禹：「製作免死木牌數十萬，不允許軍民等入工房偷看。」又附耳細語，說如何如何，雷濟、蕭禹會意，趕緊安排人員前去操辦。

　　王陽明知道，太監萬銳與瑞昌王朱棋樣均為朱宸濠心腹。萬銳已被擒獲，瑞昌王跟隨朱宸濠出征，而其心腹胡景隆正在寧王府。王陽明立即把胡景隆抓來，告訴他只要歸附朝廷，仍有生的希望，命令胡景隆簽發文書牌票，召回瑞昌王的各部隊，以離散瑞昌王的黨羽。二百餘張牌票，正是進城當天剛剛預製的。眾人見此，莫不佩服。

　　王陽明取得了勝利，但心情並不那麼快樂。刀光劍影，腥風血雨，屍橫遍地，滿目瘡痍。而死者又多是那些無辜而又無助的人啊！

　　他的弟子曾經問他說：「對此，你能做到不動心嗎？」

　　王陽明說：「豈能不動心！那是自然而為，良心使然！」

　　此時，王陽明的腦海裡又回想起正德四年（西元 1509 年）七月初三日親身經歷的事情：

　　當時，我在貴州修文縣擔任龍場驛驛丞。有一位吏目，也就是緝捕盜賊的小官吏，只說從京城過來，但不知道他姓甚名誰，帶著一子一僕，將去赴任，路過龍場，投宿土苗家。

169

第三部　寧王就擒

我從籬笆中間望見他，陰雨昏黑，欲問他從北往南來幹什麼，最後還是沒有問。第二天一早，派人去查看，已經走了。

快到中午，有人自蜈蚣坡來，說有一老人死於坡下，旁邊兩人哭得非常悲哀。

我說：「這一定是吏目死了。傷心啊！」

快到傍晚，又有人來說：「坡下死了兩個人，旁邊一人坐著哀嘆。」我詢問情況，知道他的兒子又死了。

第二天，又有人來說，看見坡下累積了三具屍體，我知道他的僕人又死了。

多麼悲傷啊！可憐他們暴露屍骨，沒有主祭人。我就帶領兩位童子拿著舂箕和鐵鍬，要趕去埋葬，兩位童子顯出難色。

我說：「難道你們不悲哀！吾與你們，就如同他們啊。」兩位童子感傷地流下了眼淚，請求過去，就在屍體旁邊的山麓挖了三座土穴，把他們埋葬好，又用一隻雞、三碗飯，感傷長嘆，流著眼淚鼻涕，祭告說：「多麼哀傷啊！你到底是誰啊？你到底是誰啊？我是龍場驛丞餘姚王守仁啊。吾與你都是中原的人啊，吾不知你是哪府？哪縣？你為什麼要到這裡來，成為這山裡的鬼啊？」

古人啊，難以離開自己的家鄉，到外面做官也不超過千里。我因為被流放而來到這裡，所以不奇怪；你有什麼罪啊？聽你的官職，是一位小吏目，俸祿還不到五斗，你同妻子、子女一起，親自耕種也可獲得這點收入啊，為什麼要用五斗米來換取你的性命呢？換取自己的性命還不夠，為什麼還要搭上你的兒子與僕人啊？

多麼悲哀啊！如果你真的迷戀這五斗米而來，就應該高高興興地上路，但為什麼我昨天望見你面容憂愁，憂愁得使人承受不了呢？

第五章 木牌藏機巧，仁義安葬宮眷

抱著傷寒的惡病，攀爬陡峭的山崖，行走在萬峰之巔，飢渴勞累，筋骨疲憊，而又外遭瘧疾的侵襲，內受憂鬱的打擊，怎會不死呢？

我昨天一望見你，就知道你必定會死，但是沒有料到這麼快啊；又沒料到你兒子、僕人也這樣快地死去啊！都是你自己招來的，有什麼好說呢！我可憐你們三具屍骨無人收殮而來安葬你們，竟讓我產生無窮的悲傷。多麼哀痛啊！倘若不安葬你們，幽深的山崖，狐狸成群；背陽的山谷，毒蛇盤繞，也一定會把你們吞到腹中，不會讓屍骨長久地暴露於山坡。

你們已經不知道什麼了，然而我的心不能平靜啊！自從我離開父母，離開家鄉，來到這裡已經兩年了，經歷了瘧疾、傷寒的侵襲，而勉強能夠存活下來，就是因為我從來沒有一天憂傷過。

今天如此悲傷，因為我把你們看得重而把自己看得輕。我不應該再為你們悲傷了。我為你們作一首歌吧，你們聽著。

歌說：

山峰連著山峰啊與天相接，飛鳥也通不過；

離家遠遊思念著故鄉啊，方向都分不清。

不知方向啊，只有蒼天相同；

異域遠方啊，還在四海之內。

心胸開朗啊，到處為家怎能沒有我的屋？

靈魂啊靈魂，說不要悲傷啊還是依然哀痛。

再作一首歌，來安慰你們吧：

我與你們一樣啊，離開家鄉到這裡，蠻人的言語聽不懂。

生命啊，不可預料，如果我死於這裡，你要帶著兒子、僕人，來跟隨我！

第三部　寧王就擒

　　我與你們啊，遨遊玩耍，駕馭紫色的小老虎，再乘坐有花紋的龍，登高瞭望故鄉而哽咽哭泣！

　　我如果活著回來，你的兒子、僕人仍然要跟著我，我就不會因沒有伴侶而悲傷了。

　　道路旁邊的墳墓纍纍，多是中原漂泊無歸的人，共同高呼長嘯來回走動。不食五穀啊，你們沒有飢餓。

　　早上與鹿為友啊，晚上與猿同息。

　　你們安靜地休息吧，不要對這村落造成禍害。

　　王陽明從回憶中醒轉過來，公堂的大門依然前後敞開著，自然不感到悶熱。然而，夏天剛過，正值初秋，天氣十分炎熱。王陽明意識到，處理屍體已刻不容緩，尤其是寧府的王妃宮眷，如今已無人處理。而且一些屍體須用火燒，以便防毒，因為有的已經腐爛發臭。於是在七月二十一日這一天，又發行文給江西布政司、按察司兩司，要他們負責安葬寧府宮眷：

　　寧王造反，興兵作亂，直指京城。

　　寧王委任的非法官員萬銳等把守省城，斷絕與外界的音信聯繫。本院所發的告示，他們依仗堅固的城牆堡壘，拒絕接納。以致討賊安民的大義，寧府人員都不知道。等到本院統兵攻城，寧府宮眷一聽到火銃、火炮震響，燒焚宮室，閉門縊死。

　　雖然寧王謀反叛亂，所犯罪惡，不可赦免，但朝廷敦愛和睦，布施仁愛，何所不至？

　　本院已同王室宗支，並原任布政司、按察司兩司，以及吉安知府伍文定等，親赴寧王府查驗查看。凡是沒有焚燒的庫藏，已全部貼好封條，封存起來；所安放的各具宮眷屍體，應該埋葬。

第五章　木牌藏機巧，仁義安葬宮眷

　　為此，布政司、按察司兩司，立即通知現任建安王，選派委託各郡王府老城內能使用火具焚燒屍體的人員三四名，會同南昌府南昌縣、新建縣兩縣，置辦棺木，以禮安葬，不得失誤。因為安葬之事，一旦失誤，就無法糾正。

　　於是各官按照命令，抓緊處理安葬寧王府的宮眷屍體。

　　欲知後事如何，請看下章。

第三部　寧王就擒

第六章
四路圍剿叛軍，捷報傳遍江西

王陽明正著手處理安葬寧王府宮眷的屍體。接到報告，撫州知府陳槐、進賢知縣劉源清提兵來到。得這兩支生力軍，王陽明大喜。立即遣伍文定、邢珣、徐璉、戴德孺各領兵五百，分四路分道並進，搜捕捉拿潰散逃跑的人員，偵查叛首逃往的去處。並吩咐：「注意朱宸濠的回援部隊，一旦遇上，避其鋒銳，擊其不意。」

又遣余恩領四百兵士，往來湖上引誘朱宸濠水上次援部隊。又令陳槐、胡堯元、童琦、王幛、徐文英、李美、李楫、王冕、王軾、劉守緒、劉源清等，各引兵百餘，四面張疑設伏，等候伍文定等到來後，併力擊之。再三叮囑：「遇敵不要倉促接戰，避其銳氣。」

七月二十二日，王陽明起草奏疏，向朝廷報告勝利的消息。奏疏說：

寧王謀反，危害國家，興兵作亂。此前已經寫成奏疏，報告朝廷，請求派兵征剿。

寧王陰謀奪取政權，已超十年。扶養培植敢死隊勇士兩萬多，招募引誘四方盜賊的大領袖，也數以萬計。舉事的那一天，集合寧王府護衛部隊與脅從的兵士又有六七萬人。殘暴的氣焰，囂張旺盛。

我因為只有疲憊衰弱的上百名士兵，從力量上對比，不敢輕率行動、迅速進兵，於是退守吉安，暫且設計牽制他。

第六章　四路圍剿叛軍，捷報傳遍江西

當時，遠近軍民由於長期受到寧王暴力的威逼，在路上相遇也不敢交談，只以目示意。

我督促率領吉安府知府伍文定等，調集軍隊，集合兵快，組織民兵，招募四方報效朝廷的義勇之士；聚會官員，商議一切需要發送、留存的軍餉糧食；支出需要給付的賞金；製造軍器戰船；草擬奏疏，報告朝廷；留下回京覆命的監察御史謝源、伍希儒，讓他倆分別擔任要職。

我又約在鄉的朝廷官員會面。這些人有以前擔任右副都御史、現在退休的王懋中，在家養病、現已恢復健康的編修鄒守益，刑部郎中曾直，評事羅僑，父母去世、在家守孝的監察御史張鰲山，以前擔任浙江僉事、現在赴部呼叫的劉藍，探親的進士郭持平，都督府參謀驛丞王思、李中，以前擔任福建按察使、現在退休的劉遜，以前擔任參政、現在退休的黃繡，以前擔任嘉興知府、現在閒住在家的劉昭等。他們共同相互勉勵，激發忠義之氣；向軍民講解是禍是福的道理；奔波遠近，傳送官府的聲討公文；公布朝廷的深厚仁愛，揭露寧王的種種罪惡。這個時候，四方豪傑紛紛響應，人民開始感到應該振奮精神。

我籌劃安排了十天，官兵才開始四處彙集過來。

當時，寧王揚言，先攻取南京。我考慮到南京還沒有做好防備，恐怕一時被寧王所偷襲，於是先在豐城布設疑兵，顯示出想攻取南昌的態勢。因此，寧王先派兵進攻南康、九江各處，而自己留在省城，以便對付我的進攻。

至七月初二日，寧王偵探到我的部隊尚未集合，就留兵萬餘，囑託心腹、宗支、郡王、儀賓、內官，以及非法授予的都督、都統指揮官，讓他們守衛江西省城，而自己引兵向京城出發。

我日夜督促各府的官兵，約定於七月十五日會師臨江府的樟樹鎮。而

第三部　寧王就擒

自己親自督率知府伍文定等，直接開往樟樹鎮。

這個時候，知府戴德孺引兵從臨江趕來，知府徐璉引兵從袁州趕來，知府邢珣引兵從贛州趕來，通判胡堯元、童琦引兵從瑞州趕來，通判談儲，推官王肺、徐文英，新淦知縣李美，泰和知縣李楫，寧都知縣王天與，萬安知縣王冕，也各帶領自己的兵馬趕赴樟樹鎮。

十八日到達豐城，分布確定攻城的各路部隊：知府伍文定進攻廣潤門；知府邢珣進攻順化門；知府徐璉進攻惠民門；知府戴德孺進攻永和門；通判胡堯元、童琦進攻章江門；知縣李美進攻德勝門；都指揮余恩進攻進賢門；通判談儲，推官王禕，知縣李楫、王天與、王冕等，各帶領自己的兵馬，鑽七門的空子，在側面夾擊進攻，以增強主攻的威勢。

這天，得到情報，寧王在新、舊墳廠，各埋伏一千多人，一旦省城受到官兵攻擊，就立即趕赴增援。我就派遣奉新知縣劉守緒、典史徐誠領兵四百，抄近路，連夜襲擊，擊敗他們，以動搖城裡兵士的意志。

十九日官兵從市漢出發。我大力督促各軍，申布朝廷的威嚴，再曝寧王的罪惡。約定諸將一鼓集中城下，再鼓登城，三鼓而不能破城斬殺伍長，四鼓而不能破城，斬殺將領。

誓師結束，官兵無不切齒痛恨、群情激憤、踴躍振奮。快到傍晚的時候，整軍出發。二十日黎明，各到指定地點。

在此之前，城中防備極其嚴密，滾木、灰瓶、火炮、石弩、機毒等器械，都準備好了。等到我所派遣的部隊攻破新、舊墳廠以後，敗退逃跑的兵士都奔告城中，城中開始驚懼。至此時，再聽到我們的部隊從四面八方突然彙集過來，都震驚懼怕，喪失勇氣。

我們的部隊趁他們意志動搖，大聲叫喊著一齊衝殺，用長梯子、大繩索作為工具，攀登城牆。城中守衛頃刻土崩瓦解，叛賊都掉轉槍頭敗退奔

第六章　四路圍剿叛軍，捷報傳遍江西

逃。堅固的南昌城就這樣被攻破。

擒獲留守的宜春王棋稱及非法任命的太監萬銳等一千多人。

寧王宮中眷屬聽到官兵破城，縱火自焚，大火蔓延，燒毀居民房屋。我當即命令各官分道救火，安撫穩定人心，解散釋放被迫脅從的人員，封藏府庫，謹慎地防守各個關口，搜獲原被寧王派人搶劫收繳來的大小衙門印信九十六顆，江西三司協從官員布政使胡濂、參政劉斐、參議許效廉、副使唐錦、金事賴鳳、都指揮王圯等，都前來自首，交代罪行。我把擒獲斬殺叛賊的功勞，按大小發送給御史謝源、伍希儒，讓他們審驗考核記錄。其他一切事務安排，查審明白後，再陸續報告朝廷。

同時，我分兵四路，在寧王進軍的線路上進行追擊，乘機擒剿，到時再另行報告。

寧王叛逆的氣焰，極其旺盛，對外公開宣稱十八萬，屠城略地，遠近震懾。現在任意橫行已經一月有餘，而四方赴難之師，還沒有響應到來。前面所說的各位統兵將領及監軍御史，本來是養病、守孝、退休等官，都跟隨我開始於顛沛危急的時候，齊心合力，共定謀劃，號召並率領義勇，衝鋒陷陣，身先士卒，因此能攻破如此堅固的城牆，占領寧王的巢穴。這種事情，雖然是做臣子的職責本分，然而也是他們激切痛憤的本心。但當此時舉步觀望、人心動搖之日，不賞罰無以鼓士氣。

萬望皇上在寧王叛亂期間，看情況要有所變通，迅速把前面提到的各官，根據功勞大小，加以提升賞賜，以激勵遠近有志之士。事勢難為之日，覆宗滅族之禍，我暫且不迴避，難道竟會迴避請求賞賜的嫌疑嗎？

因這是勝利的消息，為此寫成奏疏，專門派千戶詹明親自送達朝廷。盼望朝廷的指示。

王陽明最後的意思，是向皇上表明，按功賞賜，是替各位官員請求，

而不是為自己。有人如果懷疑是為自己,自己連覆宗滅族的大禍都不怕,遭受這點嫌疑算不了什麼。

　　欲知後事如何,請看下章。

第七章
楊都督停調狼兵，伍知府失去先機

　　七月二十二日，王陽明偵探到，朱宸濠分兵兩萬為前隊，自己為後隊旋即跟上，向南昌城殺奔而來。

　　王陽明聚集眾將，問道：「各位有何計策？」

　　多數將領認為，賊勢強盛，應該收縮兵力，加固城牆和堡壘，窺伺寧王，有機可乘時，再作行動。現在最好還是慢慢商議進退，等待四方援兵到來，方為上策。

　　王陽明說：「賊勢雖然強盛，但他們尚未遇到真正強大的對手，只以官爵賞賜作為引誘人的手段。現在，叛賊進不能有收穫，退又無所依歸，眾人心情沮喪。我們趁叛賊士氣懈怠而回兵救援之際，突出精銳奇兵，中途攔截，一戰挫其鋒芒，叛賊將不戰自潰。所謂搶先喪失敵人的勇氣，攻擊對方的弱點，則對方強點也會變弱，說的就是這個道理。」

　　於是，王陽明下令，給追捕潰逃叛賊的伍文定增加兵力至一千多人，要求伍文定親自率領，抄小路襲擊朱宸濠的先行部隊。伍文定領命而去。

　　王陽明還行文給南京內外守備，要求他們配合追襲叛首。南京是南都，公文語氣自然極為婉轉：

　　七月二十日，有封欽差簽署的公文發給你們，裡面主要說：「南京是

第三部　寧王就擒

國家的根本重地，又是太祖皇帝的宗廟、陵寢所在。要求立即清點數萬精銳部隊，選擇將領統領，星夜兼程前來，跟蹤追襲，攻擊其後，保衛鞏固國家的根本重地南京。所統官軍，請在行軍途中自行解決軍士口糧、馬匹草料。事情平定之後，獲功的軍官、部隊，上報朝廷，提升賞賜，請勿耽誤。」

本來因為福建三衛軍人進貴叛變的事，本院奉旨前往處理。行至豐城縣，聽到寧王朱宸濠謀反，就急忙返回吉安。

我看到這是謀反危害國家的重大事情，隨即草擬奏疏，向朝廷報告，並行文吉安、贛州等府起調官兵，等待時機出兵。又行文給南京兵部，以及巡撫應天府的都御史李克嗣，請他代為行文通知在南京的大小衙門，會集人員，共同商量，盡快修繕城牆，守衛城牆和護城河；演習訓練戰船和部隊；沿長江預先設伏，以防意料不到的偷襲；傳檄鄰近府縣，顯示一定要征討叛賊的威勢。先派遣防守長江的部隊，伸張正義，往西進軍，一路打到洞庭湖、湘江邊，就在那裡會師，東西互相夾擊。本官也一定勉為其難，努力從事，在其後面牽制跟蹤。用正義消滅殘暴，以正直對付邪惡，不過兩個月之間，一戰斷然就能取得勝利。你們都是高明之人，請迅速採取行動。

後來，根據本院的偵察人員報告，寧王已發兵南京，留下叛黨太監，驅使、脅逼官兵與百姓等一萬多名，固守城池。叛虐的氣焰極其囂張，隔絕與外界的所有聯繫。

本院又不斷催促府縣的兵快，分派布置各個部隊的進攻線路，親自統領，限期於七月二十日寅時，即凌晨三點到五點，直抵省城進攻。城門仍然被叛賊砌石堵塞，且分兵抵抗，頑固防守。幸虧官兵奮不顧身，奮勇攻破城門，於是各賊都逃走奔竄。當即派兵分路搜擒捉拿，又派人密布偵察人員，探聽叛首逃往何處，並派遣官兵前去追襲。

第七章　楊都督停調狼兵，伍知府失去先機

　　根據以前情況，結合現在實際，我想必須由本欽差再親自撰寫一道公文，派人前去送達。煩請核查情況，前面所說的要求，是否全部落實，請予盡快施行。

　　王陽明用兵，設計定謀，變化莫測。他首先考慮保全自己，然後採取正面誘敵，尾隨跟蹤，攔腰襲擊，虛虛實實等策略。

　　王陽明冷靜地分析眼前的形勢，圍攻安慶的叛軍已經分兵救援南昌，安慶城暫時不會有危險。如果讓南京方面出兵南下，自己在鄱陽湖上攔截朱宸濠主力，一旦呈現膠著狀態，福建海滄半島的一萬名打手一到，朱宸濠必敗無疑。但必須確保自己後方安全，後方的危險來自哪裡呢？狼達兵！王陽明想到，上個月由豐城急返吉安，一到吉安，就給都御史、兩廣總督楊旦行文，請他調精兵五千前來助戰。雖然點名讓自己的弟子王大用統領，但如今收到情報，狼達兵的將領大多與朱宸濠暗通。狼達兵一旦進駐南昌，將領如若反叛，王大用無法節制，則自己將處於前後夾攻的危險境地。想到這裡，王陽明立即起草公文給兩廣總督楊旦，要他立即停調狼達兵。七月二十三日，公文擬好後，立即派人送出。

　　再說都御史、兩廣總督楊旦，於六月下旬接到王陽明要求起調兵馬的公文，立即抓緊布置落實，由嶺東兵備僉事王大用統領，趕赴南昌。王大用行軍至半途，接到兩廣總督楊旦轉送過來的公文，打開一看，上面說：

　　寧王叛亂，是國家大難，存亡所關。

　　我雖然調集各府的兵快，但這些兵快，平時都只緝捕盜寇，不但武藝不精，訓練也不經常開展，尤其擔心兵力不足。現在，行文給欽差總督右都御史楊旦，替本院選取驍勇兵快大約三五千名，委任嶺南道兵備僉事王大用監督統領，備足兵士行軍的糧食，兼程前來，共赴國難；並請行文給廣東布政司，轉為通知各兵備道，並呈送給鎮守、巡撫、按察司等衙門，

第三部　寧王就擒

一律都要知曉此事。

根據知縣顧似等報告，寧王已發兵南京，留下叛黨太監，驅使、脅逼官兵與百姓等一萬多名，固守城牆和護城河，隔絕與外界的所有聯繫。

本院催促所調兵快，分布設置進攻線路，親自統領，限期於七月二十日寅時（凌晨三點到五點）直抵省城進攻，城門仍然被叛賊砌石堵塞，且分兵抵抗，頑固防守。幸虧官兵奮不顧身，奮勇攻破城門，於是各賊都奔走潰逃，當即派兵分路搜擒捉拿。

根據前面所說的情況，本院上奏朝廷後，皇上親自命令北軍、邊防軍，共二十多萬，前來會剿；又本院現統官兵五萬多名，都在江西省城，現在分別派遣委任的官員，監督部隊前去約期會師，合力追襲。所說的原調廣東狼達兵，不知道是否齊集？

現在南贛、吉安、南昌等處沿江人民，都畏懼狼達兵，聽到狼達兵就驚慌。另外，又查訪到狼達兵曾經接受寧王贓物，私下答應幫助寧王，為寧王效力。

今天，我們調集狼達兵，本想為國除害，但擔心反過來成為百姓的禍害，這樣反而有誤大事，應該停止。為此，行文通知貴院，煩為查明，希望把起調的兵快停留本省，以供使用。

看完公文，王大用隨即命令部隊返回原地，等候都督命令。

再說伍文定，率領一千多兵士抄近路，想從中途殺出，襲擊朱宸濠的先行部隊。而朱宸濠半路上已接到報告，說南昌城已被攻破。於是，朱宸濠也派精兵千餘人抄近路，想出其不意攻擊王陽明，收復省城。結果，雙方都沒有想到會突然遭遇。朱宸濠的精銳部隊都是江湖俠客，大盜巨寇，武藝精湛，功夫了得，結果伍文定大敗。

王陽明正在提督府，坐在中堂與讀書人、朋友論學，前後大門照例敞

第七章　楊都督停調狼兵，伍知府失去先機

開。忽前方使者來報：「伍文定遭遇叛賊，損兵八百。」

王陽明聽後，即登堂發牌：「按軍法，斬殺伍文定。明天本院領兵親戰。」然後下堂，又與讀書人和朋友論學。

紀功御史謝源、伍希儒一聽要斬伍文定，兩人都吃了一驚，立即勸阻：「與敵人的精銳部隊剛交鋒，如果當即斬殺將領，兵士失去統領，於我軍不利。應該以此振奮大家的精神，以圖後效，方為上策。」

欲知後事如何？請看下章。

第八章
文定擊潰先遣軍，宸濠潰逃黃家渡

　　王陽明要斬殺伍文定，紀功御史謝源、伍希儒急忙勸諫。王陽明本意也不想斬殺伍文定！只因軍令俱在，不這麼做，無以號令全軍。他留下謝源、伍希儒，還特地發文讓兩位協助自己，加重兩人的權威，在關鍵的時刻，讓他們出來說話，事情就好辦多了。

　　於是，王陽明寬免了伍文定，下令：「明日再戰，務必取勝。」

　　第二天，即七月二十三日，各將領和兵士拚命死戰，果然大敗朱宸濠的先遣部隊，一千多名叛賊全部被殲。

　　這時，諜報至：「寧王先鋒已至樵舍，風帆蔽江，前後數十里，不知道有多少。」

　　王陽明即刻命令：「各官督促率領各兵，連夜進兵，伍文定正面迎戰，余恩緊隨其後；邢珣引兵繞出賊背；徐璉、戴德孺張開兩翼，以分散叛賊兵力。」

　　樵舍鎮，隸屬於南昌府新建縣，距離南昌城六十里，東臨贛江。那裡水面遼闊，東面就是浩瀚無際的鄱陽湖。三國赤壁大戰，周瑜水軍演練就在鄱陽湖。

　　二十四日，朱宸濠親自統率賊兵，鳴鼓喧譁，乘風前進。叛軍船隊越過樵舍鎮，直逼黃家渡，接近南昌城下。其氣焰極其驕橫，省城志在必克。

第八章　文定擊潰先遣軍，宸濠潰逃黃家渡

　　黃家渡，距南昌城約三十里。自從秦漢建制以來，一直歸屬南昌縣管轄，是贛江上的避風良港。黃家渡，古稱黃溪渡，後又稱黃渡街，範圍不大，居民不多，是鄉村普通集貿市場。一直到1980年代，老街尚在，短而窄小，用石板鋪地。集鎮上建有一個國家糧庫。老百姓當然不知道六百年前曾在這裡發生過一場著名的戰爭。

　　黃家渡何時成為避風港，已無法考查，但可以肯定，至少在南宋，黃家渡就是著名的優良港灣，贛江南來北往的船隻在此停泊。

　　自然，有的是輕舟，有的是重船，有的側帆駛過，有的受阻於惡風淫雨，暫避險浪，停泊過夜。船中少不了官人，商人，文人，販夫走卒，各色人等。

　　黃家渡，沒有名勝古蹟，只有浩淼江面。因此不可能像滕王閣那樣，留下無數文人墨客的風騷詩文。不過，後來清代詩人、戲劇家蔣士銓，則打破了這種寂寞。蔣士銓是江西廣信府鉛山縣人。有一天，蔣士銓坐船回家，在黃家渡停船留宿，旅途中留下了淒涼的內心獨白。

　　這是一個寒冷的冬天，風雨惡劣，行船受阻，蔣士銓站在船頭，眺望黃家渡，煙波浩淼，愁緒萬千。黃家渡的集市很小，然而，這寒冷的冬天，卻留住了許多歸家的客商。天色昏暗，寬闊的湖面會聚停泊著一艘艘客船。用茅草蓋成的旅舍，外面下著雨，連雞也感到寒冷。快到傍晚，就在舵樓生火做飯。舵樓，就是後艙室。酒不那麼香醇，勸人多喝，也不會把人喝醉。不過，江邊魚類什麼的，倒很便宜。面對這煙雨濛濛，寒氣逼人，一片蕭颯的景象，蔣士銓不禁發出內心的呼喊：「為什麼要擋住我回鄉的路啊？滯留在此，轉而使人淒涼悲傷！」於是，揮毫寫下了〈晚泊黃溪渡守風〉一詩：

第三部　寧王就擒

  市小冬歸客，湖寬暝聚船。

  寒雞茅店雨，晚飯舵樓煙。

  酒薄難為醉，魚腥不值錢。

  何當故鄉路，留滯轉悽然。

蔣士銓雖與寧王朱宸濠相隔一個朝代，但由於歷史的巧合，還給朱宸濠正妃，也就是給婁妃修墓，後文會慢慢講到。

伍文定率領官軍正面迎敵，故意敗走。余恩接戰，又敗。賊兵求勝心切，互相爭著向前急駛，戰船快慢不齊，前後脫節。這時，繞出敵人背後的邢珣，率領水軍，斜著從後面橫擊過來，直貫其中，叛賊敗走。伍文定、余恩掉轉船頭，又督兵乘勝追擊。張開兩翼以分賊勢的徐璉、戴德孺，也合勢夾攻。一時間，鼓角齊鳴，喊聲震天，各路官軍，同時進攻。叛賊暈頭轉向，不知如何應戰，於是大敗，往後奔逃十多里，才穩住船隊。這次戰役，官軍共擒獲斬殺二千餘首級，叛賊落水死者數以萬計。

欲知後事如何，請看下章。

第九章
王陽明分兵攻城，伍文定火燒髭鬚

朱宸濠兵力大損，引兵退守八字腦。

八字腦，仍在南昌縣境內。這時，有少量叛賊開始逃走散離。朱宸濠震懼，親自激勵將士，並當場做出許諾，予以重賞：當先衝鋒者，賞銀千兩；被傷者，賞銀百兩。派出九江、南康全部守城之兵，以增加水上兵力，與王陽明決戰。

九江，古稱潯陽、柴桑、江州。贛江正是在這裡匯流，從南向北匯入長江，向南逆流而上便是南昌，而後東南分流的有信江、饒河等。

諸葛亮舌戰群儒的前夜，周瑜從柴桑回來，正是在九江、鄱陽湖訓練水師。白居易有「潯陽江頭夜送客，楓葉荻花秋瑟瑟」，正是大詩人貶為江州司馬，在江船上聽到彈奏的琵琶聲，感動地流下眼淚而溼潤青衫的時候。但宋江發出的卻是凶狠的誓言：「不幸刺文雙頰，那堪配在江州。他年若得報冤仇，血染潯陽江口。」

南康，離九江稍南。南康府和星子縣同城而治，位於鄱陽湖西岸，廬山南麓，轄星子、都昌、建昌三縣，後又有安義縣。府城一面倚山，三面臨水，正是鍾三川之靈秀，扼水陸之要衝。後來，府、縣的區劃多有變化，直至撤銷南康府，最後星子縣也改為廬山市而歸屬九江市。

第三部　寧王就擒

這一天，即七月二十四日，建昌知府曾璵引兵至，王陽明大喜。

此時，諜報報告：「寧王已調九江、南康的部分守兵，前來增援。」

王陽明對大家說：「九江現被叛賊占領，九江不破，則鄱陽湖的水軍終究不敢跨越九江而來支援我們；南康也被叛賊占領，南康不復，則我們的部隊也不能跨越南康而跟蹤追擊叛賊。現在，九江、南康守敵分兵，我們正好趁機收復。」

於是，命令「撫州知府陳槐領兵四百，會合饒州知府林城之兵，趁機進攻九江；新趕到的建昌知府曾瑪領兵四百，會合廣信知府周朝佐之兵，趁間收復南康」。

王陽明還覺不放心，又發文給他們，講明事理，反覆叮嚀，甚至把各種情況都事先考慮好，授予處理事情的方略。文中說：

寧王謀反，舉兵直攻京城。

南康、九江現在被他們占領，分別留下叛黨，防守兩府的城牆和護城河。他們的意圖，向西遏止鄱陽湖水兵的接應援助，向南阻遏我們部隊的跟蹤追擊。

現在，我們仰仗朝廷的靈威，已經收復省城南昌。目前派遣知府伍文定等，中途攔截寧王朱宸濠，務必一定要把他生擒活捉。各路叛賊所占據的府縣，理應分兵圍剿，收復失地。

為此，你們一定要分別挑選精兵，親自統領，星夜進軍南康、九江。要依實際情況，靈活處理，務要攻復城池，安定秩序，把顛倒了的事情重新反轉過來。

收復城池後，對當地居民，要特別進行救濟和撫卹。用忠義激發人民的氣節，用仁愛安撫百姓的情緒。

第九章　王陽明分兵攻城，伍文定火燒鬍鬚

你們就暫時代理官府各部門的職責，以便處理所有的事情；查處倉庫的積儲，以充足軍用物資。同時，分別派遣部隊，採取攔截、引誘等計謀，設法不讓叛賊東下南京，並派遣偵探人員飛報都督府。各官一定要同心合力，共同商量處理事情，不得各懷各心，彼此出現差錯，導致耽誤軍機。

官兵膽敢有違犯指揮管轄，就按照皇上賜予我的特權，以軍法從事。

一切事務，來回報告、批覆，考慮到可能要遲延，你們就依據適宜的做法進行籌劃安排，然後把情況報告給都督府。

仍然要查清當時各官棄城逃走，導致叛賊燒殺搶掠的原因。並形成書面報告，作為以後依法治罪的憑據。

正在此時，福建的退休官員林俊，派自己的僕人，祕密從小道送來攻城武器。林俊，是福建莆田人，為人剛直敢諫，廉正忠誠，疾惡如仇，求才若渴。正德六年（西元1511年）退休，退休前為右副都御史。林俊聽到朱宸濠叛亂，連夜用錫澆鑄模型，製造佛郎機銃。完工後，派僕人從福建把武器送來，一併送來的還有製造火藥的配方，並手書一封，以此勉勵王陽明平叛討賊。

當時，明朝人稱葡萄牙人為佛郎機人。福建官兵打敗佛郎機人，繳獲他們在艦船中使用的大口徑火繩槍。現在，林俊透過改造，就成為現在的佛郎機銃。有子銃九桿，可連續快速開火。重量比普通火繩槍重，但威力更大，射程更遠。

然而，此時佛郎機銃尚未送到，配備部隊的是一般的火銃。等王陽明拿到佛郎機銃時，宸濠已就擒七日。

七月二十五日，朱宸濠再糾集隊伍，賊勢併力，又十分驕橫盛氣，挑戰伍文定。

第三部　寧王就擒

　　王陽明令伍文定用火攻。恰巧風向不利於官兵；伍文定與各將意見又不統一，兵力又不集中。伍文定的兵士一見敵眾我寡，開始膽怯後退，死者數十人。

　　伍文定立於銃炮之間，戰火燒到伍文定的鬍鬚，雖不敢退，但兩眼驚慌地看著陣腳慌亂的官兵，部下三四次報告，一時充耳不聞，不知所措。

　　諜報人員見狀，連忙報告給正在中軍督陣的王陽明，說：「前軍失利，伍文定鬍鬚都被燒焦了。」

　　此時，王陽明正坐中軍，與兩三位同志論道講學，在座的一聽，臉上都現出恐怖的神情。

　　王陽明說：「此兵家常事，不足介意。」

　　於是出去，交給諜報人員一面令牌，吩咐：「速交伍知府！」王陽明共有御賜旗牌八面，得此令牌者，可先斬後奏。

　　諜報人員離去，王陽明退回就座，接著剛才的話題又繼續說下去，神色自若。

　　不一會兒，諜報人員又來報告：「我兵大獲全勝，寧王退走。」

　　王陽明仍不動聲色，從座位上站起來，走向側席，鋪紙研墨，寫就一紙公文，待墨汁乾後，捲好，遞與諜報人員說：「交給伍知府，閱後再送邢珣、徐璉、戴德孺等知府閱示。」

　　諜報人員離去，王陽明又叫來雷濟、蕭禹，附耳低語，讓他倆如此這般。

　　然後又回到座位上，與二三同志繼續剛才的話題。

　　欲知後事如何，請看下章。

第十章
失城再奪，各官爭功，陽明上疏陳奏

撫州、饒州兵攻打九江。撫州知府陳槐挑選並帶領知縣傅南喬、陶諤；饒州知府林城，挑選並帶領知縣馬津、趙榮顯，各率領一千多官兵，於七月二十四日接受命令的當天，即刻由水路出發，進軍九江。

寧王朱宸濠的回援部隊，源源不斷地回援省城南昌。兩軍相遇於鄱陽湖，於是大戰。官軍獲勝，陳槐率領的撫州兵擒斬賊犯共二百九十多；林城率領的饒州兵擒斬賊犯共五百多。

戰船出發前，知府陳槐、林城，探得失城官員九江兵備副使曹雷、知府汪穎、九江衛掌印指揮劉勳，正在暗中招募鄉勇抗賊。於是迅速派遣諜報人員分頭通知三位，讓他們各自召集人員，操練軍馬，前來助戰，揚言收復城池。

九江由協從官員師夔守城。城內的叛賊探知官兵齊集，先行望風逃遁。於是，陳槐、林城率軍進城，進駐九江。

王陽明親自入城，穩定秩序，安撫慰問回城的逃竄男女一萬多名，各自恢復行業，正常生活。仍又分兵追至湖口縣等處，剿殺賊黨。

建昌、廣信兵攻南康。南康與九江較接近，但從南昌出發，沿贛江北上，先到南康，過南康再到九江，九江在贛江與長江的交會口。

第三部　寧王就擒

　　建昌知府曾璵挑選並帶領知縣余瑩、縣丞陳全；廣信知府周朝佐挑選並帶領知縣譚縉、杜民表等，分別率領兵快一千多名，也由水路出發，攻取南康。

　　攻打九江的官軍與敵相遇時，進軍南康的官軍同樣與寧王的回援部隊相遇。雙方在水上再開激戰，由於王陽明等各領兵在湖上策應，建昌、廣信兵獲勝。知府曾璵率領的建昌兵，擒斬賊犯共四百八十多；知府周朝佐率領的廣信兵，共擒斬賊犯五百多。

　　南康守城叛賊見官兵攻城，同樣棄城而潰。王陽明照例親自入城，安撫軍民。南康府及所屬各縣，復業逃民一萬二千四百餘家。王陽明令各官及時進行賑救難民。

　　兩路水軍在鄱陽湖獲勝，戰績陸續送達王陽明。王陽明轉送給監察御史謝源、伍希儒，兩位查驗考核無誤，然後記入功勞簿。

　　收復九江、南康的四位知府查實失城官員的責任。

一、南康府及所屬官員：

　　南康府知府陳霖、同知陳祿、通判蔡讓、星子主簿楊永祿等，畏縮無備，逃難棄城。

　　湖口和建昌縣兩縣知縣章玄梅、方鐸，聽到叛賊攻城就逃走。

　　安義縣知縣王軾，賊兵入境，棄城退避。

　　彭澤縣知縣潘琨、都昌縣知縣王鼎等，印信、倉庫雖然沒有被搶走，但兵快被殺死，老百姓房屋被燒毀。

　　星子縣，縣丞曹時中，逃跑還不來自首。

　　安義縣，主簿董國宣，縱子投賊。

第十章　失城再奪，各官爭功，陽明上疏陳奏

南康府及各縣教育官員、倉庫官員以及各部門的官員，也都各自棄城逃走。

二、九江府及所屬官員：

掌印九江衛的指揮劉勳，監守自盜，叛賊攻城，與指揮李泮等棄城先逃。

知府汪穎、推官陳深、知縣徐志道等，因為看到守戰無兵，也各帶印章逃難。

千戶白升等一印不保，更不要說守城！

副使曹雷，兵備是他的專責。雖然攻城當天，偶然公出，但出城時未作任何防備。查清事實，王陽明向皇上上疏：

新創的城牆，仍然修築進行中，尚未完工，但守土之職，唯當不顧生命，絕不能離開。雖然印信沒被搶走、倉庫沒遭搶劫，但城池失陷，人員被殺死，失事之責，也應該承擔。還有逃走後不來自首，縱子投賊，都是嚴重的罪行。即使是儒學、倉場、局務等官，雖無守土之責，也都有棄職之罪。兵備是副使的專責，但防守不嚴。失事之責，必須承擔責任。

接著王陽明又說：

以上各官，按照情節自然有輕有重，但從大義的要求來看，都觸犯國家的法律條款；雖有後來獲得的功勞，但難掩之前失職之罪。又看近年以來，士氣不振，紀律不嚴，就是因為過於寬容，沒有建立賞罰的措施。趨吉避凶的人獲得寬免，忠於職守的人不能相容。因此，奢侈的生活形成習慣，氣節大義少有彰顯。希望皇上奮發精神，剛健果斷，嚴肅綱紀法度。請求命令司法監察部門，根據犯罪的情節輕重，全部依據法律對各官進行

處置。雖然有的官員後來立功，可以從輕論罪或減刑，但一定要進行懲罰。這樣，才能顯示對官員關懷和愛護的心意，也足以成為將來的警戒。

　　守土有責，這是最基本的道理。即使無兵，也要組織民眾進行抵抗，把損失減小到最低限度，然後有序撤退。失事官員，理應受到嚴厲懲處。然而，有些官員就是不這麼想，他們見到王陽明的奏疏，又恨之入骨，其中就有湖口縣知縣章玄梅，後面還要講到。

　　欲知後事如何，請看下章。

第十一章
官軍頒免死牌，叛軍退守樵舍鎮

伍文定正一籌莫展之際，諜報人員火速趕到，立即把王陽明的令牌交給他。伍文定一見令牌，如夢初醒，急令：「斬取先退卻者的頭！」自己仍立於銃炮之間，火燎鬍鬚，巋然不動，奮督各兵，殊死並進。火銃發出的砲彈，打到了寧王的大船，寧王退走，遂大敗，退守樵舍。

這一仗，反敗為勝，擒獲斬殺叛賊二千餘首級，溺水死者不計其數。

後來，王陽明弟子錢德洪說，過去有人問老師打仗取勝的竅門，老師說：「哪有什麼竅門？只在此心動與不動之間。過去與寧王朱宸濠逆風戰於湖上，南風轉急，而命令某某採用的正是火攻的器械，於我們不利。這個時候，前軍正受挫退卻，某某兩眼驚恐地看著交戰的狀況，部下三四次報告，雙耳如同沒有聽到，這類人平時都大名鼎鼎，平日的策略、計謀，難道不足？臨事慌張到如此地步，即使有策略和計謀又怎能去實施呢？」

伍文定見朱宸濠退走，正在高興之際，又見諜報人員來到。諜報人員交給伍文定捲著的一紙公文，說：「閱示後，我還要交其他知府閱示。」

伍文定展開一看，原來是王陽明督責他及各官同心剿賊的命令：

一切天下之事，成功於同心合力而失敗於各行其是。

本院選調吉安、贛州、臨江、袁州等府、衛、所的軍士、民兵、捕

第三部　寧王就擒

快，委任各文武官員知府伍文定、邢珣等統領，分布派遣各路部隊，授予你們方針策略，命令你們共同進兵，要求你們配合圍剿，互相策應。

現在查訪到各官各持己見，以自我為中心，因此產生行動不協調的情況。多次一有戰事，就讓叛賊有機可乘。還袖手旁觀，動輒導致錯亂。本當捉拿查究，治以軍法。但因用人之際，暫且寬容恕免。

叛賊回援，消息傳得相當緊急。我擔心各官不吸取教訓，再重現過去的情況，到時可能敗事。所以，應該行文通知，嚴屬告誡。

為此，命令各官立即督率原領官兵，各於現在的駐紮地，一定要遵守方針策略，與各路領兵官同心而行。堅定地確立同心同德、征討叛賊直至犧牲的志向；堅決不懷停留觀望、苟且偷生的主意。

如有人仍然像以前一樣各懷各心，互有異同，以致誤事，一定按照由此造成的原因定罪，斷然依照軍法斬首，絕不食言。

各官都要立下不履行諾言，甘願接受處罰的軍令狀，簽字畫押後，遞交上來。

領兵打仗，那是血與火的碰撞，不是心慈心善的問題。當年，征討南贛盜賊時，王陽明就上疏皇上：「我到了南贛，訪問官員，詢問父老，問過路的行人，聽田畈裡的農民說盜賊越來越多，其中一個原因就是招撫太濫。對於長期作惡、不思悔改的盜賊，對於隨招隨叛的黨徒，絕不能招撫。生擒活捉，審訊明白，立即押赴市曹，斬首示眾。」

伍文定看完公文，交還給諜報人員，諜報人員離去。

寧王退守樵舍，把船連起來，形成方陣。拿出所有的金銀賞賜給將士，出船再戰。

約莫過了一些時候，伍文定望見遠處寧王的戰船又來，於是繼續正面

第十一章　官軍頒免死牌，叛軍退守樵舍鎮

迎戰。正打得難解難分，邢珣忽從左邊攻擊，徐璉、戴德孺忽從右邊出擊，余恩等各官伏兵四出，一齊投射火把，合力攻擊。

突然，江上漂浮許許多多的木牌，順流漂向叛賊船隊。叛賊水兵便順手從水中撈起，一看是投首牌，上面寫著：

據吳國七、凌十一等口稱：「閔廿四等落水身死。」

今查訪到閔廿四等，如今在寧州界上，各要投降，接受招安。

之前已曾頒發過告示，允許被脅迫的人員改過自新，允許他們投案自首，並免去他們的死罪，讓他們各自恢復原來的行業，料理生活。

近日，朝廷頒發公告，也准予投案自首，免去死罪。

如今接到報告，各地方的居民，不體念朝廷及本院愛惜生命、不事殺戮的仁德，動輒便起兵剿殺，致使脅從者不敢出來投案自首，反使朝廷及本院失信於人。本當綁拿從嚴追究，暫且再進行告誡曉諭。

為此，命令寧州知州汪憲，打聽前面所說的共同投案自首的人，是否確是閔廿四等本人。如果確有投案自首的真情，立即帶他到都督府處理，准許與楊子橋等，一律釋放，並給予官府的證明，各讓他們恢復日常的行業。如有人聚眾不散，星夜飛報都督府，按照所說情況，派兵剿滅。

順流漂下的木牌越來越多，許多叛賊聽說省城已破，一些脅從之眾正愁無路可走，無處可去。如今水浮免死牌，叛賊一時爭取逃離叛軍，紛紛散去，不計其數。

此時，各官想起進城當天，王陽明令雷濟、蕭禹製作數以萬計的免死木牌，莫知所用。現在才知道，原來作此用處。官兵無不驚嘆王陽明應變如神，不可測識。

王陽明收兵回營，吩咐伍文定等夜裡都仍舊做好火攻準備，明天，也

第三部　寧王就擒

就是七月二十六日，準備與朱宸濠決戰。

這時，王陽明又接到報告，福建兵備道兼漳南分巡道周期雍，已來到南昌。

周期雍說：「按照要求，調集上杭等地的部隊，共五千多名，分別由指揮劉欽、知縣邢珣帶領。調集漳州府海滄打手三千多名，由通判李一寧帶領。兩支隊伍統一由我親自統督，現已到達。」

王陽明非常高興，然而考慮到朱宸濠擒拿在即，福建官兵已無須參戰。因此，他想讓新招募的兵士回家，而原有部隊繼續訓練待命，這樣可防備與朱宸濠暗通的將領，如浙江鎮守太監畢真之類。同時，對福建官兵立即予以犒賞。

隨即，王陽明草擬〈犒賞福建官軍〉。王陽明想到朱宸濠就擒在即，心中高興。回憶今天的戰鬥，鐵甲戰船，還有那岸上的戰馬，在秋風與鼓角聲中驚起，精神振奮。早晨，戰鬥就開始打響。旌旗，在風中獵獵飄揚。天上紅霞飄浮，江中鮮血流淌。為國赴難，勇於在朱宸濠的屁股後面追擊。寧王暴虐，比得上汾王，汾王就是歷史上有名的周厲王啊，而反叛之心，則勝過漢朝的淮南王，淮南王劉安的藩國就在九江郡啊。心中時刻牽掛著君王，怎能隨便讓叛賊沿著長江順流東下！寧王一夥，猶如群醜，滑稽可笑，也像惡狗，狂吠亂叫，但終究是徒勞無功的。居住在九重宮闕中的當今皇上，是九五之尊，是飛龍在天。寧王雖未擒住，但事已小到如涓涓細流、微微塵埃了，不過還得先酬勞漳州海滄的打手。再想想，自己拖著病弱之軀，又懶得在仕途上求進步，待事成之後，準備伴隨神仙赤松子去隱居講學。

於是，王陽明揮毫寫下了〈鄱陽戰捷〉一詩：

第十一章　官軍頒免死牌，叛軍退守樵舍鎮

甲馬秋驚鼓角風，旌旗曉拂陣雲紅。
勤王敢在汾淮後，戀闕真隨江漢東。
群丑漫勞同吠犬，九重端合是飛龍。
涓埃未遂酬滄海，病懶先須伴赤松。

欲知後事如何，請看下章。

第三部 寧王就擒

第十二章
朱宸濠三日內就擒，周期雍抵贛

　　這年春天，周期雍因公事去贛州，王陽明託以重任。回到福建，周期雍立即私下招募驍勇，部署約束，等待起事。所以，早晨一接到王陽明的命令，晚上就立即能夠集合隊伍上路，在不到一月的時間，行軍一千七八百里趕到南昌。

　　周期雍快到南昌城外等待王陽明指示，很快公文送達，展開一看，裡面寫著：

　　你的報告，我已經獲悉。

　　寧王謀反，是重大事情，是國家大難，關係到生死存亡。我接到寧王謀反的消息，立即行文，通知南京兵部，又通知兩廣、湖廣等巡撫衙門，還有福建三司等官，讓他們挑選調集驍勇兵快，選擇委任有勇有謀的官員，監督統領，兼程前來，共赴國難。

　　現在，叛賊即將就擒，餘黨也逐漸消滅，所以請你們領兵返回。

　　福建漳南，相距江西省城約有一千七八百里之遙，你能不到一個月的時間，調集官軍、兵快達八千多名，而且走在各省的前面，第一個到來，足見你勇略多謀，準備由來已久。

　　你的忠義，你的誠信，足以讓人感激；你的敏捷，你的才能，足以總攬政務。所以一呼而集，兼程赴難。

第十二章　朱宸濠三日內就擒，周期雍抵贛

除對你另行表彰獎賞外，對調來的官兵，他們頂著烈日，冒著酷暑，遠赴國難，雖然忠義之心已經受到嘉獎，但勞苦尤其值得愛惜，理應加以犒賞，以此勉勵將來。

為此，由官府安排資金，派官送來，獎給你所在的漳南道。立即對原來調兵、領兵的官員，以及軍士、兵快、民夫等，根據情況決定犒賞，由此而顯示本院獎勵慰勉的一片心意，也以此作為將來忠心勤勞的勸勉。仍然要查清你們漳南道原來的兵員，這些官兵要照常操練，以備緊急呼叫。新招募的，予以減員，命令他們回鄉耕種，各安居樂業，一定要做一位善良的百姓，共享太平之福，不要有非分的想法，招來殺身之禍。

行文通知巡撫衙門、按察司衙門。

周期雍看後，自然高興，立即按照王陽明的意思辦理。新招募的組織好回家復業，原來的兵員暫在原地駐紮，訓練待命，這一切做好後，自己則來拜見王陽明。

再說朱宸濠，在贛江上與王陽明大戰兩天，每天都是先勝後敗，心裡真弄不明白，這到底是什麼原因。

二十六日早晨，寧王剛剛朝見群臣，召集所拘捕的三司各官，責備其中不肯出死力、坐觀成敗的人，準備把他們捉出斬殺，大家爭論不休。而此時官兵已奮力攻擊，四面會合過來。

朱宸濠率領船隊拚死衝殺，伍文定等正督兵奮力死戰，賊兵忽見水上浮一大牌，撈起來一看，上面書寫：「寧王已擒，我軍毋得縱殺。」

木牌順流而下，越來越多，賊兵也就爭著往水裡撈。一時軍心大亂，朱宸濠船隊大潰。

原來，這些木牌也都是雷濟、蕭禹按照王陽明的吩咐順流放下的。

第三部　寧王就擒

　　朱宸濠正要穩定軍心，突然，火銃發出的一顆火彈，打到了一艘護衛寧王大船的副船上，大火燒了起來。於是眾人奔逃潰散，寧王與妃嬪泣別，妃嬪及其跟隨的宮女都紛紛跳下贛江。

　　朱宸濠的主船往樵舍方向撤退，不想駛得太匆忙，過於偏向東岸，駛上了淺灘，船擱淺了。於是命令士兵，迅速把船推離。

　　此時，朱宸濠急切盼望：「葉芳如能突然出現多好，得此生力軍，掉頭再戰，仍能反敗為勝。」

　　朱宸濠反覆思量：「今天，是自己與王陽明在江上大戰的第三天，總感到王陽明兵力其實不多，取勝僅靠偶然。」

　　正尋思間，忽然望見蘆葦叢中隱隱約約藏著眾多漁船，突見有一人正向自己的大船招手。朱宸濠一見，真是喜出望外，此人不是別人，正是葉芳。

　　朱宸濠也招手，示意他們過來。於是，有幾十條漁船同時劃向朱宸濠。朱宸濠便從大船上下來，走到漁船裡，心裡感覺溫暖了許多。

　　然而，令朱宸濠意想不到的是，漁船竟駛向官軍船隊。

　　原來，在吉安時，王陽明召見葉芳授以密計，令他速返峒酋，整頓尚存的人馬，準備裝束，跟隨義兵會師樟樹鎮。隨後祕密蒐集漁船，扮成漁民。

　　王陽明說：「水上決戰，寧王落敗，如棄船從陸地上逃走。你領一支人馬，扮成漁民，沿岸在蘆葦叢中埋伏，趁機把他擒獲。」

　　七月二十四日，葉芳望見寧王的船隊沿贛江由北往南，遮天蔽日向著南昌方向出發，兩軍交戰就在樵舍與黃家渡一帶展開。

　　樵舍與黃家渡相距大約三十來里路程，這一帶江面遼闊，東面緊鄰鄱

第十二章　朱宸濠三日內就擒，周期雍抵贛

陽湖，岸旁蘆葦叢生。葉芳就率領假扮的漁民，劃著漁船，埋伏在樵舍與黃家渡之間的蘆葦叢中。

今天，葉芳忽然看到一發砲彈落在了副船上，頓時起火，船上人員紛紛跳水，而主船即刻往後撤退。他意識到，此船中必定是朱宸濠，於是自己劃著漁船也趕緊向樵舍方向駛去，緊盯主船不放。

再說這一片水域，正是萬安縣知縣王冕的防區。王冕在樟樹鎮會師之時，統兵一千二百五十七名，幾次戰鬥下來，也損失了一些兵員。該是王冕走運，他連做夢也沒有想到，朱宸濠竟會落在自己一個小小知縣的手裡。

王陽明也清楚，自己起兵時，只有四萬多部隊，後來雖有撫州、建昌兩位知府率兵到來，南康、九江紛紛敗逃的官員又有率兵來會，總共加起來不足八萬。要留兵防守南昌，派兵收復南康、九江，還要駐守陸地關口。真正主力部隊只有吉安知府伍文定、贛州知府邢珣、袁州知府徐璉、臨江知府戴德孺、瑞州通判胡堯元、贛州衛都指揮余恩，共六路兵馬。每路各統兵三四千人，滿打滿算，誓師的時候合起來，六路兵馬也只有兩萬三千四百二十六人。南昌有七座城門，收復南昌後，六路兵馬又分別留兵把守六座城門。只有德勝門由撫州通判鄒琥把守。伍文定抄小路襲擊寧王先遣隊，初戰受挫，一下就損失八百多人，各部隊也多少有損失。這樣算來，江湖決戰時，王陽明真正參戰部隊其實只有一萬掛零。而寧王朱宸濠號稱十八萬，雖有些虛頭，但先遣精銳部隊就有兩萬，自己又親率大軍統後，接著又調南康、九江之兵，水上的兵力實際超過十萬。這樣算來，一萬多對十萬多，所以水上初次遭遇時，官兵膽怯退後。大戰三天，擒獲寧王，真是軍事史上的奇蹟。《明史》評論說：「終明之世，文臣用兵致勝，未有如守仁者也。」

第三部　寧王就擒

　　諜報人員立即報至中軍，王陽明照例在與讀書人講學論道。

　　王陽明聽到朱宸濠已擒，詳細詢問經過，給予諜報人員獎賞後，回到座位上。其他人聽到這一驚人的消息，臉上都露出喜色。

　　王陽明說：「剛才聽到報告，寧王已被擒獲，看來情報不會有假，但死傷者太多啊。」隨後，接著前面的話題，又像剛才一樣繼續談論。旁觀者無不嘆服王陽明的學問。

　　欲知後事如何，請看下章。

第四部
謹候回宮

第四部　謹候回宮

第一章
哀婁妃投江，葉芳歸峒享樂

　　朱宸濠被擒時，婁妃的大船正停泊在黃家渡，但她尚未知情。接著傳來消息，朱宸濠已被知縣王冕解送中軍，婁妃悲痛不已，悲哀自己的丈夫，畫虎都難以畫成的人，妄想屠龍。而自己在他出師前，還用詩勸諫，那是用血寫成的啊！然而丈夫不聽。如今換來的卻是自己那雙美麗的鳳眼，淚水枯乾。今天流下的眼淚啊，真有十丈鄱陽湖的水那麼多！於是揮筆寫就〈西江絕筆〉：

　　畫虎屠龍嘆舊圖，血書才了鳳睛枯。

　　迄今十丈鄱陽水，流盡當年淚點無？

　　隨後，淚奔船頭，奮力一跳，投身江水。

　　在朱宸濠起兵前，婁妃用樵夫做比喻，勸丈夫不要滑向深淵。婁妃比喻說，樵夫挑著一擔柴下山，需要知道擔頭的輕重。況且，昨天夜裡，山雨剛剛下過，青苔路滑，不要走向有青苔的地方啊，太危險了。這首〈題樵人圖〉，可謂字字見血：

　　婦語夫兮夫轉聽，採樵須是擔頭輕。

　　昨宵雨過蒼苔滑，莫向蒼苔險處行。

　　但是，自己的丈夫不聽，能有什麼辦法呢？

第四部　謹候回宮

　　婁妃，名素珍，江西廣信府上饒縣人，是一位女詩人、書法家，博學多才，且頗有政治見地，為朱宸濠的正妃。其父親為理學家婁諒。

　　弘治二年（西元 1489 年）十二月，王陽明十八歲，帶著夫人諸氏從江西回餘姚，船至上饒，王陽明拜見婁妃的父親婁諒。王陽明與婁諒共同談論宋代的儒學，談論探求事物的道理，談論聖人。王陽明認為，聖人不是天生的，一定可以透過後天學習而成為聖人。這一天，王陽明是否見到婁妃，則不得而知。

　　朱宸濠就擒，乘馬車進入南昌城，望見遠近街道，部隊整齊嚴肅，笑著說：「這是我的家事，用不著這麼費心！」一見王陽明，朱宸濠大聲呼喊：「王先生，我想把全部護衛削減，請降為老百姓可以嗎？」

　　王陽明說：「有國法在。」

　　朱宸濠又誇耀說：「婁妃，賢妃也。從事情發生開始到現在，苦苦勸諫，但我沒有聽她。剛才，聽說投水死，希望先生派人安葬她。」

　　王陽明點頭表示同意，然後命令把朱宸濠押送至監獄。

　　婁妃投江後，她的屍體並未順流而下，而是緩緩倒流至南昌。等到使者趕到，果然得到婁妃屍體。因為周身都是紙繩打結，極易辨認。婁妃為婁諒之女，從小受到儒學的薰陶，所以處於變亂時，能保全自己。

　　王陽明在南昌城邊、贛江南岸修築了一座婁妃墓。

　　乾隆十六年（西元 1751 年），曾經在婁妃投水的黃家渡留宿的蔣士銓，應徵修《南昌縣誌》，得知婁妃墓在南昌城德勝門外、隆興觀的旁邊，已荒蕪不堪，便請求江西布政使彭家屏為婁妃修墓。彭家屏籌款修葺，並立墓碑，刻有「前明寧王庶人婁賢墓在此」幾個字。乾隆二十年（西元 1755 年），蔣士銓還自繪婁妃墓圖，並作〈婁妃墓圖〉詩四首，以記

第一章　哀婁妃投江，葉芳歸峒享樂

當年發現和修葺婁妃墓的情況。之後，該墓又多有修遷，這是後話，不再細述。

回頭再說葉芳，立了大功，王陽明召見他說：「我向朝廷請求，用官職作為獎賞，你看怎麼樣？」

葉芳跪拜叩頭：「我葉芳是一位土人，不歡喜受到拘束，願得金錢財物做一位富翁耳。」

於是，王陽明獎賞給葉芳許多金銀財寶，讓他率領部卒，返回蠻峒，仍舊做他的峒酋。

九年後，即嘉靖六年（西元1527年）十一月，朝廷重新起用在家休假的王陽明，令他征討廣西思恩、田州的叛臣，路過江西贛州，王陽明送給葉芳許多高級禮物，並寫信慰問。此時，王陽明已封為新建伯，故自稱本爵。信中說：

前幾年，本爵提督南安、贛州、汀州、漳州等地的軍務，因地方盜賊還沒有平定，就親自統領部隊，四處出擊，剿滅剷除。你葉芳等就率領兵士、民夫，跟隨我奮勇殺賊，立下許多功勞。

後來，寧王朱宸濠叛亂，你葉芳又能堅持正義，沒有受到叛賊的引誘，一接到本爵徵調的命令，當即統領曾德禮等及部下兵眾，晝夜前來，遠赴國難。只有忠義一個念頭，你的忠誠和誠信，值得嘉獎。

你歷盡艱辛，立有戰功。我說要獎賞，卻又沒有獎賞，我對自己總感到不滿。曾經想向朝廷上奏，讓你擔任官職，以此獎勵你的忠誠和勤勞，隨即因為本爵的父親去世，回家守孝，來不及辦理此事。

如今我奉命總督四省軍務，再次來到你的地方。過去跟隨我從徵的軍士，多被妒忌功勞的人百般壓制，我心裡對此感到極為不平。

第四部　謹候回宮

　　我時常想著你葉芳過去的功勞還沒有得到獎賞，應該先對你進行獎勵，所以特地派遣典史張繢帶來花紅羊酒，親自送到你家，為的是表彰你的功勞。

　　你應該更加謹慎地守禮守法，團結手下的人，要更加竭盡忠勤，報答皇上的恩德。要教育部下，一定要各自安定生活，各自守家立業。

　　有不做善事的人，但沒有做了善事而不獲回報的人；有不做惡事的人，但沒有做了惡事而不遭殃的人。

　　聽說你所居住的地方旁邊靠近各寨的新民，這些新民，原來是盜賊，雖說棄惡從善，但其中還有許多與你為仇的人。你要把自己的圍牆築得高大，要嚴加警備，以防止意想不到的事發生。

　　你們曾經與杜柏、孫洪舜等不和，雙方應該化解矛盾，講究信用，修復和睦，安定地方。

　　我念念不忘教誨你們，實在因為想著你們辛勤跟隨我，而且時間這麼長。我對你們的感情不亞於父子，所以雖然不想說這些話，但感情上不容許我這樣做啊。

　　我今天因為軍機要務在身，需立即趕赴兩廣，不能久留贛城。你們要明白我教導你們這些話的意思，各自安定家庭，不必老遠趕來看望我，白白辛苦，沒有好處。至於曾德禮等，我都告訴他們同樣的意思。

　　王陽明所說的「花紅羊酒」，不是專指某種品牌的酒。花紅，指高級的禮品；而羊和酒，則指肉類和酒類了。

　　王陽明六月十五日接到寧王謀反的報告，至七月二十六日寧王擒獲，不到四十天的時間，其間用計設謀無數。但報捷的奏疏上，一切反間之計，都沒有講到。這是因為使用詭計，不是君子出於自己意願的事，不想明白告訴世人。當時，如果不行反間計，寧王一定立即揮兵攻取南京，各

路依靠什麼進行防備？讓寧王白白地失去好機會，全是拖住寧王一著棋。而拖住寧王的原因，全是採用反間一事。

現在讀奏疏上所寫的內容，卻不曉得奏疏之外還沒有講到的事情。這些沒有講到的事情，多於奏疏上所寫的十倍也不止。

錢德洪說：「先生曾經說過，孔子修《春秋》，凡是陰謀詭計的事情，都刪去，這樣做是為了杜絕奸詐。所以，先生平定寧王採用反間計，不寫在奏章上，也不用語言表達出來，門人弟子從沒聽到先生說過，這也是表現了孔子的思想。」

錢德洪又說：「然而，不把前因後果寫清楚，後世將不知道非常容易打敗朱宸濠的原因。雖然有忠誠於國家的人，有從國家出發考慮的人，但有的人遇事往往輕視，只看到成功的一面，看不到艱辛的一面。對於這些人來說，則一切計謀，可以幫助他竭盡忠誠，為國效勞。在他人為陰謀詭計，在先生則為隨時變化、為國赴難的一種智慧。從這個角度看，把這些計謀留存下來，與杜絕奸詐的思想也是相符合的。」

欲知後事如何，請看下章。

第四部　謹候回宮

第二章
分兵剿滅殘敵，上疏請寬免賦稅

　　王陽明在贛州大戰三天，活捉寧王朱宸濠。二十四日初戰，二十六日寧王就擒。

　　朱宸濠被擒，當時，雙方將領尚不知實情，仍在江面上激烈戰鬥。隨後消息紛紛傳送，確知被擒後，叛賊都紛紛逃散，潰不成軍。

　　捕獲的重要人員有世子、郡王、將軍、儀賓，郡王指不是嫡長子，也就是指不是受封的親王，儀賓是親王或郡王的女婿；偽太師、偽國師李士實、劉養正；還有殺死孫燧的火信；其他有劉吉、王綸、王春、吳十三、秦滯、劉勳等。這些人擔任的非法官職，有的為元帥、參贊，有的是尚書、都督，有的是指揮、千百戶等，總共有數百人。

　　捕獲被拘執的脅從官員有太監王宏，御史王金，主事金山，按察使楊璋，金事王疇、潘鵬，參政程杲，布政使梁辰，都指揮郟文、馬驥、白昂等。

　　共擒獲、斬殺賊黨三千餘首級，落水死者三萬餘。丟棄衣甲、器杖、財物，與浮屍積聚，綿延橫亙，長達十多里，如同陸洲。

　　江湖上的殘餘叛黨乘坐的船隻，多達數百艘，四散潰逃。王陽明迅速派兵分路追剿。

　　王陽明嚴令：「不得讓叛賊逃入他境為患。」

第二章　分兵剿滅殘敵，上疏請寬免賦稅

　　王陽明自己親率一支官兵追剿潰逃殘兵。七月二十七日，追到新建縣的昌邑城，昌邑有西漢昌邑王劉賀修築的遊塘城，古城因此得名。位於南昌城北面，贛江東邊，鄱陽湖西汊。王陽明在此大敗賊兵。

　　賊兵逃到建昌縣吳城，吳城離南昌約一百八十里，距九江約一百二十里。處在贛江、修河、鄱陽湖交會處。為江西四大名鎮之一，中國千年古鎮。又擒獲斬殺一千多，其餘全部死於水中。

　　七月二十七日，有一股殘賊共五百多人，逃到臨江府新喻縣河下鎮。棄城而逃的南康府知府陳霖，祕密潛往各鄉集兵，正好在此遇到這股殘賊，於是被他擒斬二百三十餘人。其餘三百三十多名逃賊，又遇知府曾璵、周朝佐，他們各帶官兵從黃家渡一路追殺過來，於是又被全部斬殺。

　　七月二十八日，得到陳槐等報，各官又擒獲斬殺一千多。

　　王陽明從起兵至破賊，即從夜襲新、舊墳廠的戰鬥開始，總共不到十天時間，紀功一萬一千有零。

　　七月三十日，王陽明接到益王府長史的報告，益王府設在建昌府南城縣。長史，為官名，王府的幕僚。長史報告稱：「益王資助都督府軍餉，白銀一千兩，以共解國難。」於是，王陽明上疏，稱讚益王的義舉。然後，把一千兩白銀點名散發給有功的士兵。

　　這年的夏秋之交，江西正值大旱，又遭受戰爭創傷，老百姓苦不堪言。戰爭前夕，王陽明已多方賑災救濟，渡難濟困。七月三十日，王陽明上疏益王的義舉後，接著又上《旱災疏》：

　　根據全省所有十三府報告：今年三月開始，直到七月，一直沒有下雨，禾苗全部枯死。夏稅秋糧，無法繳納，人民愁嘆，將及流離。各府縣要求上奏朝廷，寬免賦稅。

第四部　謹候回宮

　　我立即命令所屬官吏，還有德高望重的老人勘察調查。從三月以來，雨水確實沒有降下，禾苗枯死。接著寧王謀反，趁機鼓動搗亂，傳布散發偽命，說朝廷優免租稅。卑鄙小人，一心為利，別的什麼都不顧，騷亂不寧，想著的是最好社會大亂。

　　我因此發文通知，張貼告示，許諾向朝廷上奏，優免稅糧，並用大義進行告誡，反覆說明開國以來，朝廷的恩惠就是發展生產，安定人民生活，揭露寧王的惡行。因此人心稍稍安定，背離寧王，心繫朝廷，年老病弱的留家守護，少壯男子出征打仗，編組民戶，運送軍糧，縣裡沒有一戶遺漏，家裡也沒有留下一位成年男子。

　　所以，即使晴雨適時、氣候調和，江西人民也已耽誤農時、荒廢耕種，去從事出征打仗的苦役。況且，戰爭和乾旱同時發生，就是有資財的富裕人家，也不免物資缺少、受飢挨餓。貧困人家、一般老百姓，怎能不棄屍於山溝水渠、流離失所、分散四方呢？倘若由於飢寒所迫，苦於徵收財物和賦稅，人人各自作亂，將怎麼辦呢？

　　請求皇帝下詔，暫將江西正德十四年全年需要繳納的稅糧，通通予以優免，解救遭受戰爭和乾旱雙重殘害的老百姓，這也是防止變亂的措施。

　　萬望皇上停發超額人員的俸祿，減少不必要的賞賜，停止沒有名目的徵收。節約開支，節省費用，以充足軍隊和國家的需求，這樣天下就值得慶幸了。

　　欲知後事如何，請看下章。

第三章
捷報上呈，陽明為將士請功賞

　　孫燧長子孫堪，挺戈奔赴戰場。七月二十六日，朱宸濠擒獲時，還未趕到南昌，於是改為處理父親的喪事。孫堪一悲慟，就昏死過去，而後又甦醒，於是導致兩耳失聰。王陽明哀憐他，寫悼念文章祭奠孫燧說：「公為忠臣，公的兒子為孝子。」因此世間才稱孫堪為「孫孝子」。孫堪扶柩回到家鄉後，率領弟弟孫墀、孫升，在父親的墓旁搭小茅屋守孝。

　　王陽明也沒有立即上疏向朝廷報告好消息，他有更重要的事情要做：追捕逃賊，安撫百姓，穩定秩序，安定社會，要求減免賦稅等。等這一切稍稍有了頭緒，七月三十日這一天，就草擬〈旱災疏〉，接著才草擬〈擒獲宸濠捷音疏〉。

　　這封奏疏，前半部分與前文寫到的〈報江西捷音疏〉的內容一樣，在此不再贅述，後半部分說：

　　我分兵四路，追擊跟蹤寧王進軍的線路，乘機擒剿，於七月二十二日已另行報告。

　　就在七月二十二日這一天，根據諜報人員的報告，以及從安慶逃回的被虜船戶十多人報告，寧王於十六日圍攻安慶，沒有攻下，親自帶兵，率領民夫，運土填埋護城河，下定決心，一定要攻下安慶城。

　　當天，寧王接到南昌守城官派來的使者報告：「贛州王都堂已引兵

第四部　謹候回宮

至豐城，城中軍民震駭，請求立即分兵回援。」寧王聽到後大恐，即欲回船。

這時，太師李士實等勸阻：「直接趕往南京，先登大位。登位後，則江西自然順服。」寧王不聽。

次日，遂解安慶之圍。

寧王移兵，停泊在長江支流上，聚眾商議，先遣兩萬歸援江西，寧王隨後親自率兵跟上。

在此之前，我率兵進駐豐城。眾人商議：「安慶被圍，應該引兵直接奔赴安慶救援。」

我不贊同眾人觀點，我說：「因為九江、南康都被叛賊占領，南昌城中叛賊有數萬之多，精銳部隊也有一萬多。我們的部隊如果跨越南康、九江兩城，直抵安慶，叛賊必回軍死鬥。安慶的部隊僅僅只能保衛自己，一定不能趕到鄱陽湖中來支援我們。南昌的叛賊出兵斷絕我們的糧道，而九江、南康的叛賊又合力在後面跟蹤騷擾。這時，四方的援兵又不可指望，這樣，局面就沒法對付了。如今我們的部隊已經聚集，搶先一步，氣勢上已壓倒對方，城中必定已經震驚恐懼，藉此有利條件，併力急攻，在這種形勢下，一定攻破南昌城。南昌城一破，盜賊必定嚇破膽，喪失士氣。叛賊失去自己的基地後，勢必回兵救援，那麼安慶之圍自然可以解除，朱宸濠也可以因此而被擒獲。」

後來得到的情報，果然如我所料。

我統率部隊，同領兵的知府、監軍，及首倡大義的鄉官等，商議如何抵抗的策略。

眾人說：「叛賊兵眾勢盛，氣焰囂張到要燒及我們的鬍鬚。如今四方的援兵還未有一人來到，叛賊憑藉高昂的士氣，集中力量攻擊我們，我們

第三章　捷報上呈，陽明為將士請功賞

一定不能支撐。不如暫時收縮兵力入城，加固城牆堡壘自守，等待四方援兵到來，然後再慢慢商議進攻還是防守。」

我說：「寧王兵力雖然強盛，士卒雖然精銳，然而，叛賊所經過的地方，只是依仗燒殺搶掠的恐怖手段，威逼、脅迫遠近各地。實際上他們尚未遇到過真正強大的對手，從未經歷過特殊戰法和常用戰法。寧王鼓動煽惑手下，全以官爵賞賜作為引誘。現在，出兵還未滿一月，就馬上後退回援，兵士心思已經離散。我們如果先出精銳部隊，趁其意志消沉時，中途攔截，一挫其鋒，叛賊將不戰自潰。所謂『先人有奪人之氣，攻瑕則堅者瑕』，說的就是這個道理。」

當天，撫州府知府陳槐領兵趕到。

這時，我就派遣知府伍文定、邢珣、徐璉、戴德孺，各領兵五百，分道並進，出其不意進行襲擊。又派遣都指揮余恩領兵四百往來湖上，以引誘賊兵進入伏擊圈。知府陳槐，通判胡堯元、童琦、談儲，推官王暐、徐文英，知縣李美、李楫、王冕、王軾、劉守緒、劉源清等，讓他們各領兵百餘，四面張疑設伏，等候伍文定等交戰，然後四起合擊。

分布既定，我就大力救濟城中軍民。

考慮宗室、郡王、將軍，有人可能作為內應，發生變亂，我親自撫慰，曉諭他們，以安其心。

我又貼出告示，凡脅從者不追究刑事責任，即使曾經接受過叛賊的官爵，能逃歸者，都免死。斬殺叛賊歸降者，給予獎賞。派遣城內城外的居民及各鄉各道的人，四路傳播，以解散其黨。

二十三日又得到情報，寧王先鋒已到樵舍，風帆蔽江，前後數十里，不計其數。

我就分別督率各兵，乘夜快速進軍，派遣伍文定作為主力，正面迎

第四部　謹候回宮

敵，余恩緊隨其後；邢珣引兵繞出賊背；徐璉、戴德孺從兩側進攻，以分其勢。

二十四日早上，賊兵鳴鼓吶喊，乘風而前，直逼黃家渡，其氣焰極其驕橫。伍文定、余恩之兵，接連假敗，以引誘賊兵前進。

賊兵求勝心切，互相爭著向前急駛，戰船快慢不齊，前後脫節。這時，繞出敵人背後的邢珣，斜刺從後面橫擊過來，直貫其中，叛賊敗走。伍文定、余恩掉轉船頭，又督兵乘勝追擊。徐璉、戴德孺，也從兩側合勢夾攻。一時間，四面伏兵齊出，鼓角齊鳴，喊聲震天，同時進攻。叛賊暈頭轉向，不知如何應戰，於是大敗。

我軍追奔十多里，擒獲斬殺二千餘首級，叛賊落水死者數以萬計。

叛賊士氣大喪，引兵退守八字腦。有少量叛賊開始逃走散離。朱宸濠震懼，親自激勵將士：重賞當先衝鋒者，賞銀千兩；受傷的，賞銀百兩。派人傳令盡發九江、南康守城之兵，以增加水上兵力。

這天，建昌知府曾璵，也領兵趕到。

我對大家說：「九江不攻下，則鄱陽湖的水軍，終究不敢跨越九江而來支援我們；南康不收復，則我們的部隊也不能跨越南康而跟蹤追擊叛賊。」

我命令：「撫州知府陳槐領兵四百，會合饒州知府林城之兵，趁機進攻九江；建昌知府曾瑪領兵四百，會合廣信知府周朝佐之兵，趁機收復南康。」

七月二十五日，叛賊再糾集隊伍，集合兵力，盛氣挑戰。

當時風向不利於我軍，我兵開始膽怯後退，死者數十人。我急命令斬取先後退者的頭。

知府伍文定立於銃炮之間，被戰火燒到鬍鬚，但不敢退，奮督各兵，

第三章　捷報上呈，陽明為將士請功賞

殊死並進。砲彈打到了寧王的大船，寧王退走，遂大敗。擒獲斬殺叛賊二千餘首級，落水死者不計其數。

叛賊退守樵舍，把船連起來，形成方陣。寧王拿出所有的金銀，賞賜給將士。

晚上，我就督促伍文定等，做好火攻的準備。邢珣從左邊攻擊，徐璉、戴德孺從右邊攻擊，余恩等分兵四伏，舉火為號，合力攻擊。

二十六日早晨，寧王剛剛朝見群臣，召集所拘捕的三司各官，責備其中不肯出死力、坐觀成敗的人，準備把他們捉出斬殺，大家爭論不決。而此時我兵已奮力攻擊，四面會合過來。一發砲彈，打到了寧王的副船上，大火燒了起來。於是眾人奔逃潰散，寧王與妃嬪泣別，妃嬪及其跟隨的宮女都跳江而死。

王陽明敘述了擒獲寧王及其他主要人員後，接著說：

二十七日，又追殺叛賊到樵舍，大破賊兵。又大破於吳城，再擒斬千餘首級，其餘全部落水而死。

二十八日，得知府陳槐等報，也各與殘賊戰於沿湖各處，擒斬各千餘首級。

我等擒獲寧王後，進入南昌城，城內城外軍民，圍聚過來觀看的，數以萬計，歡呼之聲震動天地，沒有不舉手加額，表示慶賀。真的像解倒懸之苦，也如同救人於水火之中。

我把寧王並其世子、郡王、將軍、儀賓、偽授太師、元帥、都督、都指揮等官，各分別監禁，等候解送；被寧王拘執、脅從等官員，以及各宗室，討論後將處理意見另行向皇帝上奏；另，把官兵擒斬俘獲叛賊的情況，按功勞大小，共有一萬一千多，發送御史謝源、伍希儒，暫令他們審驗記錄，另行造冊上報皇上。

第四部　謹候回宮

我敬奉皇帝的詔令：「只要有盜賊發生，立即嚴督所在地方的兵備、守備、守巡，以及各軍衛，還有地方官府衙門，設法調兵剿殺。管轄統領兵快的官員，不問文職武職，如果在軍前違期並停留退縮者，都按照軍法處置。生擒盜賊，審問明白，也任憑斬首示眾。斬獲叛賊首級，命令所在地的兵備、守巡、守備官，當即記錄查驗明白，備文通知江西按察司造冊上報。按照詔令辦理，提職受獎，激發鼓勵。欽此。」

我又按照兵部命令：「今後一旦出現草賊，事情緊急，當地的官府衙門立即依照條律，調撥官軍，乘機剿捕；應該配合圍捕者，也要立即調兵派發策應。」

我又按照皇帝詔令：「如果江西別府報告賊情緊急，行文到的一天，你也要及時遣兵策應，不得違誤。欽此。」

我現在所有的行動，就完全按照皇帝詔令和兵部命令。

寧王與母輩淫亂，奸惡橫暴，醜惡的行徑廣為傳布。殘殺善良的人，盤剝傷害百姓，數其罪惡，世所未有。叛亂的陰謀，已超過十二年。一貫以暴力挾制別人，遠及四方。士大夫、讀書人，雖在千里之外，都遮住眼睛，搖手示意，不敢論其是非。小老百姓雖在荒村僻野，只能忍氣吞聲，有怨恨不敢言，也不敢訴說遭受的冤屈。

寧王還招引接納逃亡的大盜，如巨賊吳十三、凌十一等。透過這些惡徒，再各自吸引數千人。召集四方武藝高強、勇猛凶暴、力能拔樹舉鼎的人，也有一萬多。還派遣他的黨羽王春等，分別帶著金銀數萬，私下安插奸徒於滄州、淮揚、山東、河南等地。

等到寧王起事的一天，派出王府護衛、有姻親關係的人員，聯繫同黨，私下勾結同夥，驅使脅迫商人、軍士、民夫，分別派出王府官員、親近的人、到各地募集來的叛亂人員，多者數千，少者數百，這些人全部合

第三章　捷報上呈，陽明為將士請功賞

起來，對外號稱十八萬，風帆蔽江，順流而下。

除了部分留守省城南昌外，跟隨寧王沿江東下的，實際上有八九萬之多。

且又詐稱密旨，以控制遠近；非法傳送聲討文書，以謠惑人心。

所以寧王舉兵倡亂一個多月，而四方震懾畏避，都說他大勢已定，沒有人敢站出來抗議，也沒有人敢起來抵抗。堅守氣節的人，只是鞏固城牆以自守；忠義激憤的人，只是集兵以等待時機。不是智慧、謀略、忠義之氣不足，而是寧王的氣焰使他們這樣。

臣以瘦小、虛弱、多病的體質，才能比不上平庸的人，智慧每次錯亂於迂腐荒謬，當此大變亂時，就勇於不顧不是我的專任，以路上隨行的百來個士兵，起事於動盪疑懼之中。一月之間，就能攻克收復堅固的城池，俘虜擒住元凶首惡。以一萬多臨時組織起來的部隊，竟能打敗十萬多強大的叛賊，這本來就是上天暗中的安排，宗廟、社稷默默的保佑，也是陛下顯赫的聲威所致。

朝廷出謀劃策的各位大臣，在禍害將爆發之前預先作出安排處置，在事情尚未萌芽時，就祕密制定措施進行防範，果敢任命我為提督，使得能夠約束有權勢的社會集團，令人敬畏，彷彿有虎豹在山上的威嚴；公開宣布法令紀律，使人人各自為戰，協調一致，有像指揮手臂那樣運用自如的形體；命令我及時策應，不限以地，顯示有像常山之蛇能首尾呼應活動靈活的姿勢。

所以我能夠不等皇帝的聖旨下達，而調集幾個府的部隊，組織幾個府的人民；也不待皇帝詔令的督任，而自己赴國家之難，長驅越境，直搗賊巢，窮追猛打，不以為不是專任而遭人嫌疑。這就是把最險要的關隘埋伏於人們的不知不覺之中，把不可預測的計謀隱藏於通常制定的策略之外。

第四部　謹候回宮

　　人們只看到春秋晉國趙簡之的寵臣嬖奚獲得了很多獵物，卻不知道這是由於王良善於駕車才獵到的。

　　王良說：「第一次，一定要我按規範駕車，一隻野禽也打不到。第二次，讓我根據實際情況，靈活駕車，一下就打到了十隻野禽。」

　　那麼今日平叛，預先謀劃、提前盤算的功勞，又是誰位居前面呢？御史謝源、伍希儒監督軍隊，督促各路兵馬，出謀劃策最多，號召兵士奮勇向前，宣揚朝廷威嚴，受盡艱難困苦。

　　各路統兵官：知府伍文定、邢珣、徐璉、戴德孺、陳槐、曾瑪、林城、周朝佐，代理都指揮僉事余恩；各路分領官：通判胡堯元、童琦、談儲，推官王肺、徐文英，知縣李楫、李美、王冕、王軾、劉源清、劉守緒、傅南喬；協助分領官：通判楊昉、陳旦，指揮麻璽、高睿、孟俊，知縣張淮、應恩、王庭、顧似、萬士賢、馬津等，雖然做出的成績、貢獻的能力有大有小，但都是率先響應，聚集義師，參與平叛，爭赴國難，合力同心，共收全功。其中，如伍文定、邢珣、徐璉、戴德孺等，冒險衝鋒，功勳業績尤其大。

　　在鄉的朝廷官員，都御史王懋中，編修鄒守益，御史張鰲山，郎中曾直，評事羅僑，金事劉藍，進士郭持平，驛丞王思、李中，按察使劉遜，參政黃繡，知府劉昭等，仗義興兵，協助部署，顯示威武，商議策略，輔佐謀劃，克敵致勝。

　　以上各官功勞，即使平常的征討圍剿，也已非常難得，何況現在謠惑的情況下，四方有智謀、有勇氣的人，沒有人敢擋寧王鋒芒，而各官激昂慷慨，忠義憤激，為國家利益而願意獻出生命，竟能若此。

　　萬望皇上論功獎賞之外，普遍升官加薪，表彰提拔，以勉勵天下的忠義之士，以磨鍊將來軟弱膽小的人。

第三章　捷報上呈，陽明為將士請功賞

　　還要告訴天下所有的人，像寧王這種奸雄，胸懷謀反的野心已有十多年，而起兵一個月，動輒就被擒滅，由此可見天命在朝廷，想謀取天下、妄圖蕩平四海是不可能的。

　　更願皇上停止巡視各地，制定治國的大政方針，莊嚴臨朝，清簡為政，勵精圖治，以繼承開國以來的洪福，以杜絕奸雄妄想謀取國家的陰謀，那麼天下就值得慶幸了，我等自然也感到很幸運了。

　　只因為這是上報好消息的事情，為此專差千戶王佐親自送來，謹請指示。

　　七月初三日，周期雍趕到。王陽明正高興之際，想不到林俊的兩位僕人送佛郎機銃也到達，接著在湖廣常德的冀元亨也到達。冀元亨從寧王府回來後就逃至老家常德，現在聽到寧王謀反，立即抄小路趕來。

　　林俊在莆陽，周期雍在上杭，而冀元亨在常德，且各離南昌三千多里，竟同日而至，王陽明自然十分高興，寫下了〈書佛郎機遺事〉一文。

　　欲知後事如何，請看下章。

第四部　謹候回宮

第四章
武宗誤期小劉會，陽明怒拒獻宸濠

六月下旬，朝廷接到寧王謀反的消息。兵部開會商議，決定命將討賊。武宗下詔說：「不必命將，朕當親率六師，奉天征討。」

內閣、六部等朝廷大臣紛紛勸諫，武宗不聽。

前面說過，兵部武選清吏司員外郎倪宗正，上疏直言，攔阻挽留，幾乎被鞭刑拷打致死。罰跪五天，罰跪期間倪宗正還寫詩勸阻。

朝廷六部各司的長官，稱郎中，而員外郎是副職。餘姚人倪宗正擔任的就是兵部武選司的副職。

為了封住大臣的口，武宗又下令：「如有再勸諫，殺！」並令內閣首輔大臣楊廷和、兵部尚書王瓊等人鎮守北京。

於是，大臣也不再勸諫。

武宗自然知道倪宗正的忠心，自己親征的目的也已達到，於是賜予倪宗正織有獸形圖案的錦繡，但倪宗正已出京到地方任職，擔任廣東南雄府知府。正好朝廷追溯官員的以往功績，對他們加以升官，於是倪宗正的級別加三品。

武宗任命自己為「威武大將軍、鎮國公」，化名朱壽。任命安邊伯許泰為總兵官、平虜伯江彬為提督、左都督劉暉為總兵官、太監張忠為提督軍務、太監魏彬為提督、太監張永為提督、輔佐謀劃機密軍務，並勘查朱

第四章　武宗誤期小劉會，陽明怒拒獻宸濠

宸濠謀反的事情，以及調查清理庫藏等事；兵部侍郎王憲為督理糧餉；給事祝續、御史張綸，隨軍紀功。共率北軍、邊軍數萬，兵發京師，劍指南昌。

這位祝續，是祝枝山的兒子。祝枝山是明代江南四大才子之一，琴棋書畫樣樣拿手，但只有一樣不靈，就是科舉考試。十九歲成為秀才，五次到省裡考舉人，才於弘治五年（西元1492年）考中。六次到禮部參加會試，次次落榜。第七次與兒子祝續一同考試，兒子考中，自己又名落孫山，於是絕了科舉的念頭。

這位才華橫溢的落第秀才祝枝山，與王陽明倒是好友，王陽明琴棋書畫也樣樣拿得出手。祝枝山的畫，常配有王陽明的詩和字。如今，北京軍事博物館還藏有王陽明的圍棋盤；臺北故宮博物院還藏有王陽明的山水畫。

然而，祝枝山的兒子祝續，卻總是乘機在武宗身邊講王陽明的壞話。

雖然王陽明兩次上報勝利的消息，但武宗把奏疏留在宮中不釋出，周圍的寵臣又都說：「元凶首惡雖然捉拿歸案，但逆黨還未全部消滅，不全部捕獲，一定會留下後患。」為武宗親征製造藉口。

武宗命令楊廷和起草威武大將軍、鎮國公南征的敕諭，敕諭也就是皇帝的詔令。楊廷和反對武宗親征，當然不肯起草，武宗心裡很惱火。

楊廷和自己不願意寫，只好推薦禮部尚書、文淵閣大學士劉春起草。劉春是四川人，文筆非常了不起。歷史上四川只出過一個狀元、一個榜眼。一個狀元就是楊廷和的兒子楊慎，一個榜眼就是劉春。

待劉春起草好皇帝詔令後，武宗找了個理由，說楊廷和偏護本鄉人，嚴厲地批判了楊廷和。楊廷和上疏謝罪，並請罷免自己，武宗不予答應。

第四部　謹候回宮

楊廷和就假託自己生病，不再上朝，武宗也不去管他，傳旨南下。

乾清、坤寧兩宮因火災重建，即在此時工程竣工。武宗想到楊廷和被自己狠狠批判了一頓，考慮到工作還是盡心竭力，於是藉此機會又開恩封賞，擬錄用楊廷和一子為錦衣衛副千戶，楊廷和照例推辭，武宗照例不予同意。

就這樣，一來二去，到八月二十二日，武宗才率領大軍從北京出發，距離王陽明擒獲寧王的時間，將近一個月。

帶兵出師，行軍打仗，哪有帶內眷的？武宗與小劉相約：「在順天府通州的潞河會面。」

潞河，也稱白河，又稱北運河，北通北京，東連天津，與大運河相接，可達杭州。兩岸景色優美，柳蔭龍舟，二水匯流，長橋映月，碧水環城，漕艇飛帆，風行蘆蕩，白河漁舟。

當初，武宗看到寧王送給臧賢精緻的小酒杯，一直擱在心上不能釋懷，回到小劉處，小劉笑著提醒說：「爺爺現在還思念寧王的寶物，寧王不思念爺爺的寶座就夠了。」如今相約的就是這位小劉。

小劉相贈一簪，說萬一誤期，就作為去接她的信物。

誰料武宗縱馬過盧溝橋時，把簪子顛掉了，就按兵不動，尋找三天找不到，也真的錯過了相會的日期，於是只好派太監去接。

二十六日，大軍才走到北平府涿州。

大軍行至山東東昌府臨清縣，去接小劉的太監回來，但沒有接到小劉。因為小劉不見作為信物的簪子，就婉言謝絕說：「不見簪，不相信，不敢赴。」

武宗沒有辦法，便乘船晝夜兼行回通州，親自去接小劉。武宗去接小

第四章　武宗誤期小劉會，陽明怒拒獻宸濠

劉，暫且不表，回頭再說王陽明。

明朝制度規定，地方官三年一次進行政績考核。明年，也就是正德十五年（西元1520年），正好是大考年。正月初一，各府縣的正職官員，必須按例進宮拜見皇上。各統兵知府，即吉安知府伍文定、贛州知府邢珣、袁州知府徐璉、臨江知府戴德孺、撫州知府陳槐、建昌知府曾璵、饒州知府林城、廣信知府周朝佐，聯名向王陽明報告此事。如果要趕在正月初一拜見皇上，現在就須準備動身，路上需要三四個月時間。

於是，王陽明於八月十七日向朝廷上疏，要求留下朝覲官。王陽明說：「各縣掌印官雖未全部領兵，但擔任防禦城池、措辦糧餉的重職。況且，省裡的布政使、按察使及南昌府知府鄭琳、瑞州府知府宋以方，都在六月十四日被朱宸濠扣押，沒有復職管事。九江、南康兩府及南昌、新建兩縣各官都戴罪，聽候吏部裁處。各地官員三年述職，是朝廷大典，掌印正職官按規定必須赴京應朝。現在叛亂雖然平定，然而地方還不安寧；還要徵集、呼叫人力和物資；老百姓的創傷需要撫慰；再加上大旱，意料不到的禍患要提防。況且，各官還在省城，尚在謀劃防守的策略，什麼時候回去，還沒有確定。因此要求把這些官員留下，由各府縣的副職官員上京述職。」

各種政務安排處理基本就緒，於九月十一日這天，王陽明由南昌起程，親自押解寧王去京師。

太監張忠、安邊伯許泰等，在半途上獲悉，想把王陽明追趕回來。兩人商議，把寧王放回鄱陽湖中，由武宗親自與寧王決戰，再抓捕一次。於是，連忙派人追到廣信府，廣信府與上饒縣同城而治。

張忠利用太監的職務之便，借武宗以威武大將軍的令牌，派遣錦衣千戶，搶在進軍南昌的大軍前面，趕到廣信府上饒，追取朱宸濠。

第四部　謹候回宮

　　錦衣衛，是皇帝直接掌管的情報機構。由於缺乏權力限制，為邀功請賞而羅織罪名，不擇手段地擴大牽連範圍，製造的冤假錯案，數不勝數。錦衣千戶，是正五品武官。

　　王陽明不肯出去迎接，各位官員苦苦相勸。

　　王陽明說：「子女對於父母荒謬的命令，如果可以訴說，也當流著眼淚向父母勸諫，我怎麼能忍受這些諂諛之臣呢？」不得已，令隨從人員捧著詔令一同迎入。

　　負責禮節的官員問王陽明：「慰勞錦衣衛，安排多少禮銀？」

　　王陽明吩咐：「只可給他五兩白銀。」

　　錦衣衛官員怒而不納。第二天向王陽明告別，王陽明牽著他的手說：

　　「正德初年，我在錦衣衛的大牢關了很久，沒有見過像你這樣輕財重義的人。昨天，這麼少的東西，也是表達我的一點心意，講究一個禮節罷了。聽說你都不肯收受，真讓我感到惶恐慚愧。我沒有別的本事，只會寫文章。他日當為你寫一篇表彰的文章，讓大家也知道錦衣衛竟有你這樣的人。」於是，再次拜謝。

　　那位錦衣衛官員竟然說不出其他的話來，告別離開。

　　欲知後事如何，請看下章。

第五章
阻六師入江西，令衙門安撫軍民

王陽明送走錦衣衛官員，繼續向前進發。

九月十七日，接到兵部公文。公文是八月十六日發出的，使者從京城到南昌，再從南昌回頭到廣信，追上王陽明，一來一回，花了一個月時間。公文內容包括兩方面：一是兵部向皇上的奏疏；二是皇上對奏疏的批覆。

兵部向皇上的奏疏說：

兵部接到南京守備參贊官連續上奏十分緊急的軍情，於是我們立即對此進行商議處置。

兵部建議，任命將官一員，掛平賊將軍印，擔任總兵官，領取官印、旗牌；挑選各營精銳官軍三千多名，分別給予軍前獎賞的銀兩布匹；調配適合作戰的馬匹，發放軍火器械，趕緊前去南京，根據實際情況，決定戰守策略。再獲確實的情報，就會合各路人馬，進軍征討。

再請命令都御史王守仁，調集官軍，挑選捕盜兵快，親自督促率領，於江西東南主要路口駐軍，把守堵截，相機行事。

還要責成浙江布政司左參政閔楷，挑選募集處州的民兵，由閔楷統領，並選定部隊駐紮地，聽候呼叫，策應剿捕。

另外，再下一道詔令給都御史王守仁，提督軍務的原任職務不變，再

第四部　謹候回宮

兼任江西巡撫。前面所報的軍情,如果南京守備派人調查考核,再獲確實的情報,就讓前面所說的領軍官張貼告示,遍發江西各地張掛,傳播告知,但有能聚集義兵、擒殺謀反叛逆罪犯的人,根據所獲功績大小,封拜侯伯,以及提升授予都指揮、千百戶等官,並予以世襲;賊夥內,有能自相擒斬、解送官府的,一律免去死罪。

特此上奏皇上,請皇上決定。

兵部所說的各營,指的是五軍營、三千營、神機營三大營。這三大營,當時由成祖皇帝朱棣下令組建,是最精銳的作戰部隊。其中,五軍營是騎兵和步兵的混合部隊;三千營,以三千蒙古騎兵為骨幹,全為強悍的騎兵;神機營則是掌管火器的特殊部隊,主要是火炮、火銃等。處州,即後來的浙江麗水。

對兵部的報告,武宗批覆:

江西寧王謀反的事情,是不法行為,事情重大。你們部裡既然開會已商議處理此事,然而朕當親率六師,奉天征討,不必命將。王守仁的事,暫且照你們的意見辦理。欽此。

王陽明看完兵部的公文,想到必須立即上疏皇上。現在寧王已經被擒,安定的局面也恢復。皇上再御駕親征,毫無意義,反而給沿途軍民帶來不安和動盪。九月十七日當天,王陽明寫好《請止親征疏》,立即送出。奏疏說:

先前,接到地方謀反的重要事情,寧王朱宸濠殺害鎮守一方的封疆大吏,舉兵叛亂。我於六月十九日書面報告朝廷後,調集軍兵,選擇委任官員,激勵士氣,顯揚武威。

七月二十日,先攻克省城南昌,搗毀寧王巢穴。

第五章　阻六師入江西，令衛門安撫軍民

七月二十四日等日，兵至鄱陽湖，與叛賊連日大戰。

至二十六日，宸濠就擒。謀黨李士實等，賊首凌十一等，都已擒獲。潰逃的叛賊都已掃蕩。福建、廣東前來南昌聽候調遣的兵士都已解散返還，地方上受到驚擾的民眾也都撫卹安定。

我只有一個念頭：忠義激憤，誓不與賊共生。但我的見解不切合於實際，才能低劣，事實上怎麼可能平定寧王呢？這都是因為有祖宗在天之靈，有我皇上的聖武顯揚，有兵部謀略的預先確定，也因為各級官員的同心協力，兵士的效忠聽命，這樣才取得了平叛的全面勝利。這些，我都逐一報告了皇上。

寧王朱宸濠濫用職權，作威作福，暴虐的氣焰已蔓延遠方。妄想竊取天下，叛逆的陰謀早已醞釀心中。招收叛逃人員，接納逃亡的叛賊。

皇上的動靜，什麼都探聽到。到處安插奸細，大臣向朝廷的報告，沒有一樣不知情。反叛一開始，預料皇上一定親征，沿途預先埋伏奸黨，準備刺殺皇上。仿照張良在博浪的地方行刺秦始皇，荊軻在獻地圖時暗藏匕首刺殺秦始皇。

如今，叛賊轉身之間就已就擒，依法應該解赴京城，告訴天下這是上天的懲罰。然而，我想讓部下各官押解，實在擔心原來潛伏的刺客還有隱藏的，利用機會暗中發動，或導致意想不到的事情發生。這樣，我就是死了也感到遺憾。何況，平定叛賊，獻交俘虜，本來就是國家的法典，也是做臣子職責內的事。我謹於九月十一日，親自選定並帶領官兵，把朱宸濠以及重要罪犯，督押解赴京城。

因為獻交俘虜，是顯示皇上英武聖明的事情，為此進行書面報告，專門派遣世襲官員金升親自送來。謹請指示。

金升收好奏疏，立即出發，王陽明也繼續往前行進。老百姓聽說北軍

第四部　謹候回宮

又來，頓時人心慌亂。又互相輾轉謠傳，消息沸沸揚揚，導致許多人害怕恐懼，四散逃竄，有的溺水而死，有的上吊自殺。王陽明半途聽說，就及時向老百姓勸慰解釋，但無法阻止這種慌亂的局面。王陽明想，必須對沿途官府下達命令，讓他們出面撫慰，告訴軍人、百姓，維護社會穩定。於是，王陽明對沿途的府、州、縣、軍隊衛所、官府驛站等行文通知：

先前，因為寧王謀反，請兵征剿。

接著，本院親自督促率領各路兵馬，於七月二十日攻克收復省城，二十四日開始，在都陽湖連日與叛賊大戰，至二十六日就把寧王俘獲，以及他的謀黨李士實等，賊首凌十一等，先後都被擒獲，潰逃的叛賊也全部掃蕩平定，地方稍稍安寧，已於本月三十日書面報告皇上勝利的消息。

近來，因為接到消息，北軍又來。愚昧無知的人，胡亂盲目地四散逃竄，時常溺水而死，有的還上吊自殺。本院親自進行撫慰，說明道理，也還不能阻止。

你們竟不知道，朝廷出兵，是專門為誅殺剿滅寧王叛賊、救民於水火之中而來。況且，統兵將帥，都是素有威望、任職時間長、品德高尚的老臣，久經戰爭的將軍，軍隊紀律嚴明，都是遠近素來所稱讚佩服的。即使北軍來，也一定不會侵擾危害地方。

現在寧王叛賊已經被擒。地方已經安定，北軍豈有無事而長途跋涉的道理？

愚民無知，消息傳來傳去，互相弄得驚恐惶惑，為此實在感到哀傷和憂愁，也確實擔心沿途軍民聽信傳聞不實的話。

從北邊過來的北軍，或許還不知道寧王已經擒獲，應該派官沿途告訴軍人和百姓。另外，還要派官等候北來的官兵，煩請讓他們迴轉。

第五章　阻六師入江西，令衛門安撫軍民

　　寧王以及主要叛賊，本院親自選定和帶領官兵，直接從水路解赴京師。沿途軍隊的衛所、地方職能部門、傳遞官府文書的驛站等，按照本公文所說的意思，立即張貼告示，告訴遠近鄉村的軍人、百姓，讓他們知道寧賊已擒，北軍已經迴轉，避免導致驚疑，釀成其他變亂。派去的官員，還要程程護送，一同迎候北軍，堅決請他們迴轉，以免沿途百姓供給之苦。

　　還有，本院押解賊犯，根據需求，帶領一定數量的官兵，都自備行軍的糧食以及所需物資，沿途經過的地方，所在部門只須配備人員牽拉船隻，以及略供柴草，提供各兵燒用，其他一點也不給地方增添麻煩，你們也不得藉此蒐括傷害沿途的軍人和百姓。

　　你們派出去的官員，必須日夜前進，不得中途停滯不前。

　　欲知後事如何，請看下章。

第四部　謹候回宮

第六章
星夜經玉山縣城，連夜晉見太監張永

　　王陽明派人連忙送出公文。星夜越過玉山縣縣城，在玉山縣草萍驛休息。當時已近傍晚。忽傳王師已到徐州、淮安之間。

　　此時，王陽明思緒萬千。

　　首先想到，一戰成功不值得稀罕，皇上親征的消息倒使人震驚。邊疆報警的烽火才剛剛傳來，東南民眾的人力、物力、財力，就已全部用盡。蕭颯的秋風吹來，官兵戴盔甲，跨戰馬，馳騁在江西的大地上，在太陽西斜的時候，旌旗躍過千山。現在，我要趕快北上，及時阻止皇上六師南下。

　　轉而又想，千里戰亂自己自然能一肩擔當，萬山秋色的時候，把已擒獲的寧王押往京師。在家鄉為祖母守孝的老父親不僅兩鬢斑白，頭髮也已稀疏，可是自己的公務實在太繁忙，真如大禹治水三過家門而不入。自己往東行進，插著羽毛的緊急檄文，在使人憂愁的秋天，從後面西邊的南昌送來。

　　秋天的夜晚，遠望北去京城的關山河川，路途遙遠。不由感嘆，已經盡力了，螳臂當車，要阻止皇帝親征，只能靠廟堂，靠皇帝自己了。

　　於是，寫下了〈書草萍驛〉二首：

第六章　星夜經玉山縣城，連夜晉見太監張永

其一

一戰功成未足奇，親征消息尚堪危。

邊烽西北方傳警，民力東南已盡疲。

萬里秋風嘶甲馬，千山斜日度旌旗。

小臣何爾驅馳急，欲請回鑾罷六師。

其二

千里風塵一劍當，萬山秋色送歸航。

堂垂雙白虛頻疏，門已三過有底忙。

羽檄西來秋黯黯，關河北望夜蒼蒼。

自嗟力盡螳螂臂，此日迴天在廟堂。

寫完詩，王陽明星夜迅速往前行進，越過玉山縣城，過草萍驛，前面就是浙江地界了。出發前，王陽明向朝廷上疏，要求便道省親，但沒有回音。所以，王陽明有三過家門而不入的感覺。

十月，王陽明到達杭州。太監張永已到錢塘，王陽明連夜去見張永。

張永輩分在張忠之上，位列八虎之二。何謂八虎？劉瑾、張永、谷大用、馬永成、丘聚、羅祥、魏彬、高鳳八名太監，得到新登基的武宗的寵愛，稱為八虎。

當時，劉瑾怨恨首輔大臣、餘姚人謝遷，還罷免謝遷弟弟謝迪兵部主事的職務，撤掉謝遷兒子謝丕編修的職務，並貶為民。

正德四年（西元 1509 年）二月，劉瑾藉口浙江推舉德才兼備的人，如餘姚人周禮、徐子元、許龍，上虞人徐文顏都是謝遷的同鄉，假託皇帝詔命，說餘姚隱士這麼多，這一定有私情。劉瑾想要逮捕謝遷，抄沒財產充

第四部　謹候回宮

公,內閣大臣李東陽竭力為他解脫。依附劉瑾的焦芳在旁厲聲說:「即使寬恕,也要除名。」劉瑾還下令:「從此餘姚人不得入選京官,並把這一條寫成法令。」

正德四年(西元 1509 年)十二月,諫官按照劉瑾的意思,請求朝廷剝奪劉鍵、謝遷及尚書馬文升、劉大夏、韓文、許進等人的誥命,並追回皇帝賞賜給謝遷的玉帶、官服。同時撤銷誥命的竟達六百七十五人。

王陽明在正德二年(西元 1507 年),就是被劉瑾陷害,廷杖四十,貶謫貴州修文縣龍場驛驛丞。

然而,張永比劉瑾更厲害。

正德五年(西元 1510 年),甘肅的安化王謀反,武宗下詔起用被劉瑾陷害而被逼退休的楊一清領兵征討,並命太監張永擔任督軍。楊一清知道張永與劉瑾有矛盾,並趁機握著張永的手臂說:「此次平叛有賴於閣下。然而此事易除,但國家內患怎麼辦呢?」

張永問:「指的是什麼?」

楊一清在手掌上寫了一個「瑾」字。

返京後,兩人聯手向武宗揭發劉瑾罪狀,說有謀逆之舉,武宗大怒,當夜就逮捕劉瑾入獄。正德五年(西元 1510 年)八月二十九日,劉瑾在午門外被凌遲處死,也就是千刀萬剮。

王陽明夜見張永,稱讚他賢德,誅殺劉瑾,天下讚許。極力訴說江西困頓疲憊,百姓不能承受御駕親征所帶來的負擔。

王陽明說:「江西人民長期遭受朱宸濠毒害,現在經歷大亂,再加上旱災,又要提供北軍、邊軍的軍餉,老百姓走投無路時,一定逃走,聚集在山谷為盜作亂。過去借助朱宸濠,還可以成為他的叛賊,現在被窮迫所

第六章　星夜經玉山縣城，連夜晉見太監張永

激，奸黨群起，天下就像泥土崩塌一樣，不可收拾。到這個時候，朝廷再派兵平定叛亂，豈能不難？」

張永深深地認為王陽明分析得有道理，就慢慢地說：「我這次出來，因為群小在皇帝的身邊，我就想在旁邊調教輔佐，以便暗中調養護理聖上的身體，並不是搶功來的。只要順著皇上的意志而行，事情猶可挽回，如果萬一逆著他的意志，白白地激怒群小，恐怕對於天下大計沒有什麼幫助。你有大功勳，我張永知道這些，但做事不可太直率。」

張永帶有武宗的駕帖。所謂駕帖，就是根據皇帝意志，由刑科簽發的逮捕令。命令：「張永親臨地方複審明白。」

明朝中央機構對應六部，設有吏、戶、禮、兵、刑、工六科給事中，輔助皇上處理奏章，稽查六部事務。給事中雖只有六品官，但實施諫言、監察等職責，位低權大。逮捕令就是由刑科簽發的。

這個時候，王陽明相信張永沒有什麼其他目的，於是行文通知浙江按察司，會同監軍御史，以及浙江省的都、布、按三司等官，把逆首朱宸濠並宮眷、要犯等，逐一交付給太監張永。

欲知後事如何，請看下章。

第四部　謹候回宮

第七章
楊一清阻宮門，王陽明託病居寺

　　王陽明把朱宸濠交付給太監張永，從張永那裡知道武宗已到淮安、揚州一帶。群奸在側，人心動盪不安。不得已，王陽明去鎮江京口，想朝拜停留在行宮裡的武宗。

　　這一天，王陽明的船已行至金山寺。十月的天氣，秋盡冬來，大江上煙雨濛濛，感覺有些涼意。金山寺建在金山上。金山為揚子江中的一個島嶼，位於鎮江城的西北角。金山寺始建於東晉，寺的布局依山就勢，山、寺、水融為一體。

　　王陽明把船停泊在金山寺水邊，便登上了金山寺。金山寺方丈知道是王陽明來，自然鳴鐘出迎。

　　中國的寺廟，山門一般坐北朝南，唯獨金山寺的寺門朝西，依山而建，殿宇櫛比，亭臺相連，大雄寶殿猶如屹立在雲濤之中，周邊懸崖峭壁，也彷彿是幽深的龍宮。遠遠望去，佛燈或隱或現在風雨樓臺之中。國家遭受大難之後，王陽明覺得詩興索然全無；只有拿起酒杯的時候，孤獨無伴的心緒，尚有所依託。王陽明沿著石級往上走，石級布滿青苔，又是細雨濛濛的天氣，也沒有放置防滑的東西。不過王陽明覺得這也無關緊要，比這更危險的路也走過，那是天峰雪路，而且還結著冰。

　　王陽明依著石級走上去，冷冷清清的江風吹拂在臉上，感覺就是醉漢

第七章　楊一清阻宮門，王陽明託病居寺

也要被風吹醒啊。長江上一片片風帆，在濛濛細雨中往西航行。王陽明感到，天回地轉，而這金山寺的大柱還留在江漢之中；大地往東南傾斜，寺院亭臺還屹立在金山上面。小沙洲儘管由於風浪衝擊，不斷改變狀態，但金山山峰依舊青翠碧綠。船伕指點著龍王廟，想講述前朝的事情，面對眼前的政治局勢，王陽明實在是不忍心聽下去啊。

王陽明由感而發，寫下了〈泊金山寺〉二首，還在下面特別註明「十月將趨行在」六個字。行在，就是行宮，是皇帝出行時居住的宮室。

其一

但過金山便一登，鳴鐘出迓每勞僧。
雲濤石壁深龍窟，風雨樓臺迥佛燈。
難後詩懷全欲減，酒邊孤興尚堪憑。
巖梯未用妨苔滑，曾踏天峰雪棧冰。

其二

醉入江風酒易醒，片帆西去雨冥冥。
天回江漢留孤柱，地缺東南著此亭。
沙渚亂更新世態，峰巒不改舊時青。
舟人指點龍王廟，欲話前朝不忍聽。

王陽明想拜見武宗，不知出於什麼考慮，在行宮前，被楊一清堅定阻止。

楊一清，廣東高州府化州人，年少時被譽為神童，十四歲考中舉人。十八歲，即成化八年（西元1472年），便登進士。誅殺劉瑾後，受到武宗重用，多有政績。因錢寧與江彬聯手，在武宗面前詆毀楊一清，楊一清便

第四部　謹候回宮

請求退休,與焦山定慧寺的僧人妙福禪師為友。

定慧寺在鎮江城東北部長江當中的小島焦山之上,有殿宇九十八間、和尚三千多人,參禪的僧侶達數萬人。兩旁還有十八個庵寺,稱十八房。

武宗到達淮揚,令楊一清見駕,君臣樂飲兩晝夜。楊一清也藉機勸阻,請武宗取消江浙等地的巡遊,武宗也沒說什麼,只表示:「想在南都逗留一些日子。」

今天,楊一清堅定地阻止王陽明入見武宗,也不知是什麼原因。至於楊一清的為人為官,後來擔任禮部尚書的席書曾經上疏舉薦王陽明時說:「生在我之前的有一人,叫楊一清;生在我之後的有一人,叫王守仁。」這樣看來,或許是為王陽明考慮吧。

王陽明見不到武宗,出於禮節,還是去見了江彬等人。江彬等設席於旁,請王陽明坐,王陽明假裝不知,就坐上席,把旁席轉給後面,讓江彬等坐,江彬等耿耿於懷。出語嘲諷王陽明,王陽明就用平常所施的交際禮告訴他們,周圍的人也為王陽明開解,於是也就沒有什麼話。王陽明並不是為了爭坐席,而是擔心一旦受到他們的節制,則機密事情就要聽他們的了,事情不好辦。

武宗又命令王陽明再巡撫江西,王陽明便回到杭州,望著西湖邊上的靈鷲峰,心中無限感慨。

靈鷲峰,也稱飛來峰,即使在炎熱的夏季,在茂盛的樹林裡也感覺清涼。著名的天竺寺,又有上、中、下三寺,幽靜安和,雖然天氣開晴,但石壁中還有雨水的痕跡。王陽明押送叛賊朱宸濠來到湖上,正遇時局風雲變幻,難以預測,而僧人住在飛來峰的峰頂上,共同談論著明月。王陽明知道仕途本來就難以有直道,此身怎能去崇尚這種虛名!王陽明想,自己

第七章　楊一清阻宮門，王陽明託病居寺

也早定下了把家遷移到西湖邊上的孤山來住的打算，種種果樹，處理處理茅草，那是多麼容易做成的事啊。王陽明隨即寫下了〈西湖〉一詩：

靈鷲高林暑氣清，竺天石壁雨痕晴。

客來湖上逢雲起，僧住峰頭話月明。

世路久知難直道，此身那得尚虛名！

移家早定孤山計，種果支茅卻易成。

王陽明回想，自從九月十一日從南昌出發，皇上的部隊一路派人追趕在押的朱宸濠。十月分到達杭州，總算把朱宸濠交給了張永，卻不料皇上又要自己去巡撫江西，於是就託病西湖淨慈寺。淨慈寺在西湖南岸，雷峰塔對面。

王陽明住宿在淨慈寺，想起正德二年（西元1507年），也就是十二年前的夏天，因受太監劉瑾陷害，貶謫龍場驛。在赴謫途中走到西湖，也曾羈留在淨慈寺，寺院的屋還是原來的樣子，古藤纏繞著老松樹。當時，曾悠閒地在竹林裡與山僧下過圍棋；在窗前，和拿著藥包的病僧對話過。當時，自己正臥病，僧人送藥過來。煙波中的小舟為避人耳目，經常天剛破曉就出發。也經常登高望遠。而現在事情的牽涉又更加複雜，想想如果再像過去那樣做事，已不可能。

王陽明感到，做人常苦於沒完沒了的憂愁，每次總是顧惜入山隱居這種美好的事情。今天夜裡住宿在這山中，真是受到無盡憂愁的折磨，在夜晚好像受煎熬一般。百戰江西剛剛安定，皇帝出征南方，車駕在半途逗留。不知道哪個人能有回天之力，哪位老臣能把皇帝迎回京師？

回頭想到自己，百戰歸來，一身是病，可是再看看政治形勢，則更加愁人。王陽明想，路上遇見熟人，根本不要問我到哪裡去，桃花源就是最

第四部　謹候回宮

好的隱居地。

王陽明在淨慈寺，又遇見了十二年前的山僧，山僧笑笑問王陽明：「你不是常說要歸山隱居，為什麼相別十年多了，依舊不曾有空閒？」

這天夜裡，王陽明寫下了〈宿淨寺〉四首詩：

其一

老屋深松復古藤，羈棲猶記昔年曾。
棋聲竹裡消閒晝，藥裹窗前對病僧。
煙艇避人長曉出，高峰望遠亦時登。
而今更是多牽繫，欲似當年又不能。

其二

常苦人間不盡愁，每拚須是入山休。
若為此夜山中宿，猶自中宵煎百憂。
盡戰西江方底定，六飛南甸尚淹留。
何人真有迴天力，諸老能無取日謀？

其三

百戰歸來一病身，可看時事更愁人。
道人莫問行藏計，已買桃花洞裡春。

其四

山僧對我笑，長見說歸山。
如何十年別，依舊不曾閒？

欲知後事如何，請看下章。

第八章
武宗大怒抄錢寧，陽明坦蕩感北軍

　　武宗離開北京時，令錢寧留下守衛。錢寧擔心離開武宗身邊，被人揭發自己的惡行，於是請求隨駕親征。

　　十一月十五日，武宗到達淮安清江浦，江彬於途中趁機揭發錢寧勾結寧王謀反的事情，武宗大怒，立即下令逮捕錢寧，派人飛馳京城，就令收押錢寧家屬，抄沒家產，得玉帶二千五百束、黃金十餘萬兩、銀三千箱、胡椒數千石，其他珍玩財貨不可勝計。

　　武宗下令：「等回京後處理。」

　　許泰、張忠等由長江南下，以征討朱宸濠為藉口，到處蒐括，盤剝敲詐。軍隊每駐一地，奢侈浪費，毫無節制，百姓不堪承受。

　　張永對託病在淨慈寺的王陽明說，根據目前的形勢，你還是去江西為上策。王陽明認為張永說得對，就再返江西。

　　王陽明回到南昌，許泰、張忠等已先到。太監張忠等懷恨王陽明沒有把朱宸濠交給他們，因此縱容北軍侮辱王陽明，有人直呼王陽明的名，進行謾罵。

　　王陽明不但不被他們的言行所激怒，而且越加撫慰優待他們。有人病了給藥，有人死了給棺材，在道路上遇到有人死去，一定停車慰問很久才離開。

第四部　謹候回宮

　　北軍說「還是王都堂愛我們」，因此再沒有侮辱王陽明的人了。

　　張忠、許泰問：「寧王府財富甲天下，財富都在哪裡？」

　　王陽明回答：「朱宸濠以前都把這些財富送給了京師要人，約定作為內應，登記在冊可以查驗的。」張忠、許泰本來就是曾經收受朱宸濠賄賂的人，膽怯不敢再說。

　　過了一些時候，他們輕視王陽明是一個讀書人，硬要他射箭，王陽明慢慢站起來，三發三中。每次射中，北軍在旁大聲起鬨稱讚。

　　張忠、許泰非常害怕地說：「我軍都歸附王都堂了！」

　　王陽明準備犒賞北軍，許泰等知道是王陽明籠絡人心的手法，預先進行禁止，命令北軍不要接受。

　　王陽明就讓大家口頭傳達，告知城內城外的民眾：「北軍離家痛苦，居民應當把北軍當作客人，要以主人的身分真心實意款待他們。」

　　冬至這一天，王陽明命令居民：「於里巷中進行祭祀。隨後出去到墳上哭。」

　　正值寧王叛亂後，多是最近戰爭中親人去世的百姓，悲傷呼號，震動田野。北軍離家又久，聽到後沒有不落淚思歸的。

　　張忠、許泰不得已只好班師回京。

　　等見到武宗，江彬、張忠等與紀功給事祝續、御史張綸一起，用盡一切辦法，製造流言蜚語，誣衊譭謗王陽明。嫉妒王陽明功勞的人，也藉機進讒。與朱宸濠暗通的人，害怕王陽明向天子揭發他們的罪狀，互相爭著製造謠言，說王陽明先與朱宸濠通謀，考慮到事情不會成功，於是起兵。

　　只有張永，時時為王陽明辯護。

　　張忠、許泰在留都南京誹謗王陽明，說：「王陽明一定反。」

第八章　武宗大怒抄錢寧，陽明坦蕩感北軍

武宗問張忠：「怎麼能驗證他一定反呢？」

張忠說：「皇上召見他，他一定不會來。」

原來，在此之前，張忠、許泰多次假託皇帝命令，召見王陽明。王陽明得到張永的密信，沒有來。所以他們認為，武宗召見，王陽明一定不會來。

張永有幕士順天府的檢校錢秉直，他們知道張忠假託皇帝的情況，每次派人立即祕密告知王陽明，所以王陽明能得到確實的情報，不赴留都南京。

所謂檢校，就是從事審查、考核等的官員。

等到這次，王陽明得到密報，知道確是皇帝的旨意，立即飛快趕到。

張忠、許泰得悉王陽明果真趕來，於是設法不讓他拜見皇帝。

王陽明趕到南京城外的上新河，張忠等害怕假話被戳穿，就對武宗說：「讓王陽明暫留蕪湖，繼續暗中觀察。」

王陽明半夜默坐在河邊，見水波拍岸，汨汨有聲，心想：「我渾身遭受誹謗，死就死掉，但老父親怎麼辦呢？」

王陽明對門人說：「此時，如果有一小孔可以私下帶著父親逃走，我就終身一去不復返，也不後悔啊。」

王陽明在蕪湖住了半月，見不到武宗，便順其自然，綸巾野服，即戴著讀書人的頭巾，穿著老百姓的服裝，來到九華山。天氣好，遊山玩水；天氣差，每日閒坐在草菴中。王陽明想，這些圍繞在武宗身邊的群小，已無計可施，況且自己自有定盤星，在任何情況下守住天理不變，不值得與此類人惡鬥。

弘治十五年（西元1502年），王陽明也曾經來遊過九華山，那時三十一

第四部　謹候回宮

歲。當時，正值陰霧天氣，雖一住十天，竟無所睹。有如昏夜進入藏寶之地，一點也沒有看到寶藏就回來了。後來每次遇到好事，談論勝境，王陽明總想騎著劣馬再來遊玩。但連年騎馬打仗，出入賊壘，衝鋒陷陣，日夜忐忑不安，沒有空閒，怎能遊山玩水呢？鄱陽湖一戰，險遭災禍，卻又偶遇好運，天子召見，從遠方勝利歸來，得以停泊在這九曲連環的江邊。此時軍務稍有空閒，況且自己戰馬也太勞累了。現在，舊時與自己一同遊玩的朋友，也都聚集在一起，於是又像青少年一樣去攀登高大雄偉的九華山。早晨，開始雲霧環繞，天空昏暗，山霧籠罩，氣候尚捉摸不定。坐著上山的竹椅，從青陽縣的地界進入，忽然太陽從九華山的西嶺開出。長風猶如拿著掃帚，一掃飄浮的陰雲，九華山九十九峰猶如從夢裡醒來。群峰踴躍，爭相獻奇。高大雄偉的山峰，撫摩著俯伏在下面的小山坡。今天這次來，總算見到了九華山的真面目，遺憾的是自己詩筆笨拙，無法把九華山的美景描述出來。猶如亭臺樓閣還沒有寫完整，美麗如芙蓉的山峰又從玉井裡開出。天地的安排也真是奇特，天下奇山的特色，好像九華山都兼有。提起衣衫，登上高峰，遙望四方，京城宮殿下面，日月光輝照耀。長江如一條帶子一樣，圍繞著山麓。五湖七澤，也小如水塘。而蓬瀛仙島像拳頭那樣浮現在海上，彷彿一抬腳就能跨到，而天上的彩虹，舉手可以採到，用來作棟梁。這時，王陽明想：神仙為我打開了天門，只見仙女乘著華麗的車子，神仙駕著仙鶴，紛紛飛舞在天宮。從此，我要脫下朝服，辭去官職，離開塵世，飄然拂袖，升上天空。

這天，遊九華山，風清日朗，王陽明盡得其勝，喜而作歌，寫下了〈遊九華山〉一詩：

昔年十日九華住，雲霧終旬竟不開。有如昏夜入寶藏，兩目無睹成空回。每逢好事談奇勝，即思策蹇還一來。頻年驅逐事兵革，出入賊壘衝風

第八章　武宗大怒抄錢寧，陽明坦蕩感北軍

埃。恐恐晝夜不遑息，豈復山水能徘徊？鄱湖一戰偶天幸，遠隨歸凱停江垠。是時軍務頗多暇，況復我馬方虺隤。舊遊諸生亦群集，遂將童冠登崔嵬。先晨霏靄尚暝晦，卻疑山意猶嫌猜。肩輿一入青陽境，忽然白日開西嶺。長風擁慧掃浮陰，九十九峰如夢醒。群巒踴躍爭獻奇，兒孫俯伏摩其頂。今來始識九華面，恨無詩筆為傳影。層樓疊閣寫未工，千朵芙蓉抽玉井。怪哉造化亦安排，天下奇山此兼併。攬衣登高望八荒，雙闕下見日月光。長江如帶繞山麓，五湖七澤皆陂塘。蓬瀛海上浮拳石，舉足可到虹可梁。仙人為我啟閶闔，鸞韓鶴駕紛翱翔。從茲脫屣謝塵世，飄然拂袖凌蒼蒼。

一天，王陽明坐在草菴中靜心養身，剛巧武宗派人偷偷地觀察王陽明，說：「王守仁學道人啊，召見他立即趕到，怎麼會反呢？」

張永聽到後，又極力向皇上詳細講述王陽明盡心為國，以及江彬等想加害的意思。張永最後說：「王守仁確實是忠臣，如今聽說眾人想爭功，王守仁想辭去官職，入山修道。」因此，武宗也就更加相信王陽明不會反。

不久，得到聖旨，要王陽明面見皇上，然後再返江西。

王陽明雖知道江彬要害自己，但更擔心江彬與武宗朝夕相處，一旦叛逆，則比寧王朱宸濠更難預防和控制。於是想藉此面見的機會，給予江彬一點震懾。

王陽明暗中掌握了江彬的一些事，略施小計，便讓江彬與自己一同來到了武宗面前，列舉江彬圖謀危害國家的罪行，江彬想不到王陽明會來這一手，拚命抵賴，直到被在旁的張永慢慢勸說，事情才得以化解。

消息傳到外面，也算大快人心。

欲知後事如何，請看下章。

第四部　謹候回宮

第九章
返贛州睹民疾苦，上疏請罪自劾

王陽明返回江西，第二年，即正德十五年（西元1520年），正月的最後一天，到達南康廬山南麓的星子縣境內，重過開先寺。開先寺，後又名秀峰寺。五代十國的南唐，太子李璟有一天突發奇想，想在美麗的廬山建讀書檯。太子來到山南，奇峰兀立，銀瀑奔瀉，潭水清碧。

當地人告訴他，這就是李白讚嘆「飛流直下三千尺，疑是銀河落九天」的地方，於是就在那裡築起了讀書檯。

李璟即位，人稱南唐中主。他請來高僧，在那裡修建了一座氣勢壯觀的寺院，取名「開先寺」，寓意「開國先兆」。

王陽明就在讀書檯後留下石刻，大意是：

正德十四年六月十三日，寧藩宸濠在南昌反叛，興兵直指京都，破南康、九江，攻安慶，遠近震動。七月二十日，臣守仁帶領府縣之兵，克復南昌，宸濠就擒，餘黨全部平定。正當此時，天子聞變盛怒，親統六師就來征討，於是俘獲宸濠而歸。多麼顯赫的皇威，英明神武，如雷霆震動，聲音一震，就自然折斷。天下有歸，誰敢伺機竊取！蒼天警惕著宸濠，上天也光大著皇靈，嘉靖我邦國。正德十五年正月晦日，提督軍務都御史王守仁書。

從徵官員的名單列於左方。所謂晦日，就是正月的最後一天。

第九章　返贛州睹民疾苦，上疏請罪自劾

第二天又遊白鹿洞，白鹿洞書院位於廬山五老峰南麓，南宋理學家朱熹曾在此講學，王陽明久久徘徊於白鹿洞，多有題詞。

二月，在九江閱兵，遊廬山西麓的九江東林寺、廬山西北的九江天池寺、講經臺等處。想到武宗的車駕還未回北京，憂心忡忡。

然後，王陽明又來到豐城，心中感慨萬千，一時又想起了去年六月祭拜北風的事。贛江行駛的船隻，由北往南行駛，如遇北風，則順風而行。然而在夏天，多為東南風。想到自己在危急之際，在此祭拜北風，竟然天如人願，颳起了北風。越王勾踐不可能忘記臥薪嘗膽的地方，自己當然也不會忘記拜北風的地方。不過，現在忌妒的人太多。要是像春秋霸主齊桓公那樣不記仇多好啊！當時齊桓公尚未登位，且還在避難的路上，管仲帶兵前去阻擊，射中衣帶鉤。後來，齊桓公登位，還拜有射鉤之仇的管仲為相，終成霸業。張良在下邳橋邊得到了黃石公《太公兵法》，幫助劉邦奪取天下，建立漢朝。自己年輕時早就學習過，還對七部古代兵書進行了評註，用計謀打敗了寧王。然而，自己還是應該學習人稱陶朱公的范蠡，為勾踐出謀劃策，打敗吳王夫差，恢復越國，而後泛海隱居。況且，家裡還有白髮蒼蒼的老父親，靠著門框盼望著自己回去。此時，老父親還在為已去世的祖母守孝，住在山裡祖墓旁邊搭建的小茅屋裡。王陽明想著這些，不禁揮毫抒懷，寫下〈豐城阻風〉一詩：

北風休嘆北船窮，此地曾經拜北風。
勾踐敢忘嘗膽地？齊威長憶射鉤功。
橋邊黃石機先授，海上陶朱意頗同。
況是倚門衰白甚，歲寒茅屋萬山中。

第四部　謹候回宮

　　就在二月，王陽明回到南昌。去年三月到七月，天不下雨，禾苗枯死。繼遭朱宸濠叛亂，一些市井無賴趁機作亂，王陽明盡心竭力，安定社會秩序，優撫體恤百姓。這個時候，戶部多次催繳賦稅，督促日追。三月，王陽明再上疏，請求寬免。

　　王陽明與巡按御史唐龍、朱節共同上疏，安排處理寧王府的財產，變產官銀，代民上納，民眾的困苦稍稍得以緩解。

　　四月，江西又發大水。自春入夏，雨水連綿，鄱陽湖水氾濫橫溢，贛江奔騰咆哮，大水一月不退。自贛州、吉安、臨江、廣信、撫州、南昌、九江、南康，沿江各地，無不被害。沖毀公家宿舍民宅，田野崩陷。禾苗淹沒，廬舍漂盪。老百姓成為魚鱉，有的爬上樹梢以避洪水，街道里巷行駛商船。堤岸沖垮，城牆倒塌，千里為壑，煙火斷絕，只聞哭聲。

　　王陽明上疏，請求削減俸祿，罷官免職，作為自己治理不善的懲罰。

　　當時，武宗還在南京一帶逗留，王陽明要勸諫他沒有機會，暫且敘說地方災害，用來自己彈劾自己，希望皇上的心由此能得到啟發開導，轉而關注老百姓。

　　南昌的事情稍告一段落，王陽明又啟程赴贛州。

　　六月十四日，由新淦峽江水邊鎮漳口村進入玉笥大秀宮。玉笥山位於贛江中游東岸，根蟠百里，山峰連綿，以峰奇、石怪、洞異、水好四大特色而著稱，為江南三大道教名山之一，有大秀宮。嘉靖五年（西元1526年）析新淦等鎮為峽江縣。

　　欲知後事如何，請看下章。

第十章
想歸隱而心難安，深思時局危機

　　漢武帝南巡時，路過此山，天降玉笥，遂稱玉笥山。玉笥，就是玉筐。這樣算來，玉笥山得名，將近三千年了。玉笥山，又是道教聖地。王陽明由玉笥山，想到漢武帝；由道教聖地，又想到道教始祖廣成子；由廣成子，又想到黃帝問廣成子修身養性的大道。

　　廣成子告訴黃帝：「要時刻固守你內心的平靜，摒棄外界紛繁的干擾。過多地了解萬事萬物，就會使你身心遭受侵害。所以，要做到不讓外物影響你的視聽，不讓外物打擾你的心靈。」

　　現在，王陽明回贛州去，要排除一切干擾，做一件事：「訓練兵士。」這樣想著，心情不禁開朗許多。

　　六月的天氣，太陽快落清江，清江是贛江在此處的支流。王陽明看看天色，算算時間，等走上山間的棧道可能要晚，不覺有點惆悵。但聽人說玉笥山的風景奇特而又絕妙，從漳口村停船，步行上去，路也不遠。

　　於是，王陽明上岸，乘坐專門上山的一種竹椅，取道沿著村落的小路上山，雙眼向遠處觀望，而心早已飛向了玉笥山，只嫌轎伕的雙腳走得太緩慢。

　　山色漸漸昏暗下來，雲似乎也要躲藏起來去睡眠了。月色映照疏林，微風吹來，泉水潺潺。

第四部　謹候回宮

　　王陽明覺得自己彷彿在夢中，倏忽之間來到道教仙地。天剛破曉，避世來到了洞天。這個洞天不是人世間，自己也不是世上的人。不過，當年曾經在此暫住過，屈指算來已將三千個春秋。巖頭坐過的石頭，已剝落殆盡，親手栽種的松柏，枯枝龍鱗。雖然三十六峰仍然如此美麗，但溪澗山谷變了樣。空中仙人吹奏的音樂聲，被風吹斷，化為鼓角聲，鼓角齊鳴，震驚大地，高揚塵土。被風捲起的塵土，悲慘悽涼，遮掩半個天空，怎能一掃還我清淨的世界啊？

　　隨行的人員驚駭王陽明剛才似夢非夢的說法，問王陽明是不是害怕這裡的山神。王陽明說：「我怎麼會害怕這裡的山神呢！你沒有看到嗎？道教始祖廣成子，他高臥在甘肅崆峒山上長生不死，到如今一萬八千年，我陽明真人也是這樣啊！」

　　其實，此時的王陽明真正擔心的是武宗。武宗還沒有回宮，江彬等人日夜與之相伴，他們的危險程度遠超寧王啊！

　　這一夜，王陽明住宿在大秀宮裡，抒發他心中的感想：

　　落日下清江，悵望閣道晚。人言玉笥更奇絕，漳口停舟路非遠。肩輿取徑沿村落，心目先馳嫌足緩。山昏欲就雲儲眠，疏林月色與風泉。夢魂忽忽到真境，侵曉遁跡來洞天。洞天非人世，予亦非世人。當年曾此寄一跡，屈指忽復三千春。巖頭坐石剝落盡，手種松柏枯龍鱗。三十六峰僅如舊，澗谷漸改溪流新。空中仙樂風吹斷，化為鼓角驚風塵。風塵慘淡半天地，何當一掃還吾真？從行諸生駭吾說，問我恐是茲山神。君不見廣成子，高臥崆峒長不死，到今一萬八千年，陽明真人亦如此。

　　十五日，宿於玉笥山雲儲寺，村裡人叫南祠。雲儲寺，始建於唐朝天寶六年（747年），位於元陽峰下，氣勢宏偉。

第十章 想歸隱而心難安，深思時局危機

相傳唐貞觀年間（西元627至649年），吉州刺史吳雲儲辭官後帶全家在此修身煉道，北宋真宗皇帝賜給祠院一塊匾額「雲騰颷馭」，所以該寺又稱颷馭祠。

十八日，至吉安，遊青原山。山上古木蓊鬱，奇葩芬芳，碧泉翠峰。潭、泉、溪、峽各具情趣；芙蓉、翠屏、華蓋諸峰，挺拔巍然，秀色如畫。山上有淨居寺。南宋楊萬里譽為「山川第一江西景」。

王陽明一路過來，訪問各府各州，旅途奔走猶如官場宦海，感覺疲勞。青原山，是佛教聖地，王陽明自然又想遠離紛繁的世事，但一轉眼又擔心眼前危機四伏的時局。

遊覽名山，特別需要悠閒不迫的心態。因為樹林和山谷，盤來盤去，迴旋環繞。高聳入雲的岩石沿著傾斜的山徑，尤其是夏天，樹木茂盛，一層一層直到山谷深處。仰望山間霧氣的盡頭、雲霞的邊緣，才見到臺閣，寺門敞開著。

王陽明知道，寺院傳承的是舊時的西竺佛教衣缽，建造於唐朝。北宋治平三年（西元1066年），英宗賜額「安隱寺」；崇寧三年（西元1104年），徽宗改賜「淨居寺」。

山風穿過鬆林，溪水急急地向山下流淌，湍急的溪流聲，夾雜著松林中的風聲，在這幽深少人的山間，王陽明聽起來感覺是那樣地悲哀。

佛陀說：「戒香、聞香、施香，這三種香，無論是逆風、順風，都能香氣遠播，這三種妙香最為殊勝，最為尊上。」王陽明覺得佛學太精微深奧，高深莫測，猶如眼前的政局。你看，連僧屋都高懸在半空的山崖上。

寺院的大門朝南開著，往上的石級東西橫臥。王陽明走在這石級上，心想：「要把事情扳回來，還得依靠莊重恭敬的皇上自己啊，正如上下行

第四部　謹候回宮

走需要依靠石級一樣。」

飛泉源源不斷地從頂上下來，彷彿上面有神靈一般，曲折的欄杆往上延伸，寺院的屋簷一直伸向雲中。

王陽明來到這裡，只是感慨遺跡，過去一些重大的法會多被埋滅，一些美好的事情已經記不起來了。

王陽明想，佛教流傳遍布中國荒遠的地方，但為何作為大中至正之道，反而使大家產生各種疑心。群陰剝陽，去舊生新，幸而生命還沒有絕跡，枯萎的草木還存在著草根。

王陽明覺得最傷心的是眼下的事情，有什麼辦法呢？最好的辦法莫過於酒杯了，千萬不能辜負這酒杯啊。

即使煙霞，她也有本性，也有最後的歸宿。王陽明想，我的歸宿在哪裡呢？最好就是請求告老還鄉，隱居山水之間。

宦途猶如崎嶇不平的山路，猶如羊腸小道，不僅小，而且還傾斜，行駛在上面，車輪幾乎傾覆摧折。

歸隱山水，瀟灑自在，與麋鹿為伍，始終與山澗溪谷為伴，那是多麼地快樂！回歸本性，淡泊名利，寂靜地生活，告別喧譁與紛擾。

王陽明覺得，最歡樂的要數自然界發出的聲響，風聲，水聲……那是天然的音樂，謝絕一切淫邪之聲，古往今來都是如此。

王陽明慎重告誡一起來的各位：「這次遊覽不是偶然而來，是有目的的。暫且跟隨山中的老翁住宿，不受役夫的催促，自由自在。」

東峰上雲霧籠罩著月亮，在這美好的夜景裡，王陽明還久久地在徘徊。王陽明在思考，他想得很多很多……

第十章　想歸隱而心難安，深思時局危機

南宋詩人黃庭堅，號山谷，為洪州分寧（明時為南昌武寧）人，他在遊青原山時，也有詩留下，王陽明就把剛才的想法，按照黃庭堅所寫詩的韻，以及用韻的次序，也寫了一首並書碑，題目為〈青原山次黃山谷韻〉：

諮觀歷州郡，驅馳倦風埃。名山特乘暇，林壑盤縈迴。雲石緣欹徑，夏木深層隈。仰窮嵐霏際，始睹臺殿開。衣傳西竺舊，構遺唐宋材。風松溪溜急，湍響空山哀。妙香隱玄洞，僧屋懸穹崖。扳依儼龍象，陟降臨緯階。飛泉瀉靈竇，曲檻連雲棧。我來慨遺跡，勝事多湮埋。邈矣西方教，流傳遍中垓。如何皇極化，反使吾人猜？剝陽幸未絕，生意存枯荄。傷心眼底事，莫負生前杯。煙霞有本性，山水乞歸骸。崎嶇羊腸坂，車輪幾傾摧。蕭散麋鹿伴，澗谷終追陪。恬愉返真淡，闃寂辭喧譁。至樂發天籟，絲竹謝淫哇。千古自同調，豈必時代偕。珍重二三子，茲遊非偶來。且從山叟宿，勿受役夫催。東峰上煙月，夜景方徘徊。

欲知後事如何，請看下章。

第十一章
探求道德本心，不拘泥於孔孟之言

王陽明從青原山出來，行至泰和。泰和縣位於井岡山東麓，贛江西岸。

禮部右侍郎羅欽順就是泰和人。羅欽順精於程朱理學，認為「理即是氣之理」、「理須就氣上認取，然認氣為理便不是」。

黃宗羲稱羅欽順論「理氣」最為精確，但羅欽順論「心」說「性」，則與朱熹相同，所以他的學說不能一以貫之。

就在泰和，羅欽順以書面的形式與王陽明討論學術問題。

儒學，有三綱領、八條目。所謂三綱領，就是明明德、親民、止於至善。八條目，即格物、致知、誠意、正心、修身、齊家、治國、平天下。

《大學》是一篇論述儒家修身、齊家、治國、平天下的倫理道德文章。

朱熹極其智慧和創造性，拿起了手術刀，把《大學》古本一剖為二，分「經」和「傳」兩部分。所謂「傳」，就是闡釋經義。

然後，朱熹按照三綱領八條目，重新編定篇章。文章結構是這樣的：「經」一章，是孔子之言，由學生曾子敘述；「傳」十章，則是曾子的意思，由曾子的門人記述。

經朱熹的手術刀這樣一劃，事情就十分明瞭。朱熹說，古本缺失「格物傳」。於是，朱熹根據程頤的意思，加上自己的觀點，補上了「格物傳」。

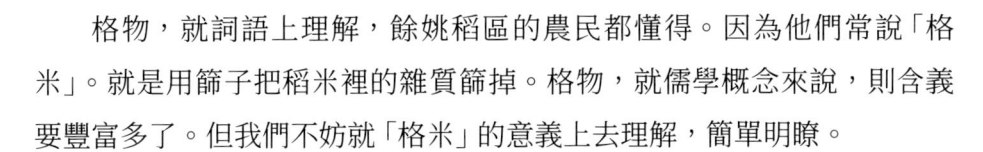

第十一章　探求道德本心，不拘泥於孔孟之言

格物，就詞語上理解，餘姚稻區的農民都懂得。因為他們常說「格米」。就是用篩子把稻米裡的雜質篩掉。格物，就儒學概念來說，則含義要豐富多了。但我們不妨就「格米」的意義上去理解，簡單明瞭。

王陽明回信說：

你信中認為，我之所以要恢復《大學》的古本，因為我認為，人的道德學問，當求之於自己的本性；而程顥、程頤和朱熹的格物學說，不免求之於心外，於是我就否定朱熹重新編定的章節，並且刪除了他所增補的「格物傳」。

我不敢贊同你的話，道德學問哪有內外之分啊？

《大學》古本，是孔門相傳的舊本。朱熹懷疑它有脫誤，而對它進行改正修補。對我來說，則認為它本無脫誤，就全部按照《大學》舊本重新刻版。

我的過失，在於過於相信孔子，不是故意刪去朱熹重編的章節，以及朱熹增補的「格物傳」。

道德學問貴在心中有所獲得。心裡覺得不對，就算這些話出於孔子，也不能認為是對的，更何況那些不及孔子的人的學說了。心裡覺得對，就算這些話出於普通老百姓，也不能認為是錯的，何況這些話是孔子說的。

況且，舊本《大學》相傳數千年了。如今去讀那些文詞，既明白通順，討論其中的功夫，又簡易而可入。憑什麼可斷定，這段一定處於那裡，那段一定放在這裡？又憑什麼可以說，這裡缺少了什麼，而那裡又需要補充什麼？而竟加以改正而進行了補充，這難道不是把背離朱熹看得過重，而把違背孔子看得過輕嗎？

你在來信中說：「如道德學問不需要求之於外，但當致力於反觀內省，那麼『正心誠意』這四個字，不是全部包容了嗎？但為什麼儒學入門之

第四部　謹候回宮

初，就要花費一段時間和精力在格物上呢？」

正是，正是！如果說到修身養性的要領，則「修身」兩字也足了，何必又言「正心」？「正心」兩字也足了，何必又言「誠意」？「誠意」兩字也足了，何必又言「致知」，又言「格物」？

只因為所花的時間和精力有詳有密，而要領只是一事，如此才是「精一」的學問，就是要精，就是要專一。這正是不可不深思的啊。

理無內外，性無內外，所以儒學所講的道德學問是沒有內外之分的。

講習討論，未嘗不出於自己內在的本性；反觀內省，也不曾把本性遺失在外面啊。

如果道德學問一定必需求之於外，這不是道德學問，而是把義放在外面了，而是指各式各樣的自然知識而言。

認為反觀內省，因為求之於內，就會帶有自己個性化的東西，這就「有我」，這就「自私」。這些觀點，都是沒有領會與生俱來的本性無內外之分的道理。與生俱來的本性是那樣地廓然大公，是那樣地寂然不動，無所謂利己，也無所謂利人。

所以說：「日益精深於義，達到出神入化的地步，是為了用於社會；根據實際情況，適時變化，以便安身立命，這是最崇高的道德。」

人性之正，就在於既要適應外界的客觀環境，又要符合自己與生俱來的本性。由此可以知道格物的學問了。

所謂格物，是《大學》所講的實實在在修身養性的工夫，徹頭徹尾，從開始學習儒學，直到成為聖人，只有這一功夫而已，不只是入門之際要有格物一段功夫。

正心、誠意、致知、格物，都是修身養性的功夫，也都是格物，也都是糾正自己的行為過失，也都是用力，每天可以見得到的地方。

第十一章 探求道德本心，不拘泥於孔孟之言

所以，所謂格物，就是格去其心中的雜質，格去其意中的雜質，格去其知中的雜質；所謂正心，就是端正對此事的心；所謂誠意，就是要誠實對此事的意；所謂致知，就是要達到對天理的全面理解；這難道有內外彼此之分嗎？

天理，只有一個，是不可分的。從天理的凝聚來說，就叫做性；從天理凝聚的主宰來說，就叫做心；從天理主宰的發揮來說，就叫做意；從天理發揮光明覺悟來說，就叫做知；從天理光明覺悟的感應來說，就作做物。物，就是我們感應到的東西。當然，這裡的物，是儒學所說的道德學問。比如說，孝順父母，孝親就是一物。

所以，從物來說，就是格，格掉事物中的雜質，糾正自己的行為過失；從知來說，就是致，就是要達到全面認識；從意來說，就是誠，就是要有誠信；從心來說，就是正，就是要端正自己的心。

正，就是正心；誠，就是誠意；致，就是致知；格，就是格物。都是所謂探求理以顯示與生俱來的本性。

天下沒有人性之外的天理，天下也沒有人性之外的事物。

儒學不明，都是因為世上的儒者，認為客觀外部有一個理，把道德學問看成外部存在的東西，而不知「義在心外」的學說孟子曾經批判過。

現在竟沿襲錯誤的說法，身陷其內而不覺，這難道不也是似是而非，難以明白嗎？不可以不察啊。

凡是懷疑我的「格物」學說的人，必定認為我肯定內心，而否定外求；必定認為我致力於反觀內省而放棄了外在的講習討論的功夫；必定認為我只重視簡潔的綱領本領，而省略了具體用功的途徑；必定認為我沉浸在枯槁虛寂的偏執中，而不能窮盡人情事理的變化。

果真如此，難道只是獲罪於聖門，獲罪於朱熹？而且是用邪說欺矇百

第四部　謹候回宮

姓，背離朝綱，擾亂正道，人人得而誅之了，何況像你這樣正直的人啊？

果真如此，世上稍稍能解釋古語的人，看到一些聖賢言論的人，就都知道我的學說是錯的，何況像你這樣高明的人啊？

凡我的所謂格物，其實把朱熹所說的九條，都包羅統括於其中了。但我的學說強調一個要領，作用和朱熹的不同，正是所謂的毫釐之差啊。然而，毫釐之差，出現千里之謬，就是從這裡發生的，不可不辯。

欲知後事如何，請看下章。

第十二章
江彬暗察動靜，陽明坦然持本性

正德十五年（西元1520年）六月，王陽明由南昌回到了贛州，又開始訓練部隊，教演戰法，檢閱士兵。

有人報告王陽明：「萬安全縣多武士。」

王陽明立即命令隨從人員去萬安縣，把這些武士的名單記錄下來。並命令說：「只要膂力大，不必講究騎馬、射箭、擊刺等軍事技術。」不久，得三百多人。

龍光問：「宸濠已經平定，把這些人員登記在冊有什麼用？」

王陽明說：「吾聞交險有內難，出其不意而搗之，這是一個機會啊。」交趾，即越南。

江彬派人到贛州，暗中查看王陽明的動靜。與王陽明知心的人，都請求王陽明回到省城去，不要讓他們起疑心。

王陽明不聽。

王陽明對弟子說：「我在此與讀書人一起，歌詩習禮，有何可疑？」

門人陳九川等，也用「不要讓他們起疑」的說法，建議王陽明到省城去。

王陽明說：「你們有時間為什麼不討論學術問題？我過去在省城，與

第四部　謹候回宮

有權勢的宦官相處，禍在眼前，我也安穩坦然，如果有大變，要避也是避不掉的。我不輕易採取行動的原因，心中有深深憂慮的事情啊。」

王陽明進一步說：「智者不惑，仁者不憂。君子怎麼會雙眉緊鎖而感到憂慮呢？大丈夫做事，隨自己的意志而行，坦坦蕩蕩；是非曲直，任憑老天去判斷，這不是自己可以謀劃的啊。國家用我，我就做一番功業；國家捨棄我，我就休息，我這一身啊，輕鬆自在，在浩蕩的大海裡，駕著小船，無拘無束，任其漂流。大丈夫光明磊落，胸襟掀起，敞開在天地之間，何必去顧及各式各樣的束縛，而像監牢裡的囚徒一樣不自由呢？」

王陽明又比喻說：「價值千金的珠子，可以用來打鳥玩，稱為鐲鏤的寶劍，不是也可用來掘土嗎？功名利祿要拿得起、放得下啊！你沒看見，東家老翁一直防著虎患，而老虎夜裡入室就把他的頭叼走了。西家的小孩他不識虎，手拿竿子，趕虎像趕牛一樣。癡人為了防止打噎，就不吃東西；愚者害怕淹死，實際上緊張慌亂之中，是自己沉下去的啊。」

王陽明最後說：「人生知命，在於自己，灑脫飄逸，不受拘束；擔憂別人說壞話，迴避別人詆毀，像鳥兒『啾啾』地悽切細叫，那是空悲切啊！」

於是，王陽明作〈啾啾吟〉回答關心自己的知心朋友。

知者不惑仁不憂，君胡戚戚眉雙愁？信步行來皆坦道，憑天判下非人謀。用之則行舍即休，此身浩蕩浮虛舟。丈夫落落掀天地，豈顧束縛如窮囚！千金之珠彈鳥雀，掘土何煩用鐲鏤？君不見東家老翁防虎患，虎夜入室銜其頭？西家兒童不識虎，執竿驅虎如驅牛。癡人懲噎遂廢食，愚者畏溺先自投。人生達命自灑落，憂讒避毀徒啾啾！

正德十四年（西元 1519 年）十二月一日，武宗抵達揚州府。第二天，

第十二章　江彬暗察動靜，陽明坦然持本性

武宗率領數人，騎馬去城西打獵，從此，天天出去打獵，眾臣進諫無效。

正德十五年（西元 1520 年）六月一日，武宗皇帝在南京，親臨牛首山。皇帝親臨，稱為「幸」。睡在這個地方，就叫「幸寢」。當時，武宗已幸寢在牛首山。然而，到了晚上，警衛部隊以及周圍的人，都不知道武宗皇帝在哪裡，傳言江彬欲為謀逆。所以，有「虎旅夜驚，已幸寢謀於牛首」的說法。

王陽明也正是擔心發生這種事情，如若江彬叛逆，將給國家和人民帶來無窮的災難啊。

錢德洪說：「過去整理老師的奏疏，看到〈便道歸省〉與〈再報宸濠反疏〉同一天送出，心裡感到疑慮：『正當國家危急存亡之日，卻還有空閒考慮這種探親的事？』當時，倡義興師，宸濠就可以早晚擒獲的事，還要上疏請求命將出師，像自己沒有親身參與其間一樣。等到看見〈諫止親征疏〉，竟感嘆古人要做成一件事是多麼地難啊！」

正德十五年（西元 1520 年）七月，武宗留在南都已經很久了，群黨想自己獻上俘虜，襲取功勞。張永說：「不可。去年，尚未離開北京時，宸濠已擒，獻俘北上，過玉山，渡錢塘，大家都知道這件事，不可襲取功勞。」

張永火速派人送信給江西的王陽明，表達自己的看法，建議王陽明重上捷音。

欲知後事如何，請看下章。

第四部　謹候回宮

第十三章
再上疏請昭雪，江西捷報傳京城

　　王陽明接到張永的信後，以「大將軍鈞帖令」重上捷音。簡略敘述上次所奏的事，把主要隨從人員的姓名寫在奏疏內。所謂鈞帖，就是對「命令」或「諫帖」的敬稱。

　　武宗出師的時候，自封「欽差總督軍務」、「武威大將軍」、「總兵官」、「都督府太師」、「鎮國公」等官職和爵位，還化名朱壽。

　　王陽明在奏疏開頭，就表明這次平叛是遵奉大將軍的命令，是按照大將軍親自制定的策略進行的。奏疏的標題和開頭是：

重上江西捷音疏十五年七月十七日遵奉大將軍鈞帖

　　先因宸濠圖謀危害國家，興兵作亂，已經具奏請兵征剿。暗中承蒙欽差總督軍務、威武大將軍、總兵官、彼軍都督府太師、鎮國公朱鈞帖，就按照大將軍親自制定的命令進行。

　　大將軍命令：「一遇有警，務要互相傳報，彼此通知，設伏剿捕，務使地方安寧，軍民安定。」

　　全文簡略敘述上次奏疏的情況，中間特別加上兩段隨行主要將領的姓名，第一段說：

第十三章　再上疏請昭雪，江西捷報傳京城

又蒙欽差總督派遣太監張永，前到江西查勘宸濠反叛事情；安邊伯朱泰，左都督朱暉，各領兵也到南京、江西征剿。

接著第二段又說：

隨後又蒙欽差總督軍務、威武大將軍、總兵官、後軍都督府太師、鎮國公朱，統率六師，奉天征討；及提督官等，司禮監太監魏彬、平虜伯朱彬等；並督理糧餉、兵部左侍郎王憲等，也各隨後到南京。

奏疏中所說的朱泰，就是許泰；朱彬，就是江彬；朱暉，即劉暉，也作劉翠，音同字形不同。武宗這才開始商議平叛勝利回師北京的事情。

這年五月，王陽明戴著讀書人的頭巾，穿著村野平民的服裝，到九華山草菴閒坐，是為了迴避惡鬥，行為也中規中矩。現在，重上江西捷音，突出武宗的英明，寫上隨行主要將領的姓名，是為了讓武宗盡快回京，也是合乎準則的。所以，張永向皇上進言，能解開武宗的疑慮。

禮部尚書霍韜曰：「這場戰役，罪人已經獲擒，還要動眾出師；地方已經安寧，還要殺百姓謊報捷音，造成皇上行動失誤，動搖國家的大政方針，使國家瀕臨於危險的境地。張忠、許泰盜竊功勞，讒棄道義，罪惡滔天；而祝續、張綸詐欺奸猾，罪人敗類，他們結黨作惡到了極端的地步，不是一般的沒有才能啊。」

御史黎龍說：「平藩事不難於成功，而難於倡義。因為逆濠之反，實有內應，人懷觀望，而立刻起兵救援君王的各位大臣，都不顧自己的家庭，獻出自己的生命，以赴國難。後來，妒忌者製造各種流言蜚語，還要達到自己稱心滿意的地步，人心怎能服呢？以後國家有大難發生，誰肯再擔當大任呢？」

費宏〈送張永還朝序〉說：「這次出行，平定禍亂而功勞不必歸於自

第四部　謹候回宮

己,啟發主上的智慧而不使過失歸於皇上,節約開支和用途不想百姓遭受長期困苦,扶持善良的人而不想把罪行轉移到無辜的人身上。而且,在此之前揭發劉瑾的罪狀,首先向皇上提出要規範王府的護衛。事實上形成叛逆的謀略,萌發於恢復王府護衛的時候,這種極早辨識預防,不是有體國愛民的心,是做不到這一點的。」

費宏,十三歲考秀才得了第一,十六歲考舉人又得第一,成為解元。成化二十三年（西元1487年）高中狀元,虛齡還只有二十。仕途雖經曲折,但始終高風亮節,與楊廷和、楊一清等人共治天下。他總是支持王陽明,舉薦王陽明,為王陽明鳴不平。

錢德洪說:「平藩事不難於倡義。而難於處理張忠、許泰的變亂。張忠、許泰挾天子而共同作亂,沒有人敢說什麼。還有江彬潛在的危險,他在豹房與武宗朝夕相處,王陽明沒有一天不感到害怕,正是因為王陽明手握旗牌,訓練士兵,居於高位,江彬才不敢放手做,最終確保武宗安全回到北京皇宮,後來開啟嘉靖治理天下合於大道。先生在開先寺刻石記文:『天下有歸,誰敢伺機竊取!』又說:『嘉靖我邦國。』這樣看來,嘉靖登基,在此已有先兆。噫!這難道是偶然的嗎!」

王陽明在贛州招募永安的三百多勇士,錢德洪讚嘆說:「後二十年,明朝與交趾發生了戰爭,人都說先生有預謀,而不知當時先生的計策另有所防啊。」

要知道,江彬是力能搏虎的人,所以王陽明命令,只要膂力大,其他的武藝不講究。至於說為了防備交趾,那是藉口而已。

寧王朱宸濠就擒,當時議論紛紛,誣衊王陽明與寧王朱宸濠暗通,這些人有嫉妒王陽明功勞的,有與寧王朱宸濠勾結的,有收受寧王賄賂的,

第十三章　再上疏請昭雪，江西捷報傳京城

當然也包括祝枝山的兒子祝續等。

羅洪先見到詆毀王陽明的人，責問說：「吾非常厭惡聽到這種話，事實沒有這回事情。周龍岡舌頭還在，要不要讓周龍岡到京師，在四方來的人士面前，把聽到的話說給他們聽？」

湖口縣知縣章玄梅，丟下一城百姓不顧，棄城逃跑，王陽明上疏要求嚴肅處理。章玄梅向朝廷上疏：「朱宸濠私書『王守仁亦好』的字條。」

章玄梅，溫州人，弘治八年（西元1495年）舉人，授江西湖口縣縣令。刑部要他拿出證據，他拿不出。那麼，僅憑朱宸濠口中說出，章玄梅如何知曉？如果道聽塗說，不是朱宸濠的計策便是謠言。如果朱宸濠親口對章玄梅所說，那章玄梅豈不與朱宸濠有勾結？

後來，刑部上奏皇上，於是皇帝下詔：「原從寧王府搜抄的簿籍，既沒有送官，也沒有貼封條；既沒有紀錄，也沒有收存掌管，又事發日久，不要再說這些毫無依據的事情，真的是真偽難辨，沒有憑證可以查究。於是命令：後來蒐集的這些材料全部進行燒毀。欽此。」

張忠、許泰則記恨王陽明沒有把朱宸濠交給他們，於是想直接從朱宸濠身上打開缺口。盤問朱宸濠，朱宸濠說沒有。張忠等盤問得沒完沒了，朱宸濠說：「只有曾經派遣冀元亨討論過學術。」

張忠等一聽大喜，用棍子拷打冀元亨，加以炮烙之刑，就是把人綁在燒紅的銅柱子上燙。但冀元亨始終不承認，他們只好用腳鐐手銬把冀元亨鎖起來，押往京師，投入皇帝直接管轄的監獄。

正德十五年（西元1520年）八月，王陽明行文到部院，為冀元亨辯白。科、道的諫官也紛紛上疏朝廷，訴說冀元亨冤枉。

第二年，世宗，即嘉靖登位，冀元亨出獄，過了五天去世。訃告傳來，

第四部　謹候回宮

王陽明大哭不止。同門弟子陸澄、應典等為冀元亨備棺收殮。

冀元亨，字唯乾，其學以務實不欺為主。在監獄，像兄弟般友好地對待各囚犯，囚犯都感動得流下眼淚。

冀元亨被逮捕後，主管的官吏把他的妻子李氏也拘囚起來，李氏毫無懼色，說：「我丈夫尊師樂善，難道還有其他的顧慮嗎！」獄中與兩女囚紡麻不停。事情即將清白，看守的人想讓她出獄。她說：「不見我丈夫，出去以後回到哪裡？」

巡察等各位官員家裡的婦人，聽說她的賢德，邀請她，她推辭不去。到監獄裡來見她，李氏就穿著囚服相見，手裡不放下所織的麻。問她丈夫的學術，她說：「我丈夫所學的，不出婦女的居室和睡覺的床鋪之間。」聽者悚然。

張忠、許泰等還把怨恨發洩到雷濟、蕭禹、龍光等人身上，欲置他們於死地。冀元亨被抓後，龍光等四處逃竄，偵察到官軍離開江西，方敢歸家。當時貼告示、插旗牌，都是風雨黑夜，出入賊壘，萬死中得一生，所派遣行反間計的人，親信家人都被朱宸濠殺死。

王陽明既不為自己辯白，也不避嫌疑，一切隨良知行事。劉養正去世後，正德十五年（西元1520年）六月，王陽明過吉安，讓官府的職能部門安葬劉養正的老母親。當時，劉養正老母親去世，請王陽明寫墓誌，後寧王叛亂，劉養正來不及安葬其老母親。王陽明再寫祭文進行祭奠，辭說：

可嘆啊！劉生子吉，母親死了不安葬，竟發動戰爭。一念之差，就至於此。嗚呼哀哉！今天我安葬你的母親，聊以安慰你的靈魂。君臣之義，雖然不能對你懷有私情；但對於你母親，仍然還是能盡朋友之情。嗚呼哀哉！

欲知後事如何，請看下章。

第十四章
王銀奇拜師，舒芬律呂稱弟子

　　正德十五年（西元 1520 年）閏八月，王陽明在贛州第四次上疏，要求退休。

　　去年，王陽明在贛州聞祖母岑太夫人去世，以及父親海日翁病危，上疏請求退休，正好有福州之命。等走到中途遭變，上疏請求命將討賊，同時還請求省葬。朝廷答應待賊平之日來說。至此共四次上疏請求退休。聽到父親海日翁病危，曾經想棄職逃歸，後來告知身體康復，才停止。

　　一天，問各位朋友：「我想逃回老家，為什麼沒有一人贊同這樣做？」

　　門人周仲說：「先生想回歸的一個念頭，似乎也偏離了本性。」

　　王陽明過了好長時間說：「在這種情況下，怎麼會不偏離本性呢。這種偏離本性，才是真正的本性啊！」

　　這年九月，王陽明再到南昌。武宗聖駕尚未還宮，南昌的百姓哀號聲遍地。王陽明就動工開建新府工程，以解決一些遊民的就業。行文命令各院道，收取朱宸濠的廢地逆產，變更買賣，以便救濟飢餓，代繳賦稅，境內稍蘇。

　　王陽明曾經寫信給鄒守益說：

第四部　謹候回宮

　　自到省城,政務紛錯,不再有像贛州那樣互相講習的情況。雖然自己舵柄不敢放手,而灘流湍急,須仰仗有力如你的人,持篙而來,或許能相助,更上一灘。

　　泰州王銀,穿著古人的服裝,戴著古人的帽子,手執一長木簡,帶了兩首詩作為拜師禮,請求見王陽明。

　　所謂木簡,就是古人用來寫字的工具。在沒有紙張前,古人文字多寫在竹簡、木簡上。因為王銀學古人,所以手持木簡。

　　王陽明奇怪這個人的穿戴,就從臺子上走下來迎接他。讓王銀坐在上座,問:「戴的是什麼帽子?」

　　王銀說:「是虞氏的帽子。」虞氏,指虞舜時期。

　　王陽明問:「穿的是什麼衣服?」

　　王銀說:「是老萊子的服裝。」

　　王陽明問:「你想學老萊子嗎?」

　　王銀說:「對。」

　　王陽明說:「你將只學穿他的服裝,不學他假裝上堂跌倒掩面啼哭嗎?」

　　春秋時期,楚國隱士老萊子,為躲避亂世,自耕於蒙山南麓。老萊子孝順父母,常穿著五色綵衣,如小孩子般戲耍,以博父母開懷。一次為雙親送水,假意跌倒,躺在地上學小孩子哭,二老大笑。

　　王銀臉色改變,座位也就慢慢地移到了側邊。

　　等到討論格物致知,王銀覺悟說:「我所學的,是掩飾自己的情感而去堅守節操,外表虛偽;先生的學說,精深極微,得之於心者啊。」於是,

第十四章　王銀奇拜師，舒芬律呂稱弟子

脫下奇裝怪服，按弟子的禮節拜王陽明為師。

王陽明給王銀改名，把「銀」改為「艮」，字「汝止」。

王陽明覺得王銀個性高傲，因此把他的名改成帶有靜止意的「艮」。汝止，則更明白地說「你要靜止」。

王艮，泰州安豐場人，世代為鹽戶，七歲時在鄉塾裡讀書，十一歲因貧困而輟學，隨父兄淋鹽。十九歲這一年，隨父親經商至山東，拜謁孔廟時，得到很大啟發：「孔夫子是人，我也是人啊，聖人者可學而後能至也。」於是，每天背誦《論語》、《大學》，不恥下問，強調個人心得。因善於經營，家道也日益富裕。這一年正是三十八歲，其遠赴江西，拜王陽明為老師。後為「陽明學」泰州學派的創始人，門徒以平民居多，甚至有樵夫、漁民。著名的有羅汝芳、何心隱等。黃宗羲稱此一派竟能「赤手以搏龍蛇」。

南昌進賢縣的舒芬，由縣裡向朝廷舉薦，以博學鴻詞科徵召，考取第一名，出任翰林院修撰，因諫阻武宗出巡，被貶謫為福建市舶司副提舉。市舶司，是管理海上對外貿易的官府，設提舉一人，副提舉二人。

舒芬仗著自己學問廣博，見王陽明，問律呂。

律呂，是古樂的十二調，有十二個不完全相同的半音，每個音都有名稱，如從低到高稱為黃鐘、大呂、……無射、應鐘等。

王陽明沒有直接回答，反過來問元聲。

元聲，是十二律中第一律的黃鐘。五音十二律由此分，黃鐘為萬事之本，變化無窮。喉音宮，舌音徵，齒音商，牙音角，唇音羽，這都是元聲也就是黃鐘的變化。宮、商、角、徵、羽，是五聲音階中五個不同音的名稱，類似於簡譜中的 1、2、3、5、6。

第四部　謹候回宮

舒芬回答說：「元聲的音調規則相當詳盡細密，只是沒有放到密室中經過測試。」

王陽明說：「元聲怎麼能從『管灰黍石』這些樂器中得到啊？養得此心，心平則氣和，元氣自然從心裡發出來了。《尚書》說，『詩言志』，詩是用來表達志向情感的，志向情感就是音樂的本性；『歌詠言』，歌本長言，歌唱這些語言，歌唱這些詩句，要形成高低長短的腔調，就要依一定的規則來，所以歌就是制定這些規則的根本。詠言和聲，基礎在於歌。歌的基礎在於心。所以心，是中和之極。」

舒芬一聽，高興得跳了起來，就拜王陽明為老師。

王陽明講學時，陳九川、夏良勝、萬潮、歐陽德、魏良弼、李遂、舒芬及裘衍，每天都陪伴左右。

巡按御史唐龍、督學僉事邵銳，都奉行舊學，對陽明學說有所猜疑。

唐龍，蘭溪人，正德三年（西元1508年）進士。雖守舊學，卻與王陽明交情深厚，常常共同切磋儒家學說。

唐龍透澈地用交友要有選擇性做比喻，建議王陽明招收弟子要有所選擇，實際上是對王陽明聚徒講學頗為不滿。

王陽明回答說：「我真見得良知人人所同，只是學者未得啟發而讓他們覺悟，所以我樂意招收普通弟子，而你們認為這種做法不好。今天，如果來求學的人都奔著一顆學習的心而到我這裡來，而我滿身遭人懷疑誹謗，拒絕與這些人講學，於心何忍？要求得一位有真才的人，譬之淘沙而得金，我們知道淘汰的沙，多達十之八九。然而，不淘去這些沙，怎麼求得真金呢！」

面對著唐龍、邵銳的疑慮，人多畏懼躲避，見到同門弟子，戴著平民

第十四章　王銀奇拜師，舒芬律呂稱弟子

的方巾、穿著百姓的中衣而來，都指為異物。唯獨王臣、魏良政、魏良器、鍾文奎、吳子金等挺拔特立，看法不變，互相依賴而扶持的人，日益增多。

欲知後事如何，請看下章。

第四部　謹候回宮

第十五章
武宗移駕回宮，陽明倡導「致良知」

　　武宗回京路上，從南京出發，沿京杭大運河，遊鎮江，登金山，從瓜洲過長江。八月，到達淮安清江浦。清江浦有南船北馬、九省通衢、天下糧倉之稱。武宗見水上風景優美，便自駕小船捕魚玩耍。結果，提網時船體失去平衡，翻入水中。河水嗆入肺部，又受驚惶，加上秋日著涼，引發肺炎。

　　正德十六年（西元 1521 年）這一年，王陽明正好五十歲，在江西聽說去年十二月初十，武宗移駕入宮，心中的憂念才得以舒緩。

　　自從經歷朱宸濠的變亂，以及張忠、許泰借征討之名，在南昌的胡作非為，王陽明更加相信良知真的足以忘患難、出生死。無論是考察夏禹、商湯、周武王，還是考察開天闢地建立國家的大勳業者；無論是驗證於鬼神，還是等到後來的聖人，良知沒有不同。

　　王陽明寫信給鄒守益說：「近來確信獲得『致良知』三字，這是真正的孔子學說，光照宇宙，包含萬有，如同佛教中的正法眼藏。往年還有些疑慮，覺得不能包羅萬象，現在自從經歷寧王變亂等一系列重大事件以來，只有這良知無不具備。像駕船一樣，只要控制船舵，無論是平靜的水面，還是洶湧的波濤；無論是淺灘，還是急流，行駛在水上無不如意，雖遇狂

第十五章　武宗移駕回宮，陽明倡導「致良知」

風巨浪，只要舵柄在手，可以免去沉沒的危險啊。」

一日，王陽明喟然發嘆。弟子陳九川問道：「先生為什麼感嘆啊？」

陳九川，江西臨川人，是王陽明的主要弟子之一。正德九年（西元 1514 年）進士，武宗南巡，連續上疏勸諫，與餘姚的倪宗正一樣，幾死廷杖。

王陽明說：「此理簡易明白如此，竟然一經沉埋，時間長達數百年之久。」

陳九川說：「這也是因為宋代的儒者，要求從萬事萬物上去探求天理，由於受到平常所見所聞的影響，反而把與生俱來的本性遮蓋得日益深了。如今先生拈出『良知』兩字，此真是古往今來人人的真面目，還有什麼疑問呢？」

王陽明說：「對。比如人，有冒別姓墳墓為祖墓者，憑什麼來辨識？只得開壙，讓子孫滴血，真偽自然能辨。此『良知』二字，實在是千古聖聖相傳，如同滴血驗親一樣啊。」

王陽明又說：「我對於此良知之說，從百死千難中得來，沒有辦法與人一口說清楚。只擔心學者得到容易，卻把它當作一種新鮮的概念來玩弄，不肯花工夫落實在行動上，辜負這一學說啊。」

王陽明自從正德七年（西元 1512 年）赴南都（南京）任職以來，凡指示學者，都讓他們「存天理、去人慾」，以此作為學問的根本。有人問王陽明為什麼的道理，比如說如何孝順父母，王陽明就讓他求之於自己的本性，從來沒有指出過，天理應該是什麼樣子的。有時對友人說：「近來想發揮良知的學說，只覺得只要有一句還沒有說出，就好像滿口有許多話含在嘴裡，也無法推測到底有多少。」過了較長時間後又說：「近來覺得只有良知這個學說，再沒有其他的了。只是這些，除此更無別的。」旁邊聽的人，羨慕不

第四部　謹候回宮

已,就又說:「連這些也沒有地方放。」意思是良知的學說實在太豐富了。

孔子創立了儒家學說,是中國的聖人。王陽明覺得,每個人的心裡都有一個孔子,都有一個聖人,這就是良知。只因為受到外界所見所聞的影響,人的心靈被灰塵矇蔽了。而今把真頭真面指示給人看,這個真頭真面就是人的良知,再沒有可疑惑的了。

王陽明又覺得,有些人每天總是心神不定的樣子,就因為太刻意追求功名利祿。學習聖學,學習儒學,也有標準,也有口訣,這就是「良知」兩字。凡事都可以用「良知」兩字進行驗證、參照,看看是否與之相同。

王陽明想,每人都有一枚定盤針,這就是與生俱來的良知。萬般變化無窮,但良知卻永遠不變。過去一切把事情都顛倒了。孝順父母,如何盡孝?只能從自己的本性上去尋找,而不能求之於外啊。

存在於自己本性的良知,人所不知,獨有自己知道。無聲無息是天地萬物的基礎,真如良知是人的根本。良知,只能求之於自己的本性,不能尋之於外。去外界尋求良知,真如拋棄了自家用之不盡、取之不竭的寶藏,像乞丐那樣舉著缽兒,挨家挨戶去乞討了。

於是,王陽明寫下了〈詠良知〉四首,指示自己的弟子:

其一

個個人心有仲尼,自將聞見苦遮迷。

而今指與真頭面,只是良知更莫疑。

其二

問君何事日憧憧,煩惱場中錯用功。

莫道聖門無口訣,良知兩字是參同。

其三

　　人人自有定盤針，萬化根源總在心。
　　卻笑從前顛倒見，枝枝葉葉外頭尋。

其四

　　無聲無臭獨知時，此是乾坤萬有基。
　　拋卻自家無盡藏，沿門持缽效貧兒。

　　有人問王陽明：「良知到底是什麼？」

　　王陽明回答：「良知存在於你的本性，人所不知，獨有你自己知道。只有透過自己的道德修養，把矇蔽在心靈上的灰塵揮揮掉，把心靈中的雜質格格去，與生俱來的良知就會顯現。人與人、人與社全、人與自然，或者說社會的倫理道德，除良知之外就沒有其他的東西了。人人都有良知，但知道良知的人是誰呢？就是具有自身修養的人。自己的痛癢只能自己知道，自己痛癢在哪裡，怎麼能問別人呢？」

　　王陽明又寫了〈答人問良知〉二首：

其一

　　良知即是獨知時，此知之外更無知。
　　誰人不有良知在，知得良知卻是誰？

其二

　　知得良知卻是誰，自家痛癢自家知。
　　若將痛癢從人問，痛癢何須更問為。

第四部　謹候回宮

　　王陽明對弟子說：「世上的君子，只要致力於追求其良知，則自然能明辨是非，區分善惡，視人猶己，視國猶家，而與天地萬物為一體了，這樣要讓天下不安定，也不可能了。」

　　王陽明的學說，發展和創新了儒學新的高峰——程朱理學。學說的四個分支——性即理說、知行合一說、致良知說、萬物一體說、互相連繫，互相結合，形成系統而完整的思想體系，其間用「心」一以貫之。心即性，性即理。研究的對象，是人與人、人與社會、人與自然的關係，也就是社會倫理道德。

　　欲知後事如何，請看下章。

第十六章
聖學傳承，紀念象山，論道辨證

　　正德十六年（西元1521年），前面說過，這年的正月，王陽明在南昌。

　　王陽明認為陸象山得孔孟正傳。

　　陸象山，即陸九淵，字子靜。撫州金溪縣人，南宋哲學家。因講學於象山書院，學者稱他為陸象山。

　　王陽明繼承和發展了陸象山的心學，成為集大成者。

　　陸象山與朱熹同時講學，自從天下推崇朱熹的學說，而陸學就泯滅。

　　席書擔任貴州提學副使的時候，曾經聽王陽明在龍場講學，深深地不滿陸學沒有得到彰顯，作〈鳴冤錄〉寄給王陽明。席書是四川遂寧人，弘治三年（西元1490年）進士，後官至禮部尚書。王陽明貶謫龍場驛時，席書聘請王陽明講學。

　　王陽明稱讚席書以倡明聖學為己任，幾乎完全不顧天下的非難。王陽明刻《象山文集》，為《文集》作序，表彰陸象山。

　　王陽明看到，陸學長久被抑制而未能得到彰顯，陸九淵本人也沒有在孔廟中配享祭祀，子孫也未沾襃揚推崇的恩澤。

　　王陽明行文通知撫州府金溪縣官吏，把陸氏嫡派子孫，仿照各處聖賢子孫事例，免去他們的差役；有才智傑出的子弟，把名單報到教育行政部

第四部　謹候回宮

門，然後送到府縣的官縣中學習。

五月，王陽明召集門人於白鹿洞。

白鹿洞書院位於廬山五老峰南麓，始建於南唐昇元年間（西元937至943年）。後來，南宋朱熹曾在此講學。

這月，王陽明有歸隱的志向，想與門人久聚，共同倡明聖學。正好南昌府知府吳嘉聰想修編府志，請王陽明擔任主編，當時蔡宗兗為南康府教授，主持白鹿洞書院，於是就在書院中開設修編府志的機構，聚集夏良勝、舒芬、萬潮、陳九川等一幫人，一起工作。王陽明就與這些門人共同進行講學。

王陽明寫信給鄒守益說：「醉翁之意，也有所在，你不應專在江西老家。我歸隱的時間，也為期不遠了。聖天子新政英明，你也應該收拾行裝北上，這正是你急需要考慮的事情，不應當慢慢而來啊。」王陽明的意思是，我們要藉著修志的機會講學，你也要趕快過來講學。於是，鄒守益北上，也到白鹿洞講學。後來，任南京禮部郎中。

湛若水，增城人。正德十二年（西元1517年），湛若水母親病逝，從京城奉柩歸葬家鄉廣州增城，在母親墓旁搭建小茅屋，守孝三年。守孝期滿，湛若水就在西樵山建書院，聚徒講學。西樵山位於增城旁邊的南海，方獻夫、霍韜均為南海人。霍韜，正德九年（西元1514年）會試第一，提名候補，就返回家鄉結婚，婚後就在西樵書院學習。方獻夫，弘治十八年（西元1505年）進士，在吏部擔任郎中時，就成為王陽明弟子，而此時王陽明還只是主事，位在王陽明之上。方獻夫於正德六年（西元1511年）冬因病回家鄉休養，也在西樵書院讀書。

王陽明非常羨慕這三個人，說：「你們這幾位英賢啊，多麼幸福，同

第十六章　聖學傳承，紀念象山，論道辨證

時共處西樵，避地隱居，研究學問，這種機會是很容易失去的啊！我們這些後人可惜前人，而後人又要可惜我們啊！」

這年秋天，霍韜過南昌，與王陽明論《大學》，霍韜依然堅持舊見。

王陽明說：「如果傳授學習《書》、史，考證古今，以擴大我的見聞則可以；如果以此想求得進入聖門的路徑，好比採摘枝葉，把枝葉補綴在主幹，或者根系上，而想讓這些枝葉活過來，這就變得難了。」

這個時候，湛若水寄給王陽明自己最近撰寫的《學庸測》，學庸，就是《大學》、《中庸》的簡稱。方獻夫又寄給王陽明《大學》、〈洪範〉。

〈洪範〉是《尚書》中的一篇，以問答的形式，箕子向周武王提出了治理國家必須遵守的九種根本大法。洪，大的意思。範，即法典。

王陽明寫信給湛若水說：

任憑自己的意願，體察天理，是真實的，不是騙人的謊話。探究你的意思，或者說出發點，卻有一點不相協調。

修身、齊家、治國、平天下，總是格物。格物，也就是糾正自己的行為過失，修身養性。然而，想如此一樣一樣地講清楚，又覺得說話太多。

況且，語意一定要簡樸古雅，比之原文，反而更深奧隱晦。不如淺易其詞，略指路徑，使人自思得之，更覺意味深長也。

寫信給方獻夫說：

道一而已。論其根本，或者論其本原，則「六經」、「四書」沒有不可以推之而相同啊，又不只〈洪範〉之於《大學》而已。

譬之草木，其相同之處，就是有生命力的氣象，其花朵果實的疏密，枝葉的高下，要想全部都一樣，我想大自然的力量就比不上雕刻者了。

第四部　謹候回宮

　　君子論學，就一定按照對的去做，一定不照本宣科。至於入門下手在哪裡，則允許由大家分析討論。

　　六經，即《詩經》、《尚書》、《禮記》、《周易》、《春秋》、《樂經》，《樂經》記載樂譜、樂曲，或許還有樂官的情況，但已失傳。實際只剩下五經。《詩經》、《禮記》，前為詩集，後為禮制。《尚書》、《春秋》為史書，前者記言，後者記事。《周易》則是觀察自然現象，記錄變化規律的書。王陽明認為，「六經」其實都是史書。

　　四書，即《論語》、《孟子》、《中庸》、《大學》。

　　在此之前，倫以訓曾經路過贛州，向王陽明求教。五月，就派他弟弟倫以諒送信來請教，說：「學習時六根不淨，感受事物時容易衝動，處理事情後多有懊悔，怎麼辦？」

　　倫以訓，字彥式，廣東南海人，正德十二年（西元 1517 年）高中榜眼，即進士第二名。其父親倫文敘，弘治十二年（西元 1499 年）狀元。

　　王陽明回信說：

　　你所說的幾句話，其毛病也是前後相承的。

　　只因為學習時一心想著六根清淨，所以一旦感觸事物就害怕容易產生衝動，一旦感觸事物害怕容易產生衝動，處理事情起來就多有懊悔。

　　心是沒有動靜之分的，所以君子做學問，其靜止的時候也常常在覺悟，而不是什麼反應也沒有啊；所以應對世事，常常也在平常寂靜之中。

　　一個人無論是處於動態還是安於靜止，都在對世事做出適宜的反應，這就是孟子所謂的「動靜皆有事焉」，這就叫做集義。集義也就是致良知。

　　集義，或者說致良知，所以能夠沒有大悔，所謂「動態時能守持天理，靜止時也能守持天理」，就是這個原因啊。

心一而已,靜是它的體,而再去求六根清淨,反而攪亂它的體了;動是它的用,用就是表現喜怒哀樂,而害怕容易衝動,這等於廢棄了它的用。

所以,求靜之心,就是動;惡動之心,也不是靜。這就叫做「動亦動,靜亦動」,也就是行動時守不住天理,靜止時也守不住天理,迎來送往,上下起伏,相繼無窮。

因此,遵循規律就叫做靜,順從自己的欲望就叫做動。

欲知後事如何,請看下章。

第四部　謹候回宮

第十七章
嘉靖繼位，王守仁受封新建伯

正德十五年（西元 1520 年）十二月初十，武宗一行才回到北京。正月十四日，武宗仍舊強撐，在南郊主持祭祀大典，行初獻禮時，武宗下拜天地，忽然口吐鮮血，癱倒在地，再也爬不起來了，大禮不得不終止。三月，武宗已處於彌留狀態，他對司禮監太監說：

朕的病已經醫不好了。請把朕的意思轉達給皇太后，天下的重要事，與內閣大臣一起審慎處理。以前的事，都是由於朕的失誤，不是你們所能干預的。

武宗皇帝四月二十日駕崩於豹房，時年三十一歲。

武宗死後無嗣，武宗的母親即張太后，和內閣首輔大臣楊廷和共同決定，由堂弟、剛繼承藩王的興王的次子朱厚熜繼承皇位。就是後來的嘉靖皇帝，繼位時年僅十五歲。興王的封地在湖廣安陸州。

於是迎來了「大禮議」之爭：嘉靖是繼統還是繼嗣。繼統就是直接繼承皇位，這是嘉靖皇帝本人，也是新生一代的意見。繼嗣，即先過繼給武宗的父皇，也是嘉靖的大伯父，隨後依據「兄終弟及」，皇兄武宗去世了，就由弟弟興王來繼承，這也是楊廷和以及多數老臣的觀點。別看少年皇帝才十五歲，極有主見。共進行了三個回合的鬥爭：第一年，嘉靖妥協；第二年，雙方勢均力敵；第三年，嘉靖取得全面勝利，楊廷和也就告老還鄉。

第十七章　嘉靖繼位，王守仁受封新建伯

正德十六年（西元 1521 年）六月十六日，嘉靖下詔給王陽明：

你過去能剿平亂賊，安定地方。朝廷新政之初，特此召用。命令一到，你立即動用官府驛站的車馬來京，不得滯留。

王陽明於六月二十日由南昌起程，趕赴北京。但楊廷和阻之，楊廷和暗中勸御史向嘉靖建言，認為「朝廷新政，武宗國喪，資費浩繁，不宜行宴賞之事」。

王陽明至錢塘，上疏懇切便道回家探親。朝廷准許，讓他回家探親。隨即升為南京兵部尚書，參贊機務。參贊機務，主要管理南都的機要事務。主要職責有：會同守備官操練軍馬，撫卹人民，選官緝捕盜賊，以及振興舉辦各種事情。

八月，回到紹興。

九月，回到餘姚，祭奠祖墳。訪瑞雲樓，指著出生的地方，抹著眼淚，悲痛不已，母親生下自己，來不及奉養，母親就去世了；祖母去世，入殮時自己又沒有趕到。

每天與宗族親友宴飲遊樂，隨地指示良知。

錢德洪過去聽說王陽明講學江西，一直想要成為王陽明的入室弟子，就率領錢大經、錢應揚兩位姪子及鄭寅、俞大本，透過王陽明的姪子王正心，帶著拜師禮，請求王陽明接見。

第二天，夏淳、範引年、吳仁、柴鳳、孫應奎、諸陽、徐珊、管州、谷鍾秀、黃文渙、周於德、楊珂等共七十四人，都拜王陽明為老師。

正德十六年（西元 1521 年）十二月，聖旨到，封王陽明為新建伯。聖旨說：

第四部　謹候回宮

　　江西反賊剿平，地方安定，各位平叛官員，功績顯著。你部裡已經集體開會商議，分別功勞大小。王守仁封新建伯，「奉天翊衛推誠宣力守正文臣」，特進光祿大夫、柱國，還兼南京兵部尚書，照舊參贊機務，歲支祿米一千石，三代並妻一同追封，給予誥券，子孫世代，世世承襲。

　　誥券，就是皇帝賜封所頒發的文書。皇上聖旨是兵部、吏部的題請，然後同意頒發的。

　　皇上還派遣使者，帶著金銀、華麗的絲織物，作為慰勞；還帶來對王陽明父親王華的慰問，賞賜高級的禮品。

　　這天，是十二月十九日，正好是父親王華的誕辰，親戚朋友都聚集在一起，王陽明捧著酒杯向父親祝壽。王華憂愁地說：「寧王朱宸濠叛亂，都認為你要死而最終未死，都認為事難平而最後卻平定了。讒害構陷群起，隱伏的禍害四發，前後兩年，知道危險已經不可避免了。天開日月，彰顯忠誠，舉薦賢良，高的官位，高的爵位，是我們胡亂冒充得到的封賞，父子又相見於一堂，這豈不是幸運啊！然而，盛者衰之始，福者禍之基，雖然以此為幸，也要以此為怕啊。」

　　王陽明拿起桌上的酒杯，先洗了一下，再倒上酒，跪著敬酒說：「大人之教，正是兒子日夜切切在心頭的事啊。」

　　在場的人，既感嘆聚會的隆盛，又感慨獲封的告誡。

　　相關人物結局：

　　錢寧處以磔刑，養子錢傑等十一人都被斬殺，妻妾發給功臣家為奴。磔刑，就是割肉離骨，斷肢體，再割斷咽喉。

　　正德十五年（西元1520年）十一月初三日，吏部尚書陸完暗通寧王，執至通州下獄，謫福建靖海衛，嘉靖五年（西元1526年）去世。

第十七章　嘉靖繼位，王守仁受封新建伯

正德十六年（西元 1521 年）三月，江彬出逃，三月十八日在北安門被擒，京城內外軍民拍手稱快。抄家，得黃金十櫃，每櫃一千五百兩，銀二千二百櫃，金銀首飾一千五百箱，其他珍寶不可勝計。六月初八日，江彬及其四子皆斬首棄市。刑部判江彬說：「虎旅夜驚，已幸寢謀於牛首；宮車晏駕，那堪遺恨於豹房。」

鎮守浙江的太監畢真，於正德十六年（西元 1521 年）以「通謀反逆」罪，被凌遲處死，並抄家。所謂凌遲，就是千刀萬剮。

伍文定上奏嘉靖，許泰嫉妒王陽明功勞，及在南昌的種種罪惡，嘉靖將許泰下獄論死，後減罪改判流放充軍戍邊，死於戍所。

嘉靖登基，贈孫燧禮部尚書，諡「忠烈」；贈許逵左副都御史，改贈禮部尚書，諡「忠節」。兩人同時在南昌享受祭，賜祠名「旌忠」，各有一子繼承官職。

跟隨王陽明平叛的官員，僅伍文定獲重用，官至兵部尚書。

充軍的胡世寧，重新起用，亦官至兵部尚書。

與太監賴義、駙馬都尉崔元一起，奉旨前去寧王府革除護衛的都御史顏頤壽，也因此而記功，官至南京禮部尚書，一年後改戶部尚書。

失事和脅從的官員，視情節輕重，都一一進行處理。胡濂，雖受牽連，最終無罪釋放，不過，當官終究也當到了頭，只能回家逍遙自由去了，壽至八十歲。

第四部　謹候回宮

第十八章
星落青龍鋪，英魂歸越中洪溪

獲封新建伯的次年二月，父親王華去世，王陽明就在家守孝。守孝期滿，朝廷遲遲不起用王陽明，而王陽明也樂於天天講學。

四方來遊學的人日益增多，都環繞新建伯府而居住。如紹興的天妃、光相等各個寺院，都擠滿了來學習的人，每間宿舍一起吃飯的經常有數十人；晚上沒有地方睡，就採取輪流睡的辦法，歌聲從黃昏一直響徹到第二天天亮。

會稽山、大禹陵、陽明洞各山遠近寺院，只要雙腳能夠走到的地方，用於遊學人員住宿的房子，沒有不是和王陽明志同道合的人。

錢德洪說王陽明每次舉辦的講座「前後左右環坐而聽的人，常常不下數百人。送往迎來，月無虛日；竟然有像兒女在父母身旁一樣，歲月更替，不能全部記錄這些人的姓名」。

每次臨別，王陽明常常感嘆說：「你們雖然相別，但還是在這個世界上，如果共同有倡明聖學的志向，我真是超然物外，而忘了自己的形體。」

各位弟子每次聽王陽明講課，出門未嘗不跳躍稱快。

這天，正是嘉靖三年（西元1524年）的中秋節，王陽明五十三歲。在紹興光相坊謝公橋後面新建伯府的天泉橋上，大宴門人。

中秋之夜，月白如晝。宴席設在碧霞池上，左右陪伴的門人有一百

第十八章　星落青龍鋪，英魂歸越中洪溪

多。酒喝到一半，歌聲漸漸響了起來。過了一會兒，有的投壺，把箭投向壺裡，投中多的為勝，負者按規定杯數喝酒；有的擊鼓；有的在水上划船。

那情景正是孔子所欣賞的啊。

一天，四位學生陪同孔子坐著，孔子問各位的志向。有人說想治理一個中等國家，有人說想治理一個小國，也有人說只想做一個小官。

曾點在彈瑟，正接近尾聲，此時「鏗」的一聲，將瑟放下，站起來說：「在暮春三月，春天的衣服已經穿在身上，約上五六個成人、六七個小孩，在沂水旁邊洗洗臉、揩揩手，在舞雩臺上吹吹風、晒晒太陽，一路唱著歌走回來，這該多好啊！」

孔子長嘆一聲：「我贊同曾點啊！」

王陽明見弟子們正在興頭上，退而作詩，有「鏗然舍瑟春風裡，點也雖狂得我情」之句。王陽明也贊同曾點啊！

然而國家需要王陽明，朝廷不想讓王陽明過這種悠閒而歡樂的生活！

嘉靖六年（西元1527年），廣西思恩、田州的土酋盧蘇、王受反叛，總督姚鎮不能平定。於是朝廷下詔：「王陽明兼任都察院左都御史，征討思恩、田州。」

這一年的九月，王陽明從紹興出發，十一月二十日，在廣西梧州開府。

嘉靖七年（西元1528年）二月，王陽明平定思恩、田州。七月，襲破八寨、斷藤峽，此為朝廷任務之外的事情。

朱元璋時都無法平定，卻被王陽明輕而易舉一掃而平。

這年（西元1528年）十月，王陽明的病已經相當厲害，上疏請求退職，舉薦鄖陽巡撫林富代替自己的職務。王陽明上疏說：

第四部　謹候回宮

　　以前擔任南贛巡撫，受到瘴氣的侵襲，就患上咳嗽、痢疾等病，一年比一年厲害。後來退職，隱居林野，稍稍進行看病吃藥，但病最終還是不見得好。

　　自從去年進入廣西以來，瘴氣的侵襲更加厲害。勉強支撐病體，堅持工作。完成任務以後，就無法打起精神來了。

　　現在車馬已到南寧，我也轉移到了船碼頭。打算從梧州經廣東而回，待命於廣東的韶州、南雄之間。竭忠以報國，是我一直以來的志向。受陛下的深恩，我想，即使粉身碎骨，也要貢獻出自己的全部生命，這就是我日夜切切於心頭的事情。病情日益嚴重，而仍然想苟且偷生，想著報答皇上，於是才提出養病的想法，這實在是我沒有辦法的事情。

　　奏疏送達朝廷，但沒有得到回音。

　　十一月二十五日，越過梅嶺，到達南安。上船時，南安推官、門人周積來看望先生。王陽明坐起，咳喘不已。慢慢地說：「近來講學如何？」

　　周積以政務的事情予以回答。接著就問：「病情如何？」

　　王陽明說：「病勢非常嚴重，未死，只是一口氣罷了。」

　　周積退出，請大夫來診斷，開藥方。

　　二十八日晚，船靠岸停泊，王陽明問：「何地？」

　　陪伴的人說：「青龍鋪。」

　　第二天，先生召周積進入。過了好久，張開眼睛說：「我去矣！」

　　周積哭著，眼淚紛紛落下，問：「有什麼遺言？」

　　王陽明說：「此心光明，亦復何言？」不一會兒，瞑目而逝。此時，正是二十九日辰時，即上午七點到九點的光景。

　　贛州兵備、門人張思聰追奔至南安，迎入南野驛，就中堂沐浴，按照

第十八章　星落青龍鋪，英魂歸越中洪溪

禮制入殮。在此之前，王陽明離開廣東省境時，布政使、門人王大用準備了一口用優良木材製作的棺材，隨船同行。張思聰親自督促匠事，平鋪搬運，按照禮制進行。

門人劉邦采趕來奔喪。

十二月三日，張思聰與王陽明的部下、弟子，設祭入棺。第二天，把棺材安放到船上，隨船而去。士大夫、讀書人、老百姓，遮道迎接，哭聲震地，如喪考妣。至贛州，提督都御史汪鋐迎祭於道，士民沿途擁哭如南安。至南昌，巡按御史儲良材，提學副使、門人趙淵等，請求過了年再啟程，士民朝夕哭奠。

嘉靖八年（西元 1529 年）正月，喪發南昌。

這幾天，連日颳北風，船不能行。趙淵祭於靈柩說：「公怎能被南昌的士民留住啊？越中子弟門人等候你回去已經很久了。」忽變西風，六天就直至弋陽。

在此之前，錢德洪與王畿西渡錢塘江，準備入京參加殿試，聽到先生逝世的訃告，於是放棄殿試，趕到江西貴溪奔喪，商議穿孝服的事。

早在嘉靖五年（西元 1526 年），錢德洪與王畿禮部會試考中，兩人不參加殿試，回到紹興王陽明身邊。現在就直接去參加殿試。

錢德洪說：「先生死於半途，沒有主持喪事的人，弟子不可以不穿孝服。但是我有父母在堂，穿孝服、繫孝帶，是違反喪禮之制的。」

王畿說：「我父母都不在了。」於是由王畿穿最重的一種孝服。

嘉靖八年（西元 1529 年）十一月，王陽明葬於洪溪。

這月的十一日，舉行出殯喪禮，門人參加葬禮的有一千多人，披麻戴孝，扶柩而哭。四方來觀看的人，無不涕淚俱下。

第四部　謹候回宮

洪溪離開紹興城三十里，進入蘭亭五里，是王陽明自己所選擇的墓地。

在此以前，前溪當中過來，與左溪相會，溪水侵蝕溪岸右邊的山腳，風水先生心中感到不滿意，想放棄這塊地方。

有一位居住在山裡的老年人，夢見神人穿著紅袍，繫著玉帶，立於溪上，說：「吾想還溪於原來的水道。」

第二天，雷雨大作，溪水氾濫，忽然流向南岸，風水先生疑慮的這塊地方前面周圍寬闊有數百尺，於是才決定作為穴地。門人李珙等修築建造，輪番替換，晝夜不息，一個多月後，墓建成。

王陽明生於成化八年（西元 1472 年）九月三十日，卒於嘉靖七年（西元 1528 年）十一月二十九日，享年五十七歲。

尾聲

　　王陽明去世時，內閣首輔為桂萼。這位長期在地方工作的知縣，嘉靖二年（西元 1523 年）總算到南都做了個刑部主事。「大禮議」時，堅定地站在嘉靖皇帝這一邊，於是得到重用。桂萼的升遷之快，史所罕見。四年內，竟從翰林院學士，晉升到太子少保兼武英殿大學士，身居宰相之位。桂萼雖然不是王陽明的好友，但畢竟桂萼也是同意起用王陽明的。桂萼突顯高貴，喜歡功名，委婉建議王陽明順手牽羊，攻取交隘（越南），但王陽明沒有答應。而王陽明的門人黃綰曾經上疏，想讓王陽明進入內閣擔任首輔大臣，從而詆毀楊一清，楊一清也不是沒有可能把怨恨轉移到王陽明身上。

　　朝廷接到王陽明破八寨、襲斷藤的消息，嘉靖就親自下詔問內閣大臣楊一清，楊一清說：「王守仁自我誇大戰績，至於說到他的生平學術，我楊一清實在不知道如何作答。」楊一清為一代名臣，說話自然有分寸。

　　扶搖直上的桂萼就不同了，他向嘉靖上疏說，王陽明擅離職守，到處授徒講學，宣傳異端邪說，應該剝奪新建伯爵位。奏疏大意是：

　　王守仁做事不遵古訓，說話不稱老師。想要標新立異顯示自己的高尚，就非議朱熹的學術觀點；雖然知道眾人有異議，但不予理睬，只說自己的學術是朱熹晚年的定論。號召門徒，互相唱和。有才能美德的喜歡他的隨意任心、不受約束；而庸俗卑鄙的想借他的虛名虛譽、假話空話。門徒傳授學習，相互輾轉感化，荒謬越來越嚴重。至於征討作亂的盜賊，擒獲謀反的寧王，依據事實，評定功勞，實在有足以記錄的地方。雖然如

尾聲

此,還是要免除並剝奪新建伯爵位,以彰顯朝廷賞罰分明的最大誠信,禁止邪說,端正人心。

於是,嘉靖皇帝大怒,下達詔書,停止新建伯爵位世襲,朝廷對王守仁的賜祭、贈諡等典例通通不舉行。

詔書一下,禮部尚書湛若水立即進入內閣,當面質問首輔大臣桂萼:「外面都說陽明的事,就是你出的主意?」

桂萼默然不答,但也不發怒加禍於湛若水。

嘉靖皇帝去世,兒子登基,改元號為隆慶。隆慶初年(西元1567年),朝廷大臣多頌揚王陽明功勳。新皇帝下詔贈新建侯,諡「文成」。隆慶二年(西元1568年),賜予世襲伯爵。

萬曆十二年(西元1584年),大學士申時行等說:「王守仁的『致知』出於《大學》,『良知』出於《孟子》。氣節、學術、功業如王守仁那樣,實在應該進行推崇祭祀。」皇帝採納了這一建議。於是王守仁在文廟中配享。

歷史的車輪滾滾向前,進入了清朝。

《明史・王守仁傳》評論說:「桂萼對王守仁的斥責雖出於嫉忌的私心,但抑制流弊確實是對的,本來就不能因為功勞大而迴避不說。」

對此,乾隆皇帝看法不同,乾隆皇帝御批大意是:

自從儒學各個流派創立後,喜歡名聲的學者,每日談理說道,虛無過度,無助於實用。像王守仁,功業表現得如此卓著,原本就不是以講學來顯示自己的程度。他關於致良知的學說,是孔孟學說的繼承和創新,與只尋求空泛的這些學者,是不可以相比的。至於後來,門徒越來越廣,有喜愛誇耀的,也因為教育和接受的情況不同,以致翻來覆去滋長出許多門

戶，逐漸產生不同的流派，也因此招來非議的口實，這不應該歸罪於師傅王守仁的啊！一天，乾隆皇帝南巡到紹興，專寫祭文緬懷王陽明：

你的學問，不僅精深於倫理道德，而且付之於實際行動。你文能治理國家，武能統兵打仗。你的名字籍貫，早就記入了官吏名冊；你的崇高品德，宣揚於朝廷內外。及至擔任封疆大吏，你的偉大功業，昭顯於天下。你答《顧東橋書》，提出了拔本塞源，其實你對孔孟學說，早在貶謫貴州龍場驛時已徹底領悟。你平定寧王謀反，你掃除盜賊作亂。晚年的功勞，尤其要數平定斷藤峽。

因為選擇制伏對方的決策，早已心中確定。所以講解儒學，闡述心性，大多在領兵打仗的空隙裡進行。漸漸地，你的學問盛行，名顯於世，和睦融洽地進入學校。

此時，我正行走在浙東，在紹興體察民情，要把偉大的事業記入到史冊裡去，王陽明、文成，這些諡號，美好而又非常適宜。緬懷江河大地上的英靈，你的故居離這裡已經不遠了。因此而表達我良好的祝願，特地進獻，心誠意切，神靈果真有靈，但願你的到來！

尾聲

後記

　　2017 年底,《餘姚舊志人物》(全四冊)脫稿後,我就著手整理王陽明平寧王的相關材料。由於十年前就開始對王陽明進行研究,所以工作進展比較順利。2018 年 4 月,初稿基本完成。然後進行審校,對相關史實進行仔細考核。

　　王陽明弟子冀元亨冤屈一案,光緒《餘姚縣誌・王守仁傳》與《王陽明年譜》所記,在細節上略有不同。本書按照前者進行編寫。其他史實,當時各人所寫的文字中,也略有不同,本書都尊重原著,不求統一,這在內容提要中已有說明。

　　限於筆者程度,書中定有不足之處,謹請讀者指正。

徐泉華

王陽明平濠記：
謀略、膽識、心學，王陽明平叛寧王的真實紀實

作　　　者：	徐泉華	
發　行　人：	黃振庭	
出　版　者：	複刻文化事業有限公司	
發　行　者：	崧燁文化事業有限公司	
E-mail：	sonbookservice@gmail.com	
粉　絲　頁：	https://www.facebook.com/sonbookss	
網　　　址：	https://sonbook.net/	
地　　　址：	台北市中正區重慶南路一段61號8樓	

8F., No.61, Sec. 1, Chongqing S. Rd., Zhongzheng Dist., Taipei City 100, Taiwan

電　　　話：	(02)2370-3310
傳　　　真：	(02)2388-1990
印　　　刷：	京峯數位服務有限公司
律師顧問：	廣華律師事務所 張珮琦律師

—版權聲明————

本書版權為淞博數字科技所有授權複刻文化事業有限公司獨家發行電子書及紙本書。若有其他相關權利及授權需求請與本公司聯繫。
未經書面許可，不得複製、發行。

定　　　價：399元
發行日期：2025年05月第一版
◎本書以POD印製

國家圖書館出版品預行編目資料

王陽明平濠記：謀略、膽識、心學，王陽明平叛寧王的真實紀實 / 徐泉華 著 . -- 第一版 . -- 臺北市：複刻文化事業有限公司, 2025.05
面；　公分
POD版
ISBN 978-626-428-129-4(平裝)
1.CST: 明史 2.CST: 通俗史話
626.509　　　　　　114005379

電子書購買

爽讀APP

臉書